MON ITINÉRAIRE DANS L'ÉGLISE DE MARTINIQUE

RÉTROVISION (1939-1996)

ISBN : 978-2-38409-047-1

Antoine Maxime

Mon itinéraire dans l'Église de Martinique

Rétrovision (1939-1996)

Préface de Robert Ageneau

Éditions Karthala
22-24, bd Arago
75013 Paris

DU MÊME AUTEUR

Des... espoirs. Ces enfants qui nous interpellent, ADAPEI Martinique, Désormeaux (épuisé), 1995.

Et s'il n'avait pas cru et oser. 24 ans de présidence d'Hippolyte Pélage, Désormeaux (épuisé), 1996.

De la Martinique aux vents du large. Mes chemins de liberté, Karthala, Paris, 2006.

À ciel ouvert. Chroniques matinales de Radio-Caraïbe (Martinique), Karthala, 2011.

Une expérience de formation aux Antilles. L'aventure du CEDIF (1965-2000), Karthala, 2014.

Yvon lance le tour (biographie d'Yves Maxime), Caraïb Ediprint, 2020.

Nouvelles chroniques martiniquaises (Radio Caraïbes International), Karthala, 2022.

CINDY ou la leçon d'une tempête tropicale, jalouzi ka fè déga, Caraïb Ediprint (chez l'auteur), 2022.

Préface

Ce livre de souvenirs et de mémoire est celui d'un passeur. En revenant sur son enfance, les chemins qu'il a empruntés, les engagements qui ont été les siens, Antoine Maxime, né en 1939, ne le fait pas uniquement pour lui-même. Il parle beaucoup des autres, des événements vécus, des leçons à tirer de l'existence. S'il réalise un travail de transmission pour sa génération, ce l'est tout autant pour les plus jeunes, car on apprend toujours de l'histoire.

Antoine est très attaché à son pays, la Martinique, dont il rappelle de temps à autre l'histoire dramatique, née de l'extermination des Indiens caraïbes, de la traite atlantique, de deux siècles d'esclavages jusqu'à l'abolition de 1848. Depuis cette dernière date, la Martinique a beaucoup évolué grâce à des leaders inspirés ; elle toute sa place entre l'Amérique et l'Europe au sein de l'archipel des Antilles ; mais il reste tant à faire ou à consolider et à développer en ce premier quart du XXIe siècle. Comme pour les Afro-Américains des États-Unis, dont l'historien noir américain Clarence Walker parle dans son livre *L'impossible retour* [1], A. Maxime invite les Martiniquais à résister aux vents contraires, à se battre pour l'avenir et à apporter leur contribution à la richesse du monde.

---

1. Clarence Walker, *L'impossible retour*, Karthala, 2004, 240 p. Traduction de l'ouvrage américain *We Can't Go Home Again*, Oxford University Press, New York, 2001.

Cet ouvrage traite aussi d'une dimension particulière de la vie de notre auteur : son temps passé, presque jusqu'à la quarantaine, dans l'Église catholique, à travers sa traversée des séminaires et ses années comme prêtre de paroisse en Martinique. S'il est revenu à l'état laïc en 1975, il n'a pas oublié pour autant cette période qu'il a vécue dans une Église qu'il a aimée et a cherché à servir, en particulier dans les années qui ont suivi le concile Vatican II (1962-1965) avec les réformes et les évolutions alors mises en route. Le nom de Maxime reste lié en particulier à la création de chants liturgiques en créole et à l'animation de chorales. À travers des histoires, des anecdotes et surtout le portrait de beaucoup de prêtres martiniquais ou français, ce livre met en lumière les acteurs qui ont animé l'Église catholique martiniquaise au cours du XXe siècle.

Son livre paraît dans la collection *Sens et Conscience* des éditions Karthala, créée en 2014 pour permettre la publication d'ouvrages sur le nécessaire renouvellement du catholicisme. Il ne s'agit pas de condamner le passé ni de l'oublier, mais Antoine pense que l'Église doit évoluer et marcher avec les humains de son temps et répondre à leurs attentes, avec leurs cultures, avec les questions apportées par les sciences et les découvertes incessantes menées sur notre planète. Pour cela, elle ne doit pas cesser de se réformer. Dans cette collection, Antoine Maxime voisine avec des théologiens réformateurs ou révolutionnaires comme le Français Marcel Légaut, l'évêque anglican américain John Shelby Spong, le prêtre et psychothérapeute allemand Eugen Drewermann, et bien d'autres qui cherchent à dire et à mettre en pratique le message de Jésus de Nazareth, dans un langage d'aujourd'hui.

Robert Ageneau,
Directeur de la collection *Sens et Conscience*.

Introduction

Je vais vous conter mon histoire telle qu'elle me revient en mémoire. Ce qui m'a guidé dans ce retour sur mon histoire se résume bien dans cette fameuse phrase de Sartre que je résume ainsi : « Il y a ce que l'on a fait de moi, l'important c'est ce que j'en fais ».

Je prends dans cet ouvrage le temps et le plaisir de revisiter quelques décennies de mon histoire, en me laissant questionner par les personnes et les événements qui me reviennent en mémoire et que je situe dans leur contexte. Si je prends le temps de rapporter mes souvenirs d'enfant, d'adolescent et d'adulte, tels anecdotes, tels visages, telles images, telles émotions, tels événements, c'est qu'ils m'ont marqué et ont joué d'une manière ou d'une autre un rôle dans mon développement personnel, contribuant à faire de moi l'homme que je suis aujourd'hui.

Et si vous me suivez, vous allez vous rendre compte que le clergé a eu un énorme impact sur mon éducation. C'est le cas de bon nombre de mes compatriotes, même s'ils n'ont pas été membres du clergé. En ce qui me concerne, je me propose, avec le recul et de l'extérieur, de revisiter mon parcours tout au long des décennies où j'ai été « jeté dedans ».

Sur ce qui me revient en mémoire, j'exerce en toute liberté mon sens critique, relativisant certaines pratiques éducatives, certaines croyances, certains acquis ; faisant du tri dans ce que l'on m'a transmis : gardant en partie ceci, rejetant cela au cours des différents cycles que j'ai vécus ; reconnaissant ce qui à un moment donné a pris sens pour moi, pour perdre de son sens par la suite ou prendre plusieurs sens après coup. Grâce à ce regard rétroactif, je me suis rendu compte, qu'au cours des différents cycles de mon histoire, je n'ai cessé de m'ajuster, de me réajuster, remettant ainsi en cause le principe appris selon lequel : « sé kon sa man yé, sé kon sa man ké rété » (je suis tel que je suis et je ne changerai pas).

Je me revois traverser ces différents cycles de mon existence en remettant en question ce que l'on m'avait appris comme étant des certitudes. Par suite de prises de conscience successives, j'ai été amené à rechercher de la cohérence dans ma vie : entre le dire et le faire, entre l'idéal et la réalité, entre l'être et le paraître, entre ce qui avait du sens pour moi et ce que « l'on attendait de moi » !

J'ai parfois été traversé au cours de cette « rétro-vision », par un besoin d'ajustement *a posteriori* : lorsque par exemple je me voyais passer à côté de certaines personnalités du clergé et de certaines de leurs actions sociales, sans leur donner l'importance qu'elles avaient à l'époque et que je j'ai cru bon de revaloriser.

Pour réaliser mon projet, j'ai fait appel d'abord à ma mémoire, étonné moi-même de tout ce qu'elle avait stocké. Mais j'ai complété, amélioré, revu et corrigé mes informations, mes souvenirs, grâce à des connaissances, à des amis, des parents, à quelques rares documents qui sont en ma possession. Parfois je m'autorise en toute liberté à reprendre *texto* certains passages de l'ouvrage *De la Martinique aux vents du large*.

Je tiens à dire que je n'ai rien à prouver. Je n'ai aucune vérité, aucune certitude à transmettre. Je ne garde ni haine, ni rancune, ni mépris envers quiconque.

À vous lecteurs connus et inconnus, connaissances, amis qui me ferez l'honneur de me lire, je propose juste de partager ces tranches de mon histoire revisitée, qui fait partie de notre histoire.

Je m'identifie un peu à ce randonneur ou à ce photographe qui redécouvre des paysages déjà connus, mais qui s'arrête en chemin, pour profiter d'un point de vue qui provoque chez lui telles émotions, tels sentiments, tels souvenirs qu'il a envie de fixer, encore une fois, en sachant que la vie ne se fige jamais...

Lorsque je me laisse guider par ma mémoire sélective, je m'arrête sur ce qui se présente dans mon champ et j'ajuste l'objectif : essayant ici de réduire au maximum le flou, utilisant là les zones d'ombre ou encore en profitant de la luminosité aux heures de très beau temps. Suivez donc mon regard, comme vous le pouvez, en sachant que « tout'bagay' pa klè tou patou ni tou lé jou ! » (la vie n'est pas si simple) et que tout cela me regarde, mais vous regarde vous-aussi quelque part !

1

Du Morne-Rouge à la ville d'eau

Je suis né au Morne-Rouge, le dernier d'une famille de sept enfants. Ma mère a eu un premier garçon avec un Monsieur Patrice appelé Gérard. Puis elle a rencontré M. Bernard Pierre-Louis avec qui elle a eu deux garçons, Robert et Raphaël, et une fille, Bernadette, avant de connaître notre père Ambroise. Ce troisième lit a donné trois enfants : Marie-Hélène, Yvon et moi-même. Aujourd'hui, je suis le seul à être encore vivant. J'ai donc vécu au Morne-Rouge à Fond Rose, de ma naissance (1939) jusqu'à l'âge de 7 ans.

Bien entendu je ne savais pas que nous étions en pleine Seconde Guerre mondiale. Je n'ai pas le souvenir d'avoir vécu dans la misère. À cet âge, les enfants se suffisent de peu.

Je sais que ma mère portait une robe noire car elle faisait le deuil de mon père, décédé un peu plus de deux ans après ma naissance. J'ai toujours regretté de n'avoir aucun souvenir de mon papa, même si je sais qu'il avait perdu une jambe et qu'il marchait avec une béquille. Comme par hasard, mon père adoptif, Charles, lui aussi, avait été amputé d'une jambe par suite de ses blessures de guerre (14-18).

An tan Robè au Morne-Rouge

Au cours de mes deux premières années, la Martinique vivait sous le joug de l'Amiral Robert de triste mémoire, royaliste, raciste, qui était à la botte du Maréchal Pétain. Il avait semé la terreur et la misère dans le pays. Nous étions de ces familles pauvres qui subissaient de plein fouet la politique de rationnement qui touchait toute la Martinique. Je me souviens d'avoir fait la queue chez le boulanger Catayé au Morne-Rouge, pour obtenir la part de pain à laquelle nous avions droit, avec les fameux « tickets de rationnement ».

C'est bien après que j'ai entendu de la bouche d'adultes les trois mots d'ordre « Famille, Travail, Patrie » et « Maréchal, nous voilà ». Période d'exaltation patriotique. Très tôt, l'idée de « Défendre la Mère Patrie » se répandait autour de moi, sans que je ne comprenne ce que cela voulait dire.

J'ai appris par la suite comment les politiques de chez nous avaient marqué leur opposition au gouvernement de Vichy. Et comment la Martinique tout entière avait souffert de la politique de l'Amiral qui avait « dékatjé » (mis en pièces) les conseils municipaux, bâillonné les partis politiques et la presse locale, persécuté tous ceux qui s'opposaient à sa gouvernance, imposé la croix dans les écoles, etc. Il a peu à peu creusé sa tombe puisqu'il fut chassé de la Martinique (en 1942), puis emprisonné à Fresnes avant d'être condamné aux travaux forcés en 1947.

Je ne me revois pas au bourg même du Morne-Rouge avec ma mère, sauf autour de la fosse de mon papa, au cimetière de la commune. Cependant, mes souvenirs d'enfant : c'est bien entendu d'être tout le temps à moitié nu dans la savane avec mon frère Yvon. Lorsque je me rendais au bourg avec lui, j'étais impressionné par cet immense monument nommé église et son clocher qui semblait bouger avec les nuages quand on levait les yeux pour le regarder. Mon frère Yvon était-il inscrit au catéchisme comme la plupart des enfants ? Je ne m'en souviens pas.

J'étais impressionné par ces hommes nommés « monsieur le curé » en robe noire : j'ai même en mémoire leurs noms : les pères Galot et Rohart. Ils inspiraient la crainte et le respect. Quand les gens les rencontraient, ils se perdaient en courbettes et certains se signaient. Ces prêtres habitaient une grande maison devant laquelle je passais en descendant à Fond Rose et que l'on appelait « presbitè ». Plus tard, je la comparerai à la maison des békés. J'apercevais de loin ces pères déambuler sur leur balcon, un livre de prière à la main. Lorsque l'on m'emmenait à la messe, je ne sais avec qui, j'étais perdu et noyé dans la foule et trop petit pour voir ce qui se passait à l'autel. Je savais que ma sœur qui faisait partie des filles de l'Ouvroir « chantait à la chorale de l'église ». Je n'avais même pas le loisir de la voir après la messe. J'étais impressionné par les chants, les voix des choristes et cet étrange instrument nommé « les orgues » qui provenaient de la tribune.

J'étais frappé par ces immenses statues dont celle de la Vierge qui portait sur la tête une couronne dorée et lumineuse. Tout le monde se prosternait devant elle pour la prier. Il y avait aussi dans la chapelle qui jouxtait la sacristie une autre statue qui me faisait peur, un grand et bel homme blanc aux yeux bleus et cheveux longs, vêtu d'une longue tunique blanche et rouge. Il montrait son cœur ensanglanté d'où sortaient des rayons : j'entendais les gens l'appeler « le Sacré cœur ».

Une odeur particulière inondait l'église. J'ai appris à l'identifier plus tard. Il s'agissait de l'odeur de l'encens et des bougies que les pratiquants allumaient devant les statues. Juste à côté de l'église, le cimetière où était enterré papa. L'enfant que j'étais se demandait comment il faisait pour respirer sous la terre.

Je ne sais pas si mes parents pratiquaient. J'ai appris il n'y a pas longtemps qu'ils s'étaient mariés peu avant la mort de mon père. Un mariage à la sauvette que nous, Martiniquais, nous avons baptisé « an béni konmès » (un commerce sexuel qui mérite d'être purifié par une bénédiction). Par ce sacrement, le clergé permettait à un couple qui « vivait en ménage » (« konmès » ou commerce) de « sortir de la situation de péché » dans laquelle il se trouvait du fait de n'être pas marié à l'église. Je faisais partie de ces nombreux enfants illégitimes de notre pays qui, pour le clergé catholique, n'avaient pas le même statut que ceux dont les parents étaient mariés, non seulement à la mairie mais à l'église ! Mon père l'a échappé belle car à l'époque, lorsque l'on mourait alors que l'on « vivait en ménage », le « corps » était toléré sous le clocher et la cérémonie se réduisait à quelques prières rapides du célébrant et à une rapide aspersion d'eau bénite avant de se rendre au cimetière sans accompagnement du clergé ! Mais j'étais trop petit pour me souvenir de cette cérémonie discriminatoire.

Un enfant ne choisit pas sa famille. Il se trouve que la mort est venue très tôt emporter d'abord mon père, j'avais deux ans et demi, puis ma mère, j'avais 7 ans. Très tôt, je me suis vu séparé de ma sœur, puis de mon frère. J'ai mis du temps pour comprendre ce qui nous arrivait ! Mais lorsque l'enfant vient au monde, on ne lui demande pas son avis. Dès les débuts, je comprenais une seule chose : « Ouvre tes yeux et marche ! Des mains se tendent pour t'aider, saisis les... et avance ! Tu n'as pas le choix » !

D'un monde à l'autre

Ma situation était celle-là : vivre simplement avec mon frère et les voisins autour de notre humble maison en tôle ; gambader dans cette savane de Fond Rose la journée, en s'inventant des jeux ; et la nuit tombée, autour de notre maman, à la lumière d'une lampe à pétrole comme les gens du quartier, partager ce qu'il y avait à manger. On se suffisait de peu. Vivre en pleine nature, entouré d'animaux, et s'endormir bercé par la symphonie des « kabribwa », grenouilles, criquets bien connus par ceux qui vivent à la campagne. Je me souviens du bruit de la pluie sur les tôles ; comme de ces moments passés avec mon frère Yvon posant des pièges avec la colle de fruit à pain aux pauvres merles que l'on faisait rôtir, en faisant cuire les patates douces dans de la cendre, en chassant les crabes dans la rivière avec les enfants du voisin. Ce monde-là, je l'ai décrit avec plaisir dans mon ouvrage *De la Martinique aux vents du large. Mes chemins de liberté*[1].

Et puis il y avait l'autre monde : celui du bourg avec la grande rue principale asphaltée, où circulaient les gens et de

1. Karthala, 2006, 202 p., voir le chapitre 1.

rares voitures. À cet âge, ce qui comptait c'étaient la boulangerie et son odeur de pain frais qui me donnait l'eau à la bouche ; et la mercerie « chez les demoiselles Renard » où était « placée » ma sœur ; et puis ce monde religieux avec son église, ses statues, ses lumières, ses senteurs, ses chants religieux et ses prières en une langue que je ne comprenais pas, et son clergé venu d'ailleurs. C'était un tout autre monde.

J'étais attaché à ma commune, car j'y avais notre maison, ma mère, mon frère Yvon et ma sœur, même si celle-ci était déjà placée ; Gérard, notre aîné du premier lit, travaillait comme cantonnier et habitait le « Bas Calvaire ». Il logeait Dedette, mon autre sœur qui n'était pas de même père que nous trois. Pour moi, c'était celle qui s'occupait beaucoup du petit dernier que j'étais.

Je ne savais pas que ma mère souffrait déjà d'une des maladies à la mode, la tuberculose. Et conseillée par Tante Héléna qui habitait le Lorrain, elle avait décidé de confier Yvon à une tante Alice de Saint-Pierre. Je ne me souviens pas de cette courte période où je me suis retrouvé seul, privé de la présence de mon frère aîné. Où et avec qui l'ai-je vécue ? Un vide que je n'ai jamais pu combler.

De séparation en séparation

Je sais seulement que, peu après, je me suis retrouvé à mon tour chez cette même Tante, mais mon frère n'y était pas. Nous sommes en 1946. Les informations qui circulaient autour de moi m'ont fait comprendre qu'Yvon s'était montré trop entreprenant et rebelle, voulant vendre absolument à la boutique par exemple. Et parce que cela lui avait été refusé, il avait menacé de se faire écraser par le camion de M. B. qui, sortant de la rue Lucie, tournait péniblement pour s'engager sur la rue Victor Hugo, en mordant sur notre trottoir. Cette menace aurait fait peur à celle qui avait accepté de me prendre à la place de mon frère. J'avais donc une épée de Damoclès sur la tête, car « il ne fallait pas faire comme Yvon ».

Placé chez tante Alice à 7 ans, je savais que ma mère était hospitalisée au sanatorium du Carbet. Je ne lui ai rendu visite qu'une fois. Et quelques mois après, elle mourait sans avoir autour d'elle ses enfants. Robert, Marie-Hélène, Bernadette, Gérard et moi nous étions autour de son cercueil et l'avons accompagnée dans une fosse, celle des pauvres, comme pour mon père. Yvon hélas ! n'a pu être des nôtres. On verra plus loin pourquoi.

Réflexion

Il n'y a pas d'âge pour connaître l'épreuve de la séparation
Ni faire la rencontre de la mort qui n'épargne personne...
Mais c'est la vie qui en moi et autour de moi prend le dessus... L'enfant que je suis rebondit, il n'a pas le choix !
Plus tard j'appellerai cela « résilience »
Les enfants savent mieux faire ça que les adultes.

2

L'enfant adoptif de...

De « péléen à Pierrotin »

Me voilà donc à Saint-Pierre dans une maison « rotéba » (à étage), comme on disait dans la langue que je parlais sans l'avoir apprise dans un livre, sinon celui de la vie courante. Une maison qui avait sa partie basse en mur épais et sa partie haute en bois de nord très solide. Je dormais dans une chambre en haut sur un matelas en feuilles de maïs que l'on mettait au soleil quand j'avais fait pipi au lit. J'étais « coaché » par la filleule de tante Alice, son bras droit. Elle s'appelait Rose, une Lorrinoise, qui bien plus grande que moi vendait à la boutique et faisait toutes les tâches à la maison. C'est avec elle que j'ai appris à balayer, à épousseter les meubles, à passer le torchon mouillé, à laver la vaisselle, à récurer le trottoir, à brosser la cour et le bassin. Quand elle vendait à la boutique, j'étais là attentif et elle m'initiait aux mesures et aux poids. Lorsque l'on tuait le cochon dans la cour à Noël, j'assistais à l'opération sans me poser de questions. Je voyais bien comment se faisait le boudin rouge.

Et j'avais la chance de profiter des mandarines et oranges ramenées par Romule, l'homme à tout faire, « qui surveillait la propriété de Parnasse » où vivaient les sœurs de « M. Rodéric » (c'est comme cela que j'appelais au départ mon nouveau père adoptif). D'ailleurs j'ai très vite fait la connaissance de ce Morne situé à quelques kilomètres du bourg de Saint-Pierre en direction du Morne-Rouge. Et les pieds nus, comme les adultes, je transportais sur la tête, avec ma « torche » en feuilles de bananier séchées, dans mon petit panier caraïbe, « ma charge » de fruits, d'oignons-pays, de légumes. Moments inoubliables pour un enfant qui se rend utile, fréquente les grands et les imite.

Je m'intéressais bien entendu à ce que Rose faisait à la boutique. Les clients venaient demander « an dimi liv'sik » an « dimi ka bè rouj », an « miss ou an rotji ronm » (un livre de sucre, un quart de beurre, une roquille de rhum). Juste à côté de la boutique, il y avait un espace réservé au « privé » : quelques tables avec une bouteille de rhum, une d'absinthe, une de sirop, où les gens venaient prendre le décollage du matin ou le punch selon les heures. J'évoluais dans un milieu aux senteurs de tafia, de morue, de beurre rouge, de hareng saur, de viande salée. Je revois ces énormes camions transportant les nombreux casiers de bouteilles de boissons gazeuses. Je me revois sortir les bouteilles vides des caisses que le chauffeur récupérait pour les remplacer par des caisses pleines. J'étais aussi impressionné par les sacs de sucre de 50 ou 100 kg que les « garçons » déchargeaient des camions. De même, ces grandes caisses de morue en bois qui provenaient, me semble-t-il, de Saint-Pierre-et-Miquelon. On découpait la morue sur un billot avec un coutelas que l'on me défendait de toucher bien entendu. Et tant de souvenirs encore...

Réflexion

Notre environnement, quel qu'il soit, nous forme ou nous déforme selon ce que nous en faisons, après avoir avalé ce que l'on nous apprend sans nous poser de question.

J'apprends à être « l'enfant que Madame Rodéric » a adopté. Qu'importe, je connais l'existence de mon père et j'ai connu les bras de ma mère, qui ne sont plus ni l'un ni l'autre. Tante va remplacer Maman, et comme je n'ai pas vécu avec mon père, son mari sera mon substitut de père. Et c'est de lui que je vais parler maintenant.

Mon père adoptif

Tante Alice avait épousé depuis peu cet ancien militaire « Charles Rodéric », devenu mon père adoptif. C'était un homme de la campagne du quartier Parnasse où il vivait avec ses trois sœurs : Florence, Charlotte, Romaine. Une autre de ses sœurs avait épousé un M. Goureau et vivait à Fort-de-France aux Terres Sainville.

Il était conscient de faire partie de ces hommes bien « baraqués » et capables de travaux physiques, de s'occuper des animaux de la propriété, tout en poursuivant des études au Lycée de Saint-Pierre. Fort physiquement et très brillant sur le plan intellectuel. Nous étions tous étonnés et admiratifs de l'entendre bien plus tard réciter, malgré son grand âge, du Racine et du Corneille par cœur, et de voir avec quelle habilité et facilité il maniait la langue française oralement et par écrit.

Pour « défendre la Patrie », jeune adolescent, il avait dû interrompre ses études, quitter sa famille et son pays en 1914. Il avait connu Verdun. Grand blessé de la guerre 14-18, il faisait partie de ces soldats « gazés » (d'où les crises d'asthme dont il a souffert jusqu'à sa mort). À son retour dans son pays, il s'installa alors au bourg de Saint-Pierre, pensionnaire dans un hôtel tenu par une madame Jean-Baptiste dont le fils Jojo Jean-Baptiste, plus tard pharmacien biologiste, devint son protégé et son ami malgré la différence d'âge. Se rendant compte que Jojo, adolescent fougueux mais prometteur, allait « mal tourner » s'il continuait à fréquenter certains de ses copains, il lui avait promis de l'envoyer en France pour ses études supérieures, s'il réussissait son bac. Il tint sa promesse.

C'est dans cet hôtel que tenait Mme Jean-Baptiste qu'il avait fait la connaissance d'Alice Guérédrat, bien plus jeune que lui, qui y travaillait. Ils s'apprécièrent, se marièrent et s'installèrent à l'angle de la rue Lucie et Victor Hugo où sa jeune femme entreprenante ouvrit une boutique « Débit de la Régie-Privé ».

C'était un homme courageux, simple, discret et droit. Je le trouvais sévère mais juste et bon. J'étais impressionné par cette blessure qu'il portait à sa jambe droite, ravagée par un éclat d'obus ; ce qui lui avait laissé une plaie en haut de la cheville qui ne guérissait pas. C'est moi qui portais à l'étage le broc remplie d'eau tiède, pour les soins quotidiens prodigués affectueusement par son épouse. Son fils Edmond, mon frère adoptif, comme on disait, m'informait il n'y a pas longtemps qu'il était d'une grande pudeur. Très attaché à ses sœurs qui vivaient en ermites dans cette belle propriété de Parnasse, il les visitait régulièrement malgré son handicap. Et c'est souvent que je l'accompagnais. Je craignais le regard de la tante Florence qui ne sortait jamais de la maison et vivait dans l'obscurité de la case familiale en bois recouverte de tuiles. Sa sœur Romaine s'occupait des bêtes et de la cuisine. Et Charlotte avait déjà des troubles mentaux.

Revenu dans son pays, reconnu comme ancien combattant, grand blessé de guerre et compte tenu de ses compétences, il occupa un poste au secrétariat de la Préfecture pendant 25 ans.

Pendant toutes ces années, il faisait le va-et-vient Saint Pierre–Fort-de-France à bord de ces énormes « taxipéyi » multicolores qui prenaient plus d'une trentaine de voyageurs, assis sur des banquettes pas toujours confortables quand on pense à l'état dans lequel se trouvaient les routes de la Trace ou du Littoral à l'époque. Ces autobus portaient le nom de leur propriétaire : on « prenait Mano Pip », « Constantin », « Joyau » pour la ligne Fort-de-France–Saint-Pierre–Le Prêcheur ; « Malidor » pour le Morne-Rouge, « Palméro » pour Le Lorrain, etc.

En ajustant mon rétroviseur, je m'aperçois que j'ai très peu dialogué avec mon père adoptif, toujours silencieux et apparemment sévère. Même s'il me demandait régulièrement de l'accompagner lors de ses virées à Parnasse ou à « l'Amitié » au Prêcheur. Il marchait armé de son fameux bâton en « bwagouyav » (bois de goyave), faisant des pauses pour reposer sa jambe. Il fixait alors l'horizon en ayant l'air de réfléchir en permanence. Il ne disait pas un mot. Tout au long de mon adolescence surtout, j'ai été témoin de ses crises d'asthme, la nuit, qui m'impressionnaient. La Ventoline était le seul médicament capable de le soulager.

Je me rendais compte, lors des discussions avec son épouse qu'il surnommait « Djédjé » (diminutif de son nom de jeune fille Guérédrat), que celle-ci se montrait intransigeante « pa té ni pasé lan men » (elle ne laisse rien passer). Il se montrait plus compréhensif et compatissant, cherchant souvent à excuser ses semblables et à pardonner. Sauf si sa dignité et son respect se trouvaient menacés.

Cependant avec les enfants, il était exigeant. Il s'adressait souvent à nous en utilisant le « vous » qui n'admettait aucune discussion, surtout en ce qui concerne le travail scolaire qui demeurait la priorité : il nous renvoyait sans cesse à nos livres. Très bon, très discret et très attachant sans doute, mais ne manifestant jamais son affection par une parole ou un geste de tendresse. Cela ne faisait pas partie de son éducation « à la dure ». Cette figure de père nous a quittés en 1974, regretté par tous ceux qui l'ont rencontré et apprécié.

Réflexion

> *Je découvre que, dans la société, le niveau intellectuel et les engagements courageux comme celui de faire la guerre et de s'en sortir avec de graves blessures ne suffisent pas pour être un « homme ». Il faut aussi développer des qualités de cœur ! Et ce sont souvent les autres, dans votre entourage amical et familial, qui le reconnaissent et vous le renvoient !*

Ma mère adoptive

Tante Alice, que j'ai eu du mal à appeler « maman », connaissait Plésence, ma propre mère. Comme dit plus haut, elle avait accepté de « me prendre ». Elle m'a ainsi appris très tôt à me débrouiller : « vwéyé ko'w monté an lè » (remue-toi !), me disait-elle souvent pour me stimuler. Avant la naissance de ses deux enfants Marie-Jo et Edmond que j'ai vu naître et dont je me suis beaucoup occupé, je l'accompagnais partout où elle allait : à Saint-Pierre, au Morne-Rouge, à Fort-de-France.

Elle m'a vite inscrit à l'École communale du Fort, et au Catéchisme à la paroisse du Mouillage. Grâce à elle, j'ai été enfant de chœur et j'ai fait mes communions et confirmation.

Sans faire d'études, elle avait le sens des affaires. D'abord, après son mariage, elle ouvrit une boutique nommée « Tout s'y trouve », au centre-ville de Saint-Pierre dans les années 40 ; puis dans les années 50 elle saisit l'opportunité de la transférer au Fort, auprès du monastère des Bénédictins. Ce qui lui faisait une clientèle régulière et très fournie avec les pèlerins qui venaient suivre les offices des Bénédictins. Par la suite, lorsque nous avons dû quitter Saint-Pierre pour nous installer à Sainte-Philomène, ou Pointe Lamarre, elle en a profité pour ouvrir un autre commerce dans ce quartier à quelques kilomètres du Prêcheur.

Très vite, ma mère adoptive m'a appris à « vendre à la boutique » et à servir les clients. Adolescent, je passais mes vacances à « surveiller la boutique » du Fort alors que nous habitions la Pointe Lamarre. J'admirais en elle la commerçante qui savait gérer ses affaires, sans avoir eu de formation particulière ; une femme capable de transformer une maison en faisant d'une chambre une boutique, d'un salon une chambre sans se poser de questions de sécurité ou d'esthétique. Elle avait un grand sens pratique et savait s'entourer d'artisans. Elle faisait venir des jeunes du Lorrain, souvent polyvalents, comme Édouard, Gabou qu'elle logeait et qui travaillaient pour elle au tiers dans l'agriculture ou assuraient des travaux divers d'entretien.

C'est ainsi qu'à Saint-Pierre comme à Sainte-Philomène, je me sentais moins seul, car ces personnels faisaient partie de la famille. Rose, Marcelle, Mireille, Germaine, Renélise pour les filles ; Édouard, Gabou : tous provenaient des quartiers du Lorrain (Morne Capot, Carabin, etc.). Leurs parents les envoyaient à Saint-Pierre « chez tante Alice » pour apprendre à travailler. Certains d'entre eux vivaient à la maison quand nous étions à Saint-Pierre. Lorsque nous étions à Sainte-Philomène, ils vivaient dans une maisonnette juste à côté où il faisait plus frais, car elle était faite en paille, en bois « tibaum » avec un sol en terre battue. C'est avec les filles, que je considérais comme mes cousines, que j'ai appris à me débrouiller, sauf en cuisine. Avec les gars, surtout Romule qui, lui, venait de Saint-Pierre, j'ai vite été initié à de multiples tâches : celle de labourer la terre, de sarcler, de planter et récolter les légumes du pays ; de transporter ma part de charge (légumes, fruits) sur la tête avec ma torche en feuilles de bananes (que j'ai appris à faire), dans des sentiers parfois bien glissants et scabreux ; apprendre à « bâter » et « débâter » le mulet ; à le charger et à le décharger des sacs de légumes, de maïs, de fruits ; à travailler sur les plantations d'à côté pour cueillir des tomates, le maïs, les pistaches. J'ai appris aussi à peindre une maison, à battre le mortier, à faire de petits meubles en bois avec Édouard, à nager.

C'est à Sainte-Philomène que j'ai appris à « tirer la senne ». Quelle joie, quelle fierté de recevoir comme les adultes mon « lot » de poissons que j'appelais par leurs noms : les « ti koulirou » « gwo makriyo » « sadinn », « volan » et « pwason rouj ». Sur la plage également, je découvrais la ponte des tortues. À l'époque, on recueillait leurs œufs et l'on en vendait la chaire au marché. Mais c'était hier !

Ma mère me donnait carte blanche pour ces activités à condition de ne pas m'éloigner de la maison. Car elle faisait attention à mes fréquentations.

Réflexion

Une maman, comme d'ailleurs un papa, aide un enfant à grandir en lui témoignant de l'affection quand ils en ont eux-mêmes reçue. Mais l'éducation qui permet à l'enfant de se révéler à lui-même, à travers les multiples tâches du quotidien, est une forme d'amour et de « bientraitance »

Famille élargie

Tante Alice avait une sœur, Rosange, qui a travaillé aussi chez les Jean-Baptiste à Saint-Pierre avant d'ouvrir son propre commerce au Lorrain. C'était une joie de l'accueillir avec ses deux enfants, Gisèle et Ernest, cousins germains d'Edmond et de Marie-Jo et qui devenaient les miens.

J'ai connu les deux frères de tante Alice : les tontons Georges et André. Ce dernier était un ancien militaire. Il s'était engagé auprès des dissidents qui, pour défendre la Patrie, la France, avaient pris d'énormes risques en traversant le canal de la Dominique pour rejoindre les troupes du général de Gaulle. Après la Libération, revenu à Saint-Pierre, il s'est laissé aller à la boisson et en est mort quelques années après son retour dans son pays, avec sa petite pension, mais sans travail.

Tonton Georges, lui, habitait avec sa femme Odette et ses trois enfants, Jojo, Malou et Gérard, à Sainte-Philomène. Il était responsable de la propriété de son beau-frère, « l'Amitié ». Avec ces nouveaux cousins, j'ai passé de très bonnes vacances à la Pointe Lamarre. C'est là que j'allais chercher le lait pour mes nouveaux frère et sœur. Je faisais la route Saint-Pierre–Sainte-Philomène à pied et pieds nus la plupart du temps, mon casque colonial sur la tête : à l'époque c'étaient entre autres les gendarmes qui le portaient, quand ils assuraient la circulation. Mais nombreux étaient les adultes et les enfants qui adoptaient ce couvre-chef vendu dans le commerce parce qu'il protégeait bien du soleil. Sur la route, je n'hésitais pas à « demander passage » aux rares camionnettes qui transportaient des marchandises. Certains chauffeurs m'avaient repéré (« Ti manmay' man Rodérik la » : c'est l'enfant de...). Ils ralentissaient pour que je puisse m'embarquer derrière. Parfois c'est M. Vaillant qui me prenait derrière sa moto.

Tonton Georges était un bel homme, très élégant et pour moi très gentil. Il venait le dimanche à la maison à Saint-Pierre, donner des nouvelles à mon père adoptif de la propriété de l'Amitié où il y avait des animaux et différentes cultures. Il arrivait du Nord, traversait la ville jusqu'à la rue Lucie où nous habitions, habillé tout de blanc, à cheval, cravache en main, « fier comme Artaban » disait-on en le taquinant. J'entends encore le bruit des fers de son cheval sur l'asphalte. On eût dit un maître d'Habitation. Il faisait entrer le cheval dans la cour et déjeunait avec nous. J'étais très attaché à cet oncle. Et c'était réciproque. Et lorsque les relations se sont gâtées avec sa sœur, j'en ai beaucoup souffert, d'autant plus que je me voyais éloigné de mes cousins et de la vie au bord de mer de la Pointe Lamarre.

Je découvrais une réalité difficile à admettre : J'aimais mes oncles et tante, et me voir d'un jour à l'autre obligé de prendre de la distance vis-à-vis d'eux et de mes cousines et cousins ; de les ignorer quand je les rencontrais, était pour moi une épreuve dont je ne pouvais même pas parler.

Réflexion

Passant d'une famille réduite et éclatée à une famille élargie à de nouveaux parents, de nouveaux frère, sœur, cousins et cousines : c'était pour moi un bonheur. Constater les dégâts que pouvaient faire des histoires, des conflits, des scissions entre adultes, au sein d'une même fratrie, me fendait le cœur.

La famille idéale qui peut faire rêver un enfant n'est pas nécessairement la famille d'origine. J'apprends à m'attacher à ceux qui m'initient à la vie et m'aident à grandir dans la fraternité, la solidarité, la simplicité et l'honnêteté. Mais, lorsque ces valeurs-là s'écroulent par suite de conflits d'adultes, pour des raisons imbéciles, lorsque des liens si précieux tissés depuis des années se dénouent entre adultes en un temps record, cela fait mal et désespère. Quelle épreuve pour la construction d'un enfant, de voir des proches se déchirer et des adultes exiger de leurs enfants de s'engager dans la voie désastreuse du délitement de rapports fraternels tissés pendant des décennies !

J'ouvre bien grand mes yeux pour découvrir ce monde des adultes et ses contradictions.

3

Saint-Pierre, ville d'eau, et ses quartiers

Vivre à Saint-Pierre, c'était pour moi découvrir un monde totalement nouveau avec ses quartiers le Fort, le Centre et le Mouillage.

Le quartier du Centre

J'étais frappé de voir cette eau qui coulait en abondance, dévalant la pente du fort jusqu'au centre dans les caniveaux qui se trouvaient de chaque côté de la rue principale, mais aussi dans les rues latérales. Les caniveaux servaient en même temps de tout-à-l'égout. Et les gens du centre dont nous faisions partie n'appréciaient pas ces cadeaux des gens du Fort qui, chaque soir, y déversaient le contenu de leurs vases nauséabonds !

Sinon, de l'eau, il y en avait toute la journée, toute la nuit et gratuitement : de l'eau claire, de la belle eau, de l'eau partout.

Cette nouvelle ville avait aussi pour caractéristique de magnifiques ruelles en pavés noirs comme la rue Lucie où nous habitions, qui tombaient dans les rues principales : rue Victor Hugo, rue, « du bord de mer » et la « Rue derrière ».

Les ruines faisaient partie du décor. Petit, je ne me suis jamais interrogé sur le pourquoi de ces maisons détruites. Le mont Pelé faisait partie du paysage. Au Morne-Rouge, j'étais trop près et trop petit pour m'intéresser à la Montagne. À Saint-Pierre, je n'en faisais pas cas non plus.

Je me trouvais à l'aise dans une ville qui n'était pas coupée du monde rural. Car dans les ruines, ici et là, on voyait des moutons, des cabris attachés ou en liberté. Lorsque je faisais de l'herbe pour les lapins, je n'avais pas besoin d'aller bien loin pour en trouver. On voyait passer des chevaux, des mulets « bâtés » de marchandises, parfois un troupeau de bœufs qui sortait du bateau « Moutet » pour se rendre dans telle ou telle habitation.

J'ai été très tôt sensible au rôle que jouent les cloches d'une église, qui à grandes envolées ou par des carillons adaptés selon les circonstances appellent la population à se rassembler pour la prière ou d'autres offices. On peut être croyants, pratiquants ou pas, les sons des cloches ne laissent personne indifférent dans une Communauté. Ils répandent de l'allégresse le dimanche et les jours de fête ou des notes de tristesse lorsque la mort a frappé ! Très vite l'enfant de chœur que j'étais voyait sa vie rythmée et cadrée par le son des cloches de l'Église. Mais une fois « la messe dite », il fallait rentrer à la maison. Le jour où j'ai pris le loisir de rester jouer avec les copains m'a coûté cher : la cravache derrière la porte de la salle à manger, je m'en souviens.

Mais il y avait aussi la cloche de l'École. Il n'était pas question d'arriver en retard ni de « traîner » après les classes ; ni de revenir avec une chemise déchirée parce que l'on s'était battu à la cour de récréation ou quand on se lançait des défis. Le dernier défi relevé, c'était avec Ti Maurice « un jour à 11 h ». Mais les premières empoignades furent interrompues par le directeur surnommé « Danjé » qui, alerté, arrivait cravache en main, provoquant la dispersion des élèves. Ti Maurice est devenu un de mes meilleurs amis par la suite.

La ville de Saint-Pierre me paraissait plutôt calme en semaine. J'ai toujours en moi l'image, au loin dans la baie, de ces grandes barques, de ces gabarres, tirées par de petits bateaux à vapeur et chargées de sable puisé sans autorisation sur les plages de Sainte-Philomène ou du Prêcheur. Ce sable servait à faire des constructions sur Fort-de-France.

Le dimanche, il y avait du mouvement : des gens, surtout les femmes du Fort, « descendaient » à la messe bien habillées et toujours pressées, sans doute en retard sur l'horaire. J'entends encore la musique de leurs talons sur le trottoir.

Certains jours, j'étais surpris de voir des camions, chargés de militaires armés, traverser la ville pour se rendre sur les flancs du mont Pelé faire des exercices. Parfois, ils passaient en défilant aux pas cadencés et en chantant. De quoi avoir envie de se joindre à la troupe. D'ailleurs, écoliers en uniforme, nous défilions nous aussi dans les rues de Saint-Pierre à l'occasion de la fête de l'École laïque, transformés en petits soldats encadrés par nos maîtres qui, avec nous, marchaient au pas « un deux ! un deux ! gauche ! droite ... ».

J'ai baigné dans cette ambiance où régnait un certain esprit patriotique dans la population. Nous sommes dans les années 1950, après-guerre. J'ai retrouvé cet esprit militaire dans le mouvement scout que j'ai fréquenté quelque temps. On avait un uniforme, des décorations, on marchait au pas ; on nous apprenait le respect du chef et la discipline, le salut aux couleurs. Je ne me posais aucune question. Que de découvertes !

Débouyé ko'w

Voilà une expression que j'entendais souvent autour de moi. Il fallait apprendre à se débrouiller ! Sinon on était traité de « molpi » (molasse) C'était valable aussi bien pour les adultes que pour les enfants. La période que nous traversions poussait les gens à s'inventer des moyens de s'en sortir car les temps étaient durs ! D'où le marché noir !

On se débrouillait pour acheter, vendre, marchander ; mais on pratiquait aussi le troc : certains échangeant par exemple leurs produits de la terre contre les produits de la mer. Tuer une bête (bœuf, mouton, cabri, ou cochon) permettait de payer des dettes mais aussi de faire plaisir à celui ou celle qui un jour vous avait dépanné. C'est pourquoi le gamin que j'étais devait aussi apprendre à se débrouiller. Cela m'a amené à vendre au marché de Saint-Pierre, pendant les vacances, en exposant sur une table sans aucune autorisation mes « mangots » (5 pour 1 frc), avocats ou autres qui provenaient de la propriété de Parnasse ou de l'Amitié. Toute ma fierté était de pouvoir montrer à ma Tante que je me débrouillais, en lui ramenant fièrement quelques sous. De même, au cours du carnaval, je savais m'improviser une tenue avec une robe sortie du « linj'kabann » (linge périmé gardé sous le matelas) et un masque en carton sur lequel j'avais fait les trous correspondant aux yeux, au nez et à la bouche ; faire peur à mes camarades ; solliciter quelques pièces des adultes qui « té ka gadé mas pasé » (regardent passer les gens masqués) c'était tout un plaisir ! Tante Alice m'avait appris à me débrouiller ! « Débouya pa péché » (se débrouiller ce n'est pas un péché), disait-on. Et je le lui prouvais.

Elle m'a très vite testé en m'envoyant faire des commissions dans les commerces de gros (chez Cadenet), dans la quincaillerie de Roy Camille, ou dans le magasin des Toussaint, ou « chez les syriens ». Il fallait apprendre à écouter les consignes, ramener la commission, sans oublier la monnaie. On me faisait confiance ! Il fallait me montrer à la hauteur.

Non loin de la Glacière Baron où l'on m'envoyait acheter de la glace, que l'on vendait en barre ou demi-barre ou en détail, j'ai fait connaissance avec cette grande figure de Saint-Pierre, M. Lheureux, qui tenait une menuiserie et confectionnait des meubles et des cercueils. Par la suite, c'est M. Minot qui prit la relève en s'installant presque en face de chez nous à la rue Victor Hugo. Les cercueils qu'il réalisait et cette odeur de vernis me rappelaient en permanence la menace de la mort.

À propos de mort, j'ai encore en tête ce dramatique accident en pleine rue Victor Hugo, en début de soirée où un enfant syrien (Assad), de la même école que moi, s'était fait renverser par une voiture et en était mort. Pourtant, les voitures restaient rares en ces temps-là ! J'avais entendu parler de la mort de mon père, j'avais assisté à l'enterrement de ma mère, plus tard de ma tante Vévé ; mais la mort d'un enfant comme moi, de mon âge, je ne connaissais pas. C'est la première fois que je ressentais cette angoisse devant la mort.

J'ai encore en mémoire d'autres visages comme celui du célèbre ferronnier M. Jean-Baptiste, qui avait son atelier non loin de l'église, ou de nos célèbres coiffeurs du bord de mer ou du Mouillage. Un mauvais souvenir à ce propos. Il y avait une épidémie de poux à l'école. Ma mère m'envoie donc chez Monsieur M., avec ordre de me faire enlever tous les cheveux. Mais je tenais trop à mon image, à mes cheveux « lanbiské » (coiffé à plat) d'une part ; d'autre part, je pensais à ce qui m'attendait le lendemain à l'école : les « ziguinot » (chiquenaudes) des copains sur ma « tèt'koko sek ». J'ai pensé jouer au malin en disant au coiffeur : « ma tante a dit de me couper les cheveux très très court ». Revenu à la maison, Tante Alice n'a pas vu les choses de cet œil et m'a renvoyé sur-le-champ chez ce coiffeur pour exiger de lui « an youl » (tête rasée)... Vous devinez les larmes, la honte et la rage rentrée du gamin qui tenait tant à son image !

Habitant non loin de la mer, je voyais les va-et-vient des bateaux, des canots ; j'entendais en sursautant à chaque fois la sirène stridente du « Moutet » qui rompait le silence ambiant, et annonçait triomphalement son arrivée sur la jetée ou signalait son départ. Il assurait la ligne Saint-Pierre–Fort-de-France, embarquait et débarquait sur le quai passagers, marchandises, parfois des animaux.

Les jours où il y avait du mouvement dans la ville c'étaient le samedi et le dimanche, avec le marché aux légumes et aux poissons, les allers et venues à la place Bertin, avec son jet d'eau, à la Pharmacie Désiré, autour des différents commerces du bord de mer et de la rue Victor-Hugo. Et bien entendu avec les messes, les baptêmes, les mariages, les enterrements.

Je n'ai jamais oublié « Man Nini », l'une des marchandes de poissons les plus célèbres ; il y avait aussi ces marchandes qui portaient sur leur tête leurs fruits de mer à travers la ville dans de grandes bassines en aluminium ; celles qui vendaient leurs oursins « tèt chadron' », notre « caviar », en chantonnant sur un ton psalmodique « charderon charderon ».

J'ai vite appris à connaître les noms des poissons : les petits et gros koulirou, les « makrio » les sardines, le thon et le requin ; à déguster le « blaf », le court-bouillon, les « kolé dé » et poissons frits. J'étais émerveillé de voir échouer sur la plage à certaines lunes « un banc de titiri » qui, au lieu d'être promesse pour demain, se retrouvaient dans nos plats en succulents courts-bouillons ou « blafs » mais aussi sous forme de marinades. Le poisson nous venait en abondance du Prêcheur, du Carbet, de Miquelon.

Les longs « taxipéyi » en bois multicolores, qui stationnaient sur la place, s'arrêtaient partout où les attendaient des voyageurs avec ou sans leurs marchandises. Le chauffeur était parfois aidé du « garçon », homme bien musclé, qui restait toujours à l'arrière du véhicule. Il se chargeait de monter et de descendre sacs de charbons, paniers de légumes, valises de toutes sortes et parfois des moutons ou cabris. Tout cela était parfois retenu par une énorme bâche sur le toit du taxi, « anlè teg' la » comme on disait. Ce garçon était également chargé de glisser sous les pneus un bout de bois appelé « bwa koré » pour soulager les freins, et éviter au véhicule de reculer. Lorsque des voyageurs arrivaient à bon port, on entendait : « lajan mwen fini ! » (Arrêt ! Mon compte est bon !).

Je prenais ces « taxipéyi » avec ma mère adoptive pour l'accompagner à Fort-de-France, puis plus tard tout seul, en me levant dès 5 h du matin, pour me rendre à Fort-de-France au Séminaire ou en revenir lors des vacances. Pendant la « traversée de la Trace », les plaintes du moteur, surtout dans les montées de la Propreté, ne m'empêchaient pas d'être sensible à cette symphonie matinale des criquets, « kabritbwa » et grenouilles qui provenait de la généreuse végétation de cette Route.

Au cours des voyages, j'entendais, dans ces autobus qui prenaient près d'une trentaine de voyageurs, surtout dans le sens Fort-de-France–Saint-Pierre, toutes sortes d'histoires, racontées avec l'humour qui caractérise notre langue si riche en images, des cancans, des commérages de toutes sortes. Les adultes ne se méfiaient pas. Ils étaient persuadés que l'enfant que j'étais ne comprenait rien. Ils se trompaient !

À la découverte des paradoxes !

Je découvrais donc la vie sous bien des aspects. Et je m'éveillais peu à peu à des réalités bien complexes pour un enfant. Ainsi, je découvrais que, même après une catastrophe, une ville encore en ruine avait encore le cœur qui bat. Plus tard, j'apprendrai que partout où la mort avait frappé, avec le temps, la vie finit par germer. Saint-Pierre a été détruite en 1902, mais pour moi, elle a été cette ville vivante, bruyante et remuante, surtout lors des week-ends et des jours de fête ! J'étais frappé de voir le nombre d'hommes en costumes blancs, la couleur distinguée, « à quatre épingles » le dimanche, le premier de l'an, pour « faire leurs pâques » ou à l'occasion d'un baptême, ou d'un mariage. J'avalais la coutume qui veut que la couleur noire chez nous soit réservée à la mort. Lors de la fête patronale, la place du marché grouillait de monde. Avec Rose ma grande cousine, j'ai pu faire comme les autres enfants « an won chouval bwa » (un tour de manège) lors de la fête patronale. Mais, il m'était interdit de m'intéresser, voire de mettre les pieds dans ce monde de la fête des grands : « Ce n'est pas ta place ». J'entendais de loin le bruit des dominos sur les tables de jeux, les cris des passionnés des « jé sèbi » (jeu de dés) et, en soirée, les rythmes des tambours qui invitaient les « majors » à tourner, à préparer leurs coups, en s'observant mutuellement jusqu'au « lévé fésé » qui pouvait être fatal. Oui, j'apprenais que le « ladja », le « damié » (luttes martiniquaises traditionnelles) comme le « bèlè » (danses traditionnelles) donc le « tambou bèlè » faisaient partie d'un monde dangereux et peu fréquentable.

Dans le même temps, on m'apprenait à évoluer dans « le beau monde » pour ne pas dire « civilisé », à savoir le monde qui parle français et adopte les « bonnes manières » ; le monde religieux, cultuel, avec ses chants et ses rituels. Je savais décoder le langage des cloches de cette cathédrale trapue qui au Mouillage donnait l'image d'un fort imprenable ; on m'apprenait à fréquenter le clergé qui se donnait pour mission de civiliser et de moraliser le monde auquel j'appartenais. Mais tout cela pour un enfant est bien complexe !

Le quartier du Mouillage

C'est la partie sud de la ville avec la cathédrale et son incontournable cimetière qui m'a toujours impressionné par son ossuaire surmonté d'un crucifix, où l'on trouvait des bouts de squelettes : crânes et tibias, autres ossements des victimes de l'éruption de la montagne Pelée. Je n'osais pas trop regarder dans cette direction.

J'ai pourtant passé beaucoup de temps autour de l'église comme enfant de chœur. Et j'accompagnais les corps lors des enterrements jusque dans le cimetière aux côtés du curé.

Ce quartier était celui de mon dentiste. J'avais une dent contre lui, suite à une prémolaire qu'il aurait dû soigner au lieu de me l'arracher ! Je me souviens de certaines familles aisées. Il y avait un enseignant de renom qui était en même temps un grand peintre comme plus tard son fils. J'avais eu Madame L. comme institutrice, mère de notre célèbre footballeur Yvon, mon compagnon de classe.

Mais ce quartier renfermait toute une population qui était loin d'être aisée et qui vivait dans des conditions peu favorables. Était-ce le quartier pauvre de Saint-Pierre malgré quelques exceptions ? En tout cas, il ouvrait la ville sur Le Carbet, commune connue pour l'activité de la pêche, et sur Fonds-Saint-Denis qui avec le Morne-Vert faisait partie du grenier de la ville sinon de la région.

Le quartier du Fort

En remontant au nord de la ville, je revois mon École, le Musée, le Théâtre en ruines avec la prison de Cyparis à peine visible sous la verdure, la maison des Roy-Camille qui ressemblait à un château. Mes parents adoptifs avaient des liens avec les Marie-Catherine, les Zabulon, les Pierre-Charles, les Martial. Ou alors c'étaient des parents de mes copains de classe.

J'aimais ce quartier du Fort, sa Rivière de la Roxelane avec son lit de roches volcaniques de tous volumes, ce pont en pavés noirs qui m'a toujours impressionné. Les anciens connaissaient en effet, surtout en période d'hivernage, les assauts de cette rivière capable de tout ravager sur son passage. Et les riverains se sentaient toujours menacés par la descente des eaux boueuses, accompagnées des roches volcaniques en période de mauvais temps. Mais en période de beau temps, l'eau de la Roxelane semblait tellement innocente et pure. D'ailleurs, mon père adoptif faisait souvent allusion à la qualité de « l'eau de la Roxelane ».

En ce qui me concerne, je devais traverser ce Pont de la Roxelane pour me rendre « chez les Bénédictins » ou prendre la direction de la Galère pour aller vers à la Pointe Lamarre « chercher le lait pour les enfants ». Et si je remontais sa rive gauche, c'était pour me rendre vers le Parnasse. Aux environs du « Vieux Pont », j'avais une pensée pour ma sœur Marie-Hélène qui vivait à quelques kilomètres, au Morne-Rouge, mais que je voyais trop rarement.

D'un côté comme de l'autre, le petit garçon que j'étais fréquentait ces deux mamelles de Saint-Pierre : pour les légumes, les agrumes, les salades, les fruits (oranges, mandarines surtout en fin d'année) que l'on récoltait à Parnasse ; le lait que j'allais chercher à Sainte-Philomène pour mes nouveaux frère et sœur chez Tonton Georges ; les cultures telles que maïs, tomates, carottes, pistaches, fruits (korosol, pommes cannelles, pommes liane, figues pomme, makandja, etc., etc.) à la Pointe Lamarre, à l'Amitié.

Ce quartier du Fort était très visité par les touristes pour les ruines de l'Église détruite par l'éruption du mont Pelé, à côté desquelles d'ailleurs je passais sans même y faire attention. Je fréquentais plutôt le monastère des Bénédictins qui attirait de nombreux pèlerins en provenance de toute la Martinique.

Très tôt en me rendant au Prêcheur, j'ai appris à traverser la Rivière des Pères qui avait fait parler d'elle avant l'éruption de 1902, avec l'effondrement de l'Usine Guérin, mais elle me paraissait moins dangereuse que les autres (la Rivière Sèche et la Falaise rouge). Pour me rendre chez Tonton Georges à Sainte-Philomène (qui dépend de Saint-Pierre), il me fallait traverser ces trois cours d'eau, la plupart du temps à pied sec, mais qui en période d'hivernage débordaient en charriant une boue épaisse, des roches, de la pierre ponce et parfois des animaux surpris par la descente des eaux qui dévalaient les pentes aux pieds de la Pelée. On entendait de très loin le grondement rappelant celui du tonnerre ou d'un tremblement de terre. Lorsque les anciens disaient : « la riviè a ka désan ! », cela signifiait que les routes allaient être coupées et qu'il ne s'agissait pas de s'aventurer à vouloir traverser les rivières. Je revois les lavandières sur les rives de la Roxelane, de la Rivière des pères. Elles savonnaient et tapaient le linge sur les roches et, une fois lavé, elles l'étendaient toujours sur les rives : « yo té ka mété'y lablanni » (ils le laissaient sécher au soleil). Je me suis toujours posé la question de savoir comment on pouvait « blanchir » le linge avec « du bleu » C'était aussi pour elles un temps précieux pour les milans, les commentaires des événements ou des scandales en vogue, mais parfois aussi l'occasion de règlements de compte entre femmes rivales ! Parmi les histoires vraies que j'entendais autour de moi, il y avait la chasse aux cochons « planches » sur la Pelée. Il paraît que le nouvel évêque de la Brunelière, accompagné de son ami le père Triclot et de guides, faisait de temps en temps une battue sur les flancs de la Montagne.

J'ai donc grandi dans une ville où, même si les ruines parlaient des victimes de la Pelée, je me voyais entouré de personnes qui m'aidaient à découvrir la vie sous toutes ses formes, avec ses plaisirs, ses dangers, ses difficultés ; à apprécier ma Terre nourricière ; à m'ouvrir aux senteurs, aux goûts, aux couleurs d'une partie de la côte Caraïbe, avec sa mer poissonneuse et ses cours d'eau surprenants. Du Morne-Rouge à Saint-Pierre, j'avais fait un autre pas !

4

Très tôt plongé dans le monde religieux

Enfant de chœur

Comme je l'ai dit plus haut, même si j'ai peu fréquenté le milieu cultuel au Morne-Rouge, à Saint-Pierre très tôt ma mère adoptive m'a mis en contact avec le clergé.

Nous n'habitions pas très loin de la cathédrale. Le père Vénard, le curé, était surnommé « l'Allemand » car il avait un drôle d'accent et chez lui les coups de pied à l'endroit des enfants de chœur étaient devenus célèbres. Le second, son vicaire, était un pain doux : le père Delawarde. J'ai appris par la suite qu'il était un historien et qu'il avait occupé le poste de directeur de la Tracée, à un moment donné.

C'est d'ailleurs lui qui, un jour après un enterrement, en revenant du cimetière, m'avait gentiment glissé à l'oreille : « est-ce que l'on ne voudrait pas devenir un petit prêtre ? ». Et très vite la demande fut faite auprès de ma mère adoptive qui, flattée, l'a prise très au sérieux.

C'était sans doute un très bon signe de voir le petit adopté apprendre par cœur les réponses de la messe en latin sans évidemment en comprendre le moindre mot ; à servir la messe en un temps record (grâce il est vrai à mon aîné Ramassamy) ; à « servir à droite » du célébrant : ce qui donnait le pouvoir de faire résonner la clochette à chaque fois que les fidèles devaient soit se lever, soit s'agenouiller surtout pour le moment de la consécration où tout le monde baissait la tête en fermant les yeux. Nous, les enfants on imitait les adultes mais en regardant entre nos doigts ce qui se passait. Pourquoi ne fallait-il pas regarder cette hostie, levée plus ou moins longtemps par le célébrant ?

Pour être un bon servant de messe, il fallait connaître les objets sacrés : le calice dans lequel le célébrant mettait le vin et l'eau. Nous lui présentions les burettes. Et lorsque, la messe finie, il restait dans la burette un fond de vin, quand on pouvait échapper à la vigilance de la sœur Julie qui nous encadrait, on gouttait à ce délicieux nectar. J'observais cette dernière qui préparait les objets sacrés : sur le calice un tissu fin blanc le corporal, la patène, la pâle, le purificatoire pour essuyer le calice. Je connaissais les noms des vêtements liturgiques ; amict, aubes blanches, chasubles de différentes couleurs selon la période liturgique. Il y avait les chapes qui servaient aux enterrements, baptêmes et autres. Je maniais avec dextérité l'encensoir dans lequel le sacristain mettait des charbons ardents sur lesquels on ajoutait quelques morceaux d'encens lors de certaines cérémonies, le bénitier et son goupillon. Précéder une procession en portant la croix parfois lourde pour les débutants était signe que l'on faisait partie des anciens.

J'évoluais dans cette sacristie aux odeurs de naphtaline et d'encens. On y trouvait de grands meubles à tiroirs où les religieuses et sacristines rangeaient précautionneusement les vêtements liturgiques, les nappes d'autel, le voile huméral pour les processions du Saint-Sacrement, le canopé pour le tabernacle.

Par ailleurs, j'ai connu très vite les chants grégoriens comme les fidèles, sans comprendre le moindre mot de ce que je chantais. Comme d'ailleurs ceux qui assuraient les chants du haut de la tribune : comme l'organiste Madame L., le sonneur et le bedeau ou les quelques chanteuses.

M'ouvrir à ce monde me paraissait fascinant et prenait énormément de place dans ma vie. Je ne me rendais pas compte que l'on me faisait entrer dans un monde qui me coupait de mon environnement, de ma culture et même de ma famille. Plus tard, j'allais en faire l'expérience de manière beaucoup plus nette. Mais revenons aux personnes que je fréquentais.

D'abord je me suis fait des camarades à l'école de Saint-Pierre, mais surtout parmi les enfants de chœur. Mon aîné c'était donc Rama ; mais il y avait aussi Luc dont le père travaillait à la mairie, Gabriel qui habitait non loin de l'église, fils du ferronnier bien connu de la ville. Je me souviens aussi d'autres camarades dont Ti Maurice. Son père était un pêcheur très respecté de la ville ; d'un autre copain dont les parents étaient militaires et habitaient, me semble-t-il, le Camp Billotte. Je pense que le curé de la paroisse recrutait les enfants de chœur plutôt dans les familles proches de l'église, pour des raisons pratiques. Mais je n'allais jamais chez les copains. Ma vie se passait entre la Famille, l'École et l'Église.

M. Jo était le bedeau ; je le revois vêtu d'une tenue napoléonienne, avec chapeau à corne, épaulettes dorées, un bâton impressionnant. Il précédait les processions et veillait à l'ordre et à la sécurité pour le bon déroulement des cérémonies. Il prenait très au sérieux sa fonction. Il craignait les reproches ou remarques du curé Vénard qui avait l'habitude de maltraiter les gens. Ce monsieur avait un enfant handicapé. Des adultes faisaient courir le bruit que ce « malheur » était dû au fait qu'il avait eu une relation avec sa femme un Vendredi saint ! Pour s'autoriser de telles aberrations, il fallait être bien présent dans l'intimité de la famille. Mais tout cela faisait peur à l'enfant que j'étais. Un premier contact avec le Dieu punisseur qui châtie ceux qui n'observent pas les lois de son Église. Mais aussi la découverte du mal que l'on peut faire avec notre petit bout de langue !

Monsieur A., lui, était « le sonneur ». Il apprenait aux enfants de chœur à sonner les cloches à la volée pour annoncer à tout le monde qu'il était temps de se préparer. Puis, il y avait les carillons qui annonçaient que les offices allaient commencer ; des tintements spéciaux pour les baptêmes et les mariages comme pour les enterrements. Nous, les enfants de chœur, nous nous arrangions pour arriver bien avant l'heure pour pouvoir sonner les cloches. Je me souviens du plaisir que nous avions à nous suspendre à ces cordes qui servaient à balancer les cloches, en cherchant à les arrêter. Nous étions transportés à plus de 4 mètres du sol sous le regard bienveillant de Monsieur A. C'est ce dernier qui suspendait aux piliers de l'Église de longs tissus noirs et préparait également le catafalque noir, sorte d'estrade funéraire sous lequel on glissait le cercueil pendant la célébration des obsèques. L'importance du catafalque était fonction du porte-monnaie de la famille.

Ma première communion

Mes parents adoptifs désiraient me voir prendre le bon chemin. C'est pourquoi me « mettre entre les mains » du clergé était une garantie. Je fréquentais du beau monde. J'ai donc été inscrit au catéchisme. J'ai fait ma première communion. Mais je me souviens davantage de ma communion solennelle et de ma confirmation. J'avais une belle tenue, des chaussures neuves, ce brassard et mon premier livre de messe. Je ressemblais à ces petits garçons aux yeux bleus sur les images de première communion que l'on vendait un peu partout et qui, les yeux fixés au ciel, en recevait les rayons divins. Je m'identifiais à ce modèle sans me rendre compte de ce que cela pouvait bien signifier en termes d'aliénation.

Au cours de cette cérémonie, j'ai « renoncé » comme mes petits camarades « à Satan, à ses pompes et à ses œuvres » et je « m'attachais à Jésus-Christ pour toujours » selon la formule apprise par cœur et prononcée solennellement en chœur, le bras droit tendu vers l'avant, par tous les enfants. Ce geste pourtant à l'époque n'aurait pas dû avoir bonne presse dans la société ! Les filles, elles, ajoutaient un chant à la Vierge, bien singulier : « prends ma couronne je te la donne ». Aucune de ces enfants, voire leurs parents, ne comprenaient le sens de cette proclamation. De quelle couronne s'agissait-il ? Certainement pas celle que les petites filles portaient sur leur tête. Mais c'est un peu comme pour la langue latine : on chante sans trop chercher à comprendre ! Il y avait un lien subtil entre cette couronne et la virginité des petites filles à qui le clergé donnait comme modèle la Vierge Marie.

« Chez les Bénédictins »

Ma mère m'emmenait avec elle partout. Elle n'avait pas encore ses deux enfants. Le monastère des Bénédictins du Fort était un lieu très fréquenté.

Il avait été fondé en 1947 par un certain dom Grenier, barbu déjà âgé, boitant, qui parlait avec un accent particulier. Il avait comme adjoint dom Schmidt. Ces moines étaient très appréciés de la population. Ils formaient une petite communauté d'une dizaine de moines martiniquais, français et plusieurs d'origine sainte-lucienne. L'un d'eux, le père Webster, deviendra par la suite le premier Prieur noir du monastère avant d'être nommé évêque. Ces moines de saint Benoît chantaient les offices tout au long de la journée et une partie de la nuit, et assuraient les messes tous les jours en latin. Le chant grégorien était apprécié de tous, même si les gens ne comprenaient rien à ce qu'ils chantaient. Mais du fait que ce chant était bien exécuté, contrairement à ce que l'on entendait dans les paroisses, les fidèles venaient se recueillir volontiers lors des offices.

Ces moines, que des hommes (à cette époque, il n'y avait pas de moniales bénédictines chez nous), avaient comme mot d'ordre donné par leur fondateur St Benoît : « ora et labora ! », travailler et prier. Ils produisaient des cultures vivrières dans une terre qu'ils savaient mettre en valeur. Par ailleurs ils produisaient du très bon miel apprécié de tous. Les gens venaient de partout de la Martinique pour « les messes de chez les Bénédictins ». Ils faisaient des dons en nature et en espèces. Car ces moines vivaient pauvrement dans des maisons en pailles, en feuilles de canne séchées et « bwa-ti-bonm » tressés, avec le sol en terre battue. Ils tenaient un magasin où l'on trouvait toutes sortes d'images pieuses (surtout de la Vierge, du Sacré-Cœur, de St Michel), des livres spirituels (des vies de saints, etc.), des chapelets, de l'encens, des bougies et cierges, des statuettes, des croix et, bien entendu, du bon miel. Toutes ces ventes et les nombreux dons de la population, les contributions de ceux qui se rendaient au monastère pour des séjours de repos, des retraites, celles des familles riches, leur permirent au bout d'une dizaine d'années de construire leur chapelle et d'améliorer leur habitat. J'ai lu des années plus tard (dans le n° 7 d'*Église en Martinique*) que le clergé diocésain s'inquiétait de voir les fidèles fuir les paroisses pour se rendre chez les moines. Il se demandait si les moines faisaient « avancer l'évangélisation ». Un terme qu'à l'époque je n'avais jamais entendu.

J'étais présenté à tous ces moines comme « l'enfant adopté qui était enfant de chœur et « qui promettait... ».

Entraîné dans des dévotions

Par ailleurs, je me revois avec ma mère adoptive après le Mouillage, au Morne d'Orange, aux pieds d'une statue de la Vierge : Notre-Dame du bon Port qui avait toute une histoire liée entre autres au fameux père Labat. Nous grimpions ce morne qui surplombe la ville de Saint-Pierre juste avant de descendre vers le tunnel appelé « le Trou », qui nous sépare de la commune du Carbet.

Je la voyais se concentrer et prier jusqu'à suffoquer : demandait-elle la grâce de l'enfant tant désiré ? Celle de protéger le petit adopté ? Celle de faire fructifier le commerce qu'elle venait de créer ? Ou celle de la protéger contre ses ennemis ? J'entendais un mélange de tout cela sans trop comprendre l'émotion qu'elle éprouvait.

Le 30 août, nous faisions le pèlerinage du Morne-Rouge. Pour moi, c'était l'occasion de revoir ma sœur dont j'étais séparé et qui fréquentait l'église, parce qu'elle faisait partie de l'Ouvroir tenu par des religieuses. Les ouvroirs étaient des institutions permettant « d'évangéliser des enfants qui n'avaient pas été admis dans les écoles primaires congréganistes ».

Je découvrais ce que pouvait être un pèlerinage. Une foule immense de pratiquants venus de toutes parts en « taxipéyi » pour la plupart. Ce pèlerinage avait été créé par Mgr Leherpeur qui avait une dévotion particulière envers cette Vierge, sa patronne. Il y eut d'abord une chapelle, puis toute une action fut menée pour la construction du monument actuel (1852). À l'époque, lorsque des volontaires contribuaient financièrement à une telle opération, ils pouvaient bénéficier de ce que l'Église catholique appelle les « indulgences » : à savoir la grâce d'être pardonnés des péchés et d'être protégés partiellement du feu du purgatoire. Il paraît que Napoléon III participa financièrement à cette opération. Ce qui semblait être un privilège. Que de choses autour de ce pèlerinage ! Mais c'était toute une époque !

J'entrais dans un monde qui n'avait rien à voir avec le mien ni avec celui de la majorité des pratiquants et croyants : celui des rois, des empereurs, des « couronnes d'or ». La Vierge portait la sienne sur la tête et il y eut une cérémonie du couronnement. Le monde religieux était un monde où le faste tenait une grande place. Les pratiquants, dans leur majorité, n'étaient pas de ce monde qui pourtant faisait rêver : le Dieu en qui ils croyaient était appelé « Roi », « Nous voulons Dieu c'est notre Père, c'est notre Roi ». J'ai appris à chanter ce cantique. Marie est Reine. Les saints, les anges et archanges font partie de la cour de Dieu ; « Parle, commande, règne » : voilà ce que j'entendais chanter fièrement par les adultes autour de moi. Des cantiques à l'accent triomphaliste que je chantais comme tout le monde, comme ce fameux chant du « Te Deum » lors de certaines cérémonies où les fidèles pratiquants comme les personnages officiels, qui bénéficiaient d'un prie-Dieu et du tapis rouge, se levaient comme un seul homme pour un hymne commun mais pas nécessairement d'une même foi. Mais cela faisait partie du décor !

Le pèlerinage du 30 août, au Morne-Rouge, c'est pour moi une foule de pèlerins sillonnant la place de l'église et les rues bondées de monde. Avec ma mère adoptive, je passais entre les marchandes installées un peu partout avec leurs « tré » (plateau en bois sur tréteaux) qui leur permettaient d'entreposer leurs images pieuses de toutes sortes : des croix, des chapelets, des cierges, des médailles et les « 44 prières » qui n'étaient pas du goût du clergé. Car on y trouvait toutes sortes d'invocations : à St Michel contre les ennemis, à St Expédit pour expédier un tel ou une telle qui gênait votre plan, par exemple dans le domaine des relations sentimentales.

Je m'apercevais en grandissant que les ennemis avaient une grande place dans la vie et la prière quotidiennes des adultes. On priait St Michel pour exterminer ses ennemis (parfois son voisin, sinon son parent, voire ses concurrents). Ce St Michel était représenté dans les églises ou en statue comme un soldat blanc ailé aux cheveux courts, lance en mains, terrassant le dragon qui comme par hasard était noir. Et cette statue ne semblait poser de problème à personne à l'époque. Je constatais et j'avalais tout cela comme l'enfant qui fait confiance aux adultes qui l'éduquent.

Lorsque j'entendais parler les adultes, je m'apercevais que certains personnages de la ville étaient considérés comme des « malfètè », des « tjenbwazè » (malfaiteurs, quimboiseurs). Il fallait s'en méfier, éviter de les regarder en face et surtout de leur parler quand on les rencontrait, ou de recevoir d'eux quoi que ce soit de la main à la main. On m'initiait déjà à la méfiance mutuelle, à la peur des autres et à certaines formes de racisme basées sur les apparences. Je découvrais aussi que lorsque l'on réussissait trop bien dans ses affaires, c'était suspect ! Il ne fallait pas parler de ses projets parce que l'on ne sait jamais. Si l'on était trop noir et silencieux : on avait une chance sur d'eux d'être catalogué et classé parmi les « neg' mové sijé, ki ni lan men sal » (nègres, des sujets mauvais et qui ont la main sâle). On m'apprenait à me méfier des gens de mon pays à partir des apparences, surtout lorsqu'elles prenaient couleur noire !

Au sujet du « culte marial »

J'ai été très vite initié aux « Notre Père », « Je vous salue Marie », « Gloire au Père » que je ne connaissais pas avant l'âge de 7 ans. La Vierge représentait la mère idéale, qui attirait les mères, les femmes et faisait rêver les enfants comme moi qui étaient privés de maman. Elle était partout : dans les familles, dans les quartiers, dans les taxis, sur certains mornes. Même au Morne-Rouge, après avoir prié à l'Église Notre-Dame de la Délivrande, les gens se rendaient à Lourdes un peu plus haut pour prier Notre-Dame de Lourdes. J'entendais les prières à « N.-D. du Perpétuel Secours » ou à « N.-D. des Sept Douleurs ». Tout était centré sur la mère, pour moi qui n'avais ni père ni mère.

J'entendais parler des confréries du Rosaire et des apparitions de la Salette et des pèlerinages de Sainte-Anne chez nous, de Lourdes dans certaines communes chez nous et en France. Je portais sur mon cou ma médaille et mon scapulaire parfois, comme la plupart des enfants qui avaient fait leur confirmation et bon nombre d'adultes pratiquants ou pas. Certains avaient le privilège de porter des médailles en or !

À la maison, le mois de mai, « mois de Marie », on priait le chapelet en famille. Et Rose et moi nous nous moquions discrètement de ma mère adoptive qui somnolait parfois au cours de la récitation qui devenait mécanique. Les enfants sont intraitables.

Je n'ai jamais compris le sens de cette singulière invocation qui faisait partie de cette prière du rosaire : « Ô Jésus, préserve-moi du feu de l'enfer... ». Je me voyais rôtir dans un feu à cause de mes péchés. Mais je me consolais moi-même. Car au catéchisme, on nous avait appris qu'un seul péché mortel vous envoie directement en enfer. Les miens n'étaient que véniels.

Bon nombre de filles faisaient partie d'un mouvement nommé « enfants de Marie » qui visait à regrouper des « filles sages », disait un ecclésiastique au siècle dernier. J'ai lu qu'il existait une confrérie dénommée les « amantes de Jésus » en Dominique (1868).

Les filles qui faisaient partie du mouvement « Enfants de Marie » portaient un uniforme : une jupe, un béret, une cravate bleue et un corsage blanc : « les couleurs de Marie ». Dans les manifestations religieuses, elles étaient en première ligne. Lorsque des filles n'acceptaient pas d'entrer dans ce mouvement, elles étaient mal vues ; considérées comme « dévergondées » parce qu'elles échappaient au contrôle du clergé. Et si par malheur l'une de ces filles appartenant au mouvement tombait enceinte, elle devait subir des volées de coups de langue, le rejet de la part des gens et de la société civile et du monde du clergé. Et à la longue, vivre dans la commune ou dans la paroisse devenait impossible.

Rejeter quelqu'un parce que l'on considère qu'elle a fauté, je trouvais cela méchant. Le monde serait-il coupé en deux : les impeccables d'un côté et les autres méprisables, « pauvres pécheurs », de l'autre ? Je commençais à me poser la question.

La « Notre-Dame de Boulogne »

Nous étions en 1948. À neuf ans, je me souviens très bien de ce passage de la statue de la Vierge dans une barque qui déplaça des foules dans toute la Martinique. Elle se dénommait Notre-Dame de Boulogne et plus tard du Grand Retour.

À Saint-Pierre, c'était l'hystérie. Des centaines de gens, des femmes en majorité, suivaient la statue du Grand Retour, galvanisés par la voix d'un père dont le nom m'échappe ou peut-être même du nouvel évêque (qui venait d'être consacré, Mgr Henri Varin de la Brunelière, le 21 janvier 1942). Les pèlerins chantaient : « ave ! ave !, les saints et les anges en chœur glorieux », « Notre-Dame de Boulogne, priez pour nous » !

On en voyait qui pleuraient en priant et en chantant tout au long de la procession. J'entendais dire qu'il y avait de très nombreuses « conversions ! ». À l'époque, cela signifiait souvent que certains décidaient de se marier parce qu'ils vivaient « en ménage » sans être mariés. Ce qui pour le clergé signifiait « vivre dans le péché ». La plupart, pour montrer leur attachement à la Vierge, se défaisaient de leurs bijoux ou faisaient des dons en espèce. La barque passait dans les communes et se remplissait ainsi de ces dons des fidèles. Les personnes porteuses de handicaps avaient leur place sur la barque même.

Il y eut énormément de tristesse et de larmes, quand on a fait croire à la foule amassée un soir devant la baie de Fort-de-France que cette statue repartait vers Boulogne d'où elle venait. Tout le monde la saluait en pleurant. Mais quelques semaines après, on retrouva la statue dans un hangar à la Compagnie. Un scandale qui marqua les Martiniquais. Puis on a fait courir le bruit que tout l'argent et tous les bijoux ramassés s'étaient évaporés dans l'accident d'un avion « Latécorère ». Il n'y a pas bien longtemps que j'ai appris de la bouche du père Jean-Michel que cet argent recueilli est bien resté dans le diocèse et a servi entre autres à la construction de l'église de Bellevue, et à celle de Josseau confiée à l'abbé Croquet. À qui a profité le crime ? Pour bon nombre de gens, ceux qui avaient abusé de la bonne foi, de l'ignorance, de la naïveté sinon de la bêtise des Martiniquais, ont été punis par Dieu. Connaîtrons-nous un jour la vérité ?

Dans le domaine des croyances et des dévotions, il ne faut pas toujours chercher la cohérence et la logique. La preuve en est que cette statue a été, quelques années après, installée dans la paroisse de Rivière-Pilote, à Josseau qui est devenu un lieu de pèlerinage attirant encore bien des pèlerins.

Ma mère adoptive ne m'a jamais emmené dans cette paroisse. J'y serais allé car je lui faisais confiance. Mais j'entendais ce qui se disait dans mon entourage pendant des années et je n'ai jamais oublié !

Je me souviens aussi du jour où ma mère adoptive reçut une belle statue d'une sainte tout à fait inconnue dans le paysage religieux : Sainte-Philomène. Puisque le quartier portait ce nom, elle avait eu l'idée de mettre devant son entrée une petite chapelle avec cette statue. Qui la lui avait suggérée ? Mes recherches m'ont appris qu'un prêtre, l'abbé Bardy, en 1841, avait introduit au François le culte de cette sainte. « Il s'agit d'une dévotion romaine, née à la suite de la découverte d'un tombeau dans les catacombes ».

C'est avec ma mère que j'ai découvert tout un culte qui tournait autour du Sacré-Cœur : un cœur ouvert et rouge de sang : un sang qui dans les prières est « répandu pour nous sauver ». J'ai fait allusion à cette impressionnante statue du Morne-Rouge, mais il y en avait une au Morne d'Orange, juste avant l'Anse Latouche et le trou du Carbet à Balata. J'entendais des invocations au « cœur adorable de Jésus ». Ceci pour aider les gens à aimer le Christ qui a souffert pour nous.

Processions du Saint-Sacrement en pleine ville

En plus de ce que l'on appelait les « expositions du Saint-Sacrement » à l'église, j'ai en mémoire ces processions de la Fête-Dieu ou du Saint-Sacrement en pleine rue de Saint-Pierre : avec le célébrant vêtu de sa chape dorée et les épaules entourées du « voile huméral », sous une sorte de tente maintenue par quatre hommes portant l'ostensoir qui contenait l'hostie consacrée, entouré des enfants de chœur dont j'étais. De part et d'autre, de petites filles, toutes claires de peau (pour ressembler aux anges), vêtues d'une aube blanche et d'ailes d'anges, une couronne de fleurs sur la tête, avec un panier de pétales de roses qu'elles envoyaient en direction du Saint-Sacrement. Les maisons étaient ornées de tapis multicolores aux images de la Vierge et du Sacré-Cœur. Et les gens chantaient des cantiques tout au long de la procession. Tout cela mettait dans la ville un air de fête et me faisait rêver.

Que se déroulât dans les rues de la ville une telle manifestation, c'était pour moi, petit garçon, une fête à laquelle j'avais le « privilège » de participer en tant qu'enfant de chœur. Mais pour le clergé, c'était une manière de frapper les esprits et d'occuper l'espace, surtout dans une municipalité socialiste.

À l'époque, le maire socialiste de la commune, non pratiquant, autorisait, intérêt électoral oblige, ce genre de manifestation religieuse, alors que nous étions en même temps en pleine période de promotion de la laïcité. Il faut dire que son épouse était une fervente pratiquante !

À ce propos, me revient une anecdote. Cela se passa au Marigot dans les années 1960-70. Le curé de l'époque, le père Gauthier, avait voulu faire une procession dans la commune. Et le célèbre maire Michel Renard s'y était opposé. Le curé se sentant soutenu par les pratiquants voulut passer outre. Le maire s'est alors « armé » de son écharpe et a barré la route à la procession. Il fallait être Michel Renard pour affronter publiquement le clergé auquel personne à l'époque n'osait s'opposer, surtout de la sorte. S'opposer au clergé c'était s'opposer à l'Église et donc à Dieu. Le maire, lui, défenseur de la laïcité, renvoyait le clergé dans ses espaces réservés. Mais ça, c'était vingt ans après !

Le monde des grands

Je n'ai jamais oublié ma déception, lors de ma confirmation, de voir Monseigneur Aubert remplacer Mgr de la Brunelière, l'évêque du diocèse.

C'était bien entendu la réaction des adultes qui m'entouraient. Car je ne voyais aucune différence entre ces deux personnages, deux « Monseigneurs ». Et j'avais raison : les deux étaient blancs, les deux étaient issus de grandes familles : une d'ici, famille de béké ; l'autre de descendance noble, d'origine normande avec un nom à particule. C'étaient des personnages pour qui on déroulait le tapis rouge dans l'Église lors des grandes cérémonies. Cela a dû impressionner les générations passées puisque l'une de nos plantes porte le nom de « tapimonsègnè ».

Mais moi, petit garçon qui n'avais rien à voir avec ce monde des grands et de Blancs, sans racisme aucun, je m'y voyais plongé « jusqu'au cou ». Je redécouvrais de drôles de comportements des adultes de mon entourage, repérés déjà au Morne-Rouge. À savoir : dès que Monsieur le Curé arrivait ou parlait :

que l'on soit enfant, parent, religieuse, homme ou femme, les gens se perdaient en ronds de jambes ; des « mon père », des « monseigneurs », des attentions de toutes sortes qui n'en finissaient pas. Comme si les gens perdaient leur personnalité, leur maturité, leur naturel pour emprunter une attitude d'enfant, artificielle. Je découvrais peu à peu l'influence que pouvait avoir le clergé (blanc en l'occurrence) sur une catégorie de la population : singulièrement sur des gens en détresse ou en quête de consolation. Il suffisait alors de brandir l'épouvantail d'une certaine image de Dieu ou du diable pour faire peur et mettre tout le monde à genoux ! J'écoutais, je constatais, j'avalais sans chercher plus loin.

J'apprenais de jour en jour au cours des prédications à l'église, mais aussi au catéchisme, qu'il fallait se faire tout petit devant Dieu qui était Tout-Puissant. Le clergé était le représentant de Dieu sur terre et il avait le pouvoir de transformer le pain en corps de Jésus et le vin en son sang. Quand on s'agenouillait devant un prêtre, un évêque, qu'on embrassait l'anneau, que l'on faisait des courbettes et des génuflexions à tout bout de champ en passant devant eux ; quand on déroulait le tapis rouge lors des grandes cérémonies ; lorsque les célébrants s'installaient dans les fauteuils et sur des « prie-Dieu » en velours et bois précieux ciselés, semblables à ceux des grands de ce monde (rois, princes et empereurs, préfets, ministres), que je préparais avec le personnel du culte pour les célébrations, la confusion s'installait « dans le fond » entre Dieu et ses représentants.

Avec le temps, j'allais observer que c'étaient plutôt des femmes et des enfants qui fréquentaient le clergé. Les hommes, engagés dans la société, ceux qui occupaient des postes importants, jouaient un rôle dans le domaine éducatif et sportif, étaient membres de partis politiques, de groupes ou mouvements divers, se tenaient à distance du clergé. Ils étaient perçus par celui-ci, selon les réflexions que j'entendais autour de moi, comme des « ennemis de l'Église », en tout cas, des gens à convertir, sinon des « damnés ». Mais je m'apercevais que le clergé savait passer par les épouses, ou autres proches de ces hommes-là, pour obtenir des avantages de toutes sortes. C'est donc dans ce monde-là que j'évoluais au cours de ma première décennie.

Quelques peurs et croyances

Dans ce nouveau milieu, l'enfant que j'étais absorbait ce que les adultes disaient et faisaient, comme les croyances qui circulaient. L'une de mes premières peurs tournait autour de cette croyance courante qui veut que des humains sont capables de se transformer en un animal : « moun' ka tounen krapo, krab' », « chouval 3 pat » (en crabe, en crapaud, en cheval 3 pattes). C'est ainsi que ma mère adoptive m'avait appelé à la rescousse un matin, en apercevant un crabe qui grimpait sur le mur en direction de notre chambre de l'étage.

Elle a alors fait appel à moi, main innocente, pour, au moyen d'un « baton balé » (le balais) m'attaquer à ce crustacé d'eau douce que je fis tomber fièrement dans le canal. Mais c'est la suite qui m'a marqué. Car ma mère pensait que c'était la commerçante concurrente d'en face qui s'était transformée en crabe pour venir espionner chez elle. On le saurait le lendemain. Si Mme D s'amenait au boulot en boitant, c'est que le coup avait bien porté. Et elle ne reviendrait plus.

On nous faisait peur avec l'histoire du « chouval 3 pat » qui ne se déplaçait que la nuit. Lorsqu'il m'arrivait d'être seul dans ma chambre, je m'attendais à l'entendre. Je fréquentais le cheval de Tonton Georges et le mulet que l'on bâtait pour monter à la campagne. Je pense avoir vite réglé cette peur. Et même j'imaginais qu'il s'agissait plutôt de cet homme surnommé « Jésus » qui sortait du Morne Abélard où il avait aménagé son coin en pleine nature. Il avait l'allure d'un ermite, habillé étrangement, négligé, barbu aux cheveux épais non coiffés. Il avait une plaie mal soignée à une jambe. On le considérait comme un pestiféré. Et pourtant il ne faisait de mal à personne, ne parlait à personne et ne sortait que lorsqu'il avait besoin de se procurer de quoi manger et boire. Il se déplaçait toujours avec un bâton. Et pour moi cela suffisait pour l'identifier au « chouval 3 pat ». C'est ainsi que je me rassurais !

Ce qui était moins rassurant c'est lorsque des passants (hommes ou femmes) étaient traités de « neg' ou fanm ki ni lan men sal » (des hommes et des femmes qui ont les mains sales ») dont il fallait se méfier, car ils risquaient de vous faire du tort.

Plus tard, j'ai été habité comme bon nombre de mes compatriotes par cette peur de « l'homme sans tête » que l'on apercevait dans un carrefour ici ou là et qui disparaissait en faisant peur aux enfants, ou celle de « lanmen nwè » : des mains noires dessinées sur les murs un peu partout dans certains quartiers et communes et dont personne ne semblait connaître l'auteur.

Rose, ma cousine, belle « chabine » du Lorrain, travaillait à la boutique avec ma mère adoptive. Elle avait été repérée par un enseignant qui la demanda en mariage. Mais n'étant pas du même milieu, la mère de cet enseignant s'opposa au mariage sans succès. Le mariage eut lieu et fit grand bruit à Saint-Pierre. Le lendemain dimanche, au tout petit matin, on trouva dans la croisée de devant notre maison un crâne et deux tibias en X. C'était effrayant pour toute la population. La rumeur fit porter la responsabilité de cet acte à la mère du marié, qui avait déjà une sale réputation dans la commune. C'était une coutume, paraît-il, pour des gens mal intentionnés, de payer le fossoyeur pour qu'il fournisse des restes de squelettes tirés de l'ossuaire du cimetière de la ville pour faire du mal, dans le cas d'espèce pour faire échouer un mariage. Effectivement, ce mariage ne tint pas et le jeune enfant finit par croire, lui aussi, à la « puissance du mal » prêchée par le clergé avec conviction.

Les rumeurs et les croyances circulaient donc dans mon entourage. Nous enfants, véritables éponges, nous étions marqués par elles et nous en parlions entre nous.

5

Événements sociaux marquants

Un exemple : l'affaire Beauregard dans le sud (1947). Même si les événements se passaient au Marin, enfant, j'avais peur comme beaucoup de gens. Beauregard rebelle, fantôme, neg'mawon, hantait les esprits des petits et des grands. Certains éprouvaient de l'admiration pour ce résistant qui refusait de se laisser faire par le béké de l'habitation qui voulait le licencier. Du coup, il prit le chemin des bois. On le savait armé. Il « semait » les gendarmes lancés à sa recherche. Pour d'autres, il était un dangereux vagabond sans foi ni loi, qui apparaissait ici dans un quartier, là dans une famille, et semait la terreur partout. Le bruit courait qu'il tuait des gens, qu'il mettait le feu, imposait sa loi à ceux qui s'opposaient à lui. Jusque dans le nord, singulièrement à Saint-Pierre, l'ombre de Beauregard planait de jour comme de nuit. Et sa mort fut pour moi, enfant effrayé par tout cela, mais aussi pour beaucoup de gens autour de moi, comme une libération. Ce fut une désolation pour ceux qui le soutenaient !

Et puis, il y eut les événements du Carbet dont je n'ai eu aucun écho. Alors que j'étais beaucoup plus touché par ceux de Basse-Pointe (1948) qui ont jeté une grande tension dans la région, et à Saint-Pierre, avec beaucoup d'interrogations et de peurs chez l'enfant que j'étais. Mon imaginaire d'enfant était nourri par des réactions les plus singulières et contradictoires. Certains adultes rapportaient le fait que des ouvriers agricoles encourageaient d'autres à refuser de travailler dans l'habitation Leyritz qui, en passant, appartenait au béké que l'on connaissait, puisqu'il était propriétaire de Pécoul, un des quartiers de Saint-Pierre. D'autres ou les mêmes parlaient des ouvriers agricoles comme étant des « nègres » fainéants ou des « koulis » (comme mon papa), considérés comme des gens dangereux qui savaient manier le coutelas à l'occasion pour se faire respecter. Et je ne savais qui croire. En tout cas, le bruit courait que l'un des deux frères de Fabrique, Guy, avait été justement « assassiné à coups de coutelas ». L'auteur, non identifié, ne pouvant être qu'un « kouli ».

Autour de moi, certains présentaient les événements, en donnant raison par principe au patron béké qui passait pour être la victime d'ouvriers considérés comme ces « nègres » ou ces « koolis » qui refusaient de travailler. Ce qui allait dans le sens de ce triste chant que j'entendais et que je chantais en rigolant comme les adultes, sans me rendre compte de la signification du message : « neg ni mové mannié an vérité ! » (vraiment le nègre est un être à mauvaises manières). D'autres adultes de mon entourage prenaient le parti des ouvriers agricoles, considérant l'assassinat du béké comme une sorte de punition : il a payé de sa vie le fait de ne pas vouloir payer le juste prix aux ouvriers. Fils d'un ouvrier agricole indien, adopté par ma tante commerçante et un père adoptif fonctionnaire, comment devais-je me situer dans cette ambiance dans laquelle je baignais ?

Des années après, j'ai pu m'informer sur ces événements avec l'affaire du procès des « 16 de Basse-Pointe » où des avocats de chez nous tels que Maîtres Gratiant et Manville ont été déterminants pour faire libérer les ouvriers accusés et condamnés injustement.

À travers le drame de Basse-Pointe, je découvrais une société divisée, où les uns exploitent les autres, les uns méprisent les autres, une société où la violence est inscrite dans les relations non seulement entre des personnes, mais entre des classes sociales, des groupes ethniques. Au-delà de la peur du petit garçon devant tout ce qui se passait, je commençais à me rendre compte des tensions individuelles et sociales où se mêlaient injustices, conflits et préjugés, source de colère, de révolte, de parti pris, entre des personnes de couleurs et d'appartenances différentes.

Jusque-là, je ne me posais aucune question sur le fait que je fusse de type indien comme mon père décédé que je ne connaissais même pas. Je vivais avec mes parents adoptifs, les cousins, les cousines, les employés sans me poser cette question de couleur de peau : entre nous enfants, il n'y avait pas de discrimination. Mais les adultes autour de moi faisaient bien la distinction entre : les békés, « blan frans' », les gens plus ou moins noirs, plus ou moins clairs, les koulis, les « neg rouj », les « chaben, chabin' », les « milat' ». J'avais adopté tous ces attributs sans me poser de questions. Je constatais cependant que l'on ne traitait pas le monde auquel j'avais conscience d'appartenir, avec la même déférence que celui d'un béké, d'un gendarme, d'un curé, d'un évêque. Je prenais conscience peu à peu que notre société classifiait et cataloguait les gens selon leur origine, leur couleur, leur milieu, le métier exercé, leur fonction : venaient en tête le béké de l'habitation, puis le haut clergé, le médecin, le pharmacien, le dentiste, le directeur d'école, l'enseignant ; puis les gros commerçants ; puis les petits, les artisans ébénistes, ferronniers, coiffeurs, pêcheurs ; puis les marchandes, les balayeurs de rue, etc. Je connaissais le gens par leur nom, leur profession, leur domicile. « Man entel », « kay'entel ». J'apprenais à adopter comme allant de soi dans la société ces catégories sociales, les riches et les autres, les Blancs et les autres, ceux qui tenaient le haut du pavé et les autres. Moi, de par mes parents adoptifs, j'évoluais dans le milieu du petit commerce, mais en contact avec bien des corps de métiers. Le fait d'être enfant de chœur et de fréquenter le clergé me mettait peu à peu « à part » sans même m'en rendre compte. Pour les adultes de mon entourage, c'était « monter en grade » en fréquentant le monde du sacré.

Le « religieux » laisse ses empreintes

J'adoptais comme tout le monde tout un langage qui indiquait combien notre environnement naturel portait l'empreinte du religieux, du clergé. Quelques exemples courants :

Lorsque l'on voit tomber la pluie en même temps que brille le soleil : on dit « djab ka mayé dèyè la pot' légliz » (le diable se marie derrière la porte de l'église). Je me suis toujours demandé qui était le diable : le soleil ou la pluie ? Qui trompait qui ? Mariage incongru ou interdit fait sous le nez du clergé, caché derrière la porte de l'église ? Genre de mariage « débouya », « konpè lapin » en cachette ? Entre la lumière et un trouble-fête, la pluie ? À chacun de comprendre ce proverbe ou maxime que j'ai entendu et repris à maintes reprises sans me poser de questions !

On pourrait faire l'inventaire des plantes qui portaient des noms liés au culte ou au clergé. Ainsi celle qui s'appelle « tapi monségnè ». Ceux qui l'ont ainsi baptisée ont fait référence à ce tapis de même couleur, que l'on déroulait lors des cérémonies religieuses pour accueillir « Monseigneur l'Évêque ». Des plantes ont des noms directement liés au monde religieux : comme par exemple : « Zeb'lanfè » (herbe enfer) ou « chadwon béni » (chardon béni), « Basilic sacré », « gren'djab » (graine diable) et bien d'autres. Dans notre langage quotidien, les expressions sont également très nombreuses à faire référence à Dieu ou à ses Saints : « Ay'Bon Dié Senyè la Vièj'Mari ! Jési Mari Joseph ! Bon Dié ké pini'w ! MonDié béni la Vièj' !, etc. (Bon Dieu Seigneur la Vierge Marie ! Dieu te punira ! Bénédiction divine par la Vierge).

Drôles de manières de croire !

C'est en fréquentant le monde du clergé et les célébrations religieuses que je découvrais cette manière de croire en un Dieu qui pouvait être protecteur de ceux qui le prient correctement, et punisseur de ceux qui ne seraient pas de son côté. Les adultes pratiquants de mon entourage semblaient tout à fait à l'aise dans cette manière de croire. C'est ainsi que, depuis ma plus tendre enfance, l'invocation du nom de Dieu devenait systématique lors d'un danger, d'une catastrophe.

Ainsi, par exemple, lors d'un raz-de-marée, la mer rongeait la plage jusqu'à menacer les fondations de la maison d'à côté où vivait ma tante. Et j'entends ma mère adoptive dire avec force : « ayen péké rivé mwen ! Man sé ych'Bon Dié » (rien ne m'arrivera, je suis enfant de Dieu). Je la crois. Mais malgré toute l'affection que j'avais pour elle, je n'adhérais pas à cette foi aveugle. Je m'arrangeais sans qu'elle ne le sache, avec la complicité de Gabou mon cousin, pour enlever tous les meubles qui donnaient du côté où les vagues continuaient à avancer sous la maison en faisant leur travail de sape. Nous les mettions à l'abri. Vers une heure du matin, cette partie de la maison s'effondra et ma tante, qui assistait à tout cela accoudée à la fenêtre, faillit être emportée. L'acte que Gabou et moi avions posé n'allait pas dans le sens de la croyance de mon entourage.

Ou alors, à l'occasion d'un cyclone, un cocotier est déraciné et tombe sur la maison du voisin. La réaction spontanée de ma mère adoptive est : « Dieu nous a épargnés ! Nou sé ych Bon Dié ! » (Nous sommes des enfants de Dieu.) Là encore, j'ai eu beaucoup de mal à partager la foi des adultes. Je commençais à me démarquer !

Réflexion

Sans pouvoir l'exprimer ouvertement
Je commence à comprendre que « si l'on ne met pas la main »,
« Bon Dié pé ké mété lan men ba pèson »
(Dieu ne fait rien à notre place : aide toi et ...)
Je m'interroge sur ce Dieu qui se laisserait toucher
Par la prière et les supplications des uns
Et qui permettrait au malheur de frapper
Ceux qui ne seraient pas dans ses petits papiers.
Mais si les adultes transmettent cette croyance
C'est bien parce que cela leur a été prêché et transmis
Et s'ils n'osent pas remettre en cause de telles croyances

C'est qu'ils considèrent que ce qui leur est prêché
Est vraiment ce qu'il faut croire et répéter !
Et ils n'ont rencontré personne pour leur dire
Autre chose, autrement,
Pour eux, tendre l'oreille, accepter cette manière de croire
C'est faire preuve de fidélité
Et moi, à 12 ans, j'entrais dans ce monde
Avec déjà quelques interrogations d'enfant
Sans doute bien floues :
Il ne s'agissait pas de brûler les étapes
Un enfant avale d'abord tout ce qu'il voit, entend, ce qu'on lui dit.
À cette époque en ce qui me concerne,
Il n'était pas d'usage de poser des questions
Il fallait se montrer soumis, obéissant et pieux.

C'est avec tout ce « package » que je me retrouve en 1951 orienté vers le Séminaire-Collège de Fort-de-France.

6

Encadrer la vocation

Le Petit Séminaire

Je veux partager avec mes lecteurs ces moments si importants pour le jeune enfant de 12 ans qui quittait une fois de plus sa commune, sa famille, son école pour se retrouver dans un milieu totalement différent, à Fort-de-France par-dessus le marché, dans un établissement tenu par des pères.

Découvrir brusquement que la majorité des élèves du collège étaient blancs, ce fut une nouveauté à laquelle je ne m'attendais pas. Voir défiler sur le balcon plusieurs fois par jour une dizaine de prêtres, tous blancs dont certains barbus, se diriger vers leur réfectoire ou la chapelle avant et après les repas, c'était étonnant. Il fallait s'y habituer.

Je me rendais compte que je faisais partie d'un groupe de séminaristes de 12 à 18 ans de ma couleur, allant jusqu'au « chaben », « mulâtre » comme on disait et dont la plupart étaient de milieux défavorisés.

Nous nous réunissions dans une salle de classe le soir pour la prière commune, les lectures de la vie des saints (Sts Jean Bosco, Vincent de Paul, le Curé d'Ars, Ste Thérèse de l'Enfant-Jésus, les apparitions de la Vierge, Dominique Savio..., etc.) ou alors, en fin de mois, pour le compte rendu de la vie scolaire : les notes et les commentaires du directeur.

Les séminaristes devaient donner des résultats sur le plan scolaire, faire preuve de discipline, d'obéissance, de piété, de promptitude pour rendre service et de « bonne camaraderie ».

Je n'ai jamais été parmi les premiers de classe. Mais ma conduite m'a valu d'être toujours responsable de quelque chose : « zélateur » pour des lectures, auxiliaire (référent auprès de mes camarades). J'étais particulièrement fasciné par cette belle cour où l'on allait jouer au foot d'un côté, de l'autre au basket, au volley et sous le préau au tennis de table (ping-pong), et tout au fond une immense piscine. Je me suis vite découvert excellent en football entre autres sports. J'étais beaucoup plus à l'aise dans la pratique des différents sports que dans l'apprentissage des maths, de la physique-chimie, du latin.

Il m'a fallu apprendre à vivre en groupe dans un milieu qui n'avait rien à voir avec celui où j'avais évolué jusque-là. Dans ma commune, je n'avais pas l'habitude de voir tant de prêtres et de frères, tous blancs, avec à leur tête le père Lavanant, un Breton barbu qui inspirait le respect. Parmi les « frères » qui prenaient en charge les entrées et sorties du Séminaire, certains m'ont marqué : frère Joël, responsable de l'atelier de bois, ou le frère X chargé du matériel scolaire ; le frère Roland s'occupait de la discipline et avait la réputation d'être méchant et sadique : tous les élèves craignaient ses mains épaisses et ses coups de pieds faciles. C'est lui qui tuait les cochons (on lui avait attribué le surnom de boucher) mais aussi les chiens qui s'aventuraient à pénétrer dans les murs du collège. J'ai été un de ses nombreux boucs émissaires. Par ailleurs, du côté de la cuisine, quelques religieuses (Sr Lydie entre autres) s'occupaient de la section des tout-petits, des repas, de la distribution du goûter et de la lingerie.

Ce qui était nouveau pour moi c'était la place des prières : avant de commencer la classe, avant les repas, avant de dormir. Il y avait les messes du matin et les fêtes religieuses à la chapelle. Les prières dans les salles de classe devenaient à la longue mécaniques aussi bien pour les professeurs que pour les élèves.

J'étais frappé d'entendre les professeurs parler de « créolisme », nous faisant comprendre que, pour bien apprendre le français, il fallait quelque part éviter de parler la langue créole, réduite à un patois devenu brusquement un obstacle à l'apprentissage de « vraies et nobles langues ». Entre élèves, nous parlions créole sans problème, comme d'ailleurs à la maison, entre frères, sœurs, cousins, cousines, voisins. On parlait créole devant nos parents sans aucune résistance. Lorsqu'il y avait un rappel à l'ordre, mon père adoptif utilisait toujours le « vous » et le français pour bien montrer que c'était sérieux. Et devant des étrangers, devant le « beau monde », il fallait adopter le français, signe de bonne éducation !

La découverte des discriminations

J'ai découvert certaines formes de discrimination au Séminaire-Collège : les rapports de certains prêtres n'étaient absolument pas les mêmes selon que l'on fût de telle couleur, de tel milieu, de telle origine. On sentait bien que les grandes familles, riches ou tout simplement békés, avaient un pouvoir sur l'établissement qui à l'époque ne recevait pas de subvention de l'État.

Il y avait une répartition des élèves pour les dortoirs : celui qui regroupait les békés et les fils de familles aisées d'un côté et celui destiné aux autres élèves dont les séminaristes. Mais c'est bien après que cela m'a interrogé. Je ne dis pas que les pères étaient tous des racistes. Je peux affirmer en revanche que les familles riches, des Blancs, des békés, ceux en provenance de St Barth, avaient un statut privilégié. J'ai compris par la suite qu'il fallait faire la distinction entre celles qui pouvaient payer l'établissement et les autres. Cela dit, il y avait des pères et frères qui n'avaient absolument pas cette mentalité et dont nous avons gardé d'excellents souvenirs. Certains d'entre eux entretenaient d'ailleurs des rapports avec nos familles et devenaient de véritables amis. D'autres en revanche choisissaient délibérément le camp des békés pour de multiples raisons.

Je devais reconnaître avec le temps que la question de la discrimination par l'argent, le milieu, la couleur pesait lourd sur le plateau de la balance dans un établissement tenu par des religieux.

Je pense à cette étrange expression utilisée par les collégiens à notre endroit, à savoir : « c'est pas riche pour un séminariste ! ». Ce qui pouvait signifier : « tu n'es même pas capable, pauvre que tu es, de te comporter comme il se doit dans la maison des riches qui daignent t'accueillir en te payant des études de séminaristes » ! D'ailleurs, certains pères qui nous encadraient n'hésitaient pas à nous rappeler que l'on finançait nos études et qu'il fallait donner de meilleurs résultats scolaires et de conduite si l'on voulait persévérer « dans la voie » ! (traduire : si l'on ne voulait pas se voir « renvoyé » sans armes ni bagages !).

Lorsque, dans les paroisses, les familles voulaient inscrire leur enfant au collège, il fallait pouvoir payer. Les séminaristes dont j'étais ne payaient pas. C'était l'évêché qui les prenait en charge. Un certain nombre des familles modestes profitaient d'ailleurs de cette aubaine pour permettre à leurs enfants de suivre des études gratuitement, quitte à « ne pas aller jusqu'au bout » ; ceci, avec la complicité parfois de leur curé qui voyait là une chance pour ces enfants « d'entendre un jour l'appel de Dieu ». « Débouya pa péché » (savoir se débrouiller n'est pas un péché).

La « reconnaissance » du pauvre

On nous avait appris, à nous séminaristes, une vertu qui m'était familière, à savoir la « reconnaissance » vis-à-vis des « bienfaiteurs ». En tant qu'orphelin vis-à-vis de ma famille d'adoption déjà ; à l'égard de certaines familles qu'il fallait remercier, parce qu'elles faisaient des dons à l'intention des petits séminaristes ; et à l'endroit de l'évêque qui prenait en charge nos études. En ce qui concerne ce dernier, pour le remercier, les petits séminaristes se rendaient tous les jeudis après-midi à l'évêché faire de menus travaux avec Mgr de la Brunelière : nettoyage du jardin, débroussaillage, élagage.

Il y avait une autre manière de se montrer généreux et disponibles : c'était pendant les grandes vacances, en restant au collège pour repeindre l'établissement avec le « Père supérieur ». Ce n'était pas obligatoire. Nous étions bien heureux de travailler manuellement le matin et de nous amuser l'après-midi.

D'ailleurs, pendant certaines de nos vacances, je me souviens de ces jours passés auprès du père Alain, curé de la paroisse de Saint-Pierre, que nous aimions pour sa gentillesse mais surtout son humour. Nous faisions quelques menus travaux au presbytère avec lui pendant les grandes vacances. Une occasion rêvée de ne pas rester à la maison et de profiter des sandwichs au fromage et au saucisson qui nous étaient offerts à la pause.

Parmi les professeurs du Séminaire-Collège, je n'oublierai jamais le père Pinchon qui nous intéressait à ses recherches sur les traces de nos ancêtres de la Caraïbe et sur les coléoptères, papillons, serpents, etc. Il n'attendait qu'une chose : le week-end, pour partir de l'établissement, accompagné de certains de ses élèves et de leurs familles, capables de l'emmener dans des lieux choisis pour poursuivre ses recherches. D'un côté, grâce à lui nous nous intéressions à notre environnement naturel. De l'autre, je n'ai pas retenu grand-chose de ses cours. Il nous renvoyait à nos livres. Et sans doute très mauvais élève, je n'ai retenu que quelques bribes : les débuts de la colonisation en 1635, la découverte de la Martinique par Christophe Colomb, les batailles entre Français, Anglais, Hollandais pour occuper l'île habitée par des Caraïbes anthropophages, les Arawaks, etc. Le père Pinchon avait l'art de venir susurrer des remarques à l'oreille de certains élèves, singulièrement de ceux qui réussissaient ou appartenaient à certains milieux favorisés, alors que pour d'autres il n'hésitait pas à les interpeler tout fort avec une ironie que je détestais. Je n'étais pas parmi ses élèves préférés. Il avait la réputation de ne pas corriger les copies sérieusement. Certains élèves faisaient courir le bruit qu'il jetait un coup d'œil rapide sur les feuilles avant de les noter « à la volée ». Les élèves sont parfois terribles ! Mais il faut le reconnaître, le père Pinchon était beaucoup plus intéressé à ses recherches et à enrichir son musée qu'à enseigner à des élèves l'histoire ou la géographie du programme. Ce que je retiens c'est tout ce qu'il nous a laissé comme héritage que l'on retrouve dans la Musée qui porte son nom et dans d'autres comme celui de Rivière-Pilote. La Martinique lui en est reconnaissante.

Comme mes camarades, j'appréciais les professeurs qui avaient l'art de nous transmettre leurs savoirs : les pères Théon, Franck, Vacherand, Beyler, Lavanant, Stacoff pour n'en citer que quelques-uns.

En 7e de l'époque (CM2), le frère Vincent était celui qui ne faisait pas de cadeaux. Plusieurs fois par semaine dans les débuts, j'étais mis à la porte pour indiscipline, à cause de ma « tête de cochon comme il n'en avait jamais vu de pareil » ou de ma « tête de linotte toujours dans la lune ». Puisque la classe se trouvait juste aux pieds de l'escalier qu'empruntaient les pères tous les jours à 11 h 45 pour se rendre à la chapelle pour leur office, ceux-ci ne pouvaient pas ne pas me remarquer. Surtout le père Théon, notre responsable, qui m'appelait alors dans sa chambre, ou lors des réunions des séminaristes : pour me remonter les bretelles avec « menace de renvoi si cela continuait ! ».

En réalité, je crois que pendant les classes j'étais effectivement ailleurs, surtout quand il y avait cours de mathématiques. J'avais autre chose dans la tête !

J'ai énormément appris au cours des sept années passées au Petit Séminaire. C'est sans doute à l'occasion d'un 8 décembre que j'ai fait mon premier solo à la tribune de la chapelle. Et je n'ai jamais oublié l'émotion que j'ai ressentie en voyant les têtes des élèves se retourner vers un des leurs. Il n'y avait alors ni Noir, ni Blanc mais juste une voix pure qui sortait de la petite chorale formée par le père Théon.

C'est d'ailleurs grâce à lui si, par la suite, j'ai continué à m'intéresser au chant choral et si je me suis mis à diriger le chœur du Petit Séminaire lors de certaines célébrations. Plus tard à Rome, j'ai pris plaisir à diriger la chorale pour le chant grégorien.

Il nous a appris aussi à relier les livres. J'ai fait une année de piano grâce à lui. Et j'ai profité de ma première colonie de vacances à Macouba pour apprendre à jouer de l'accordéon. On nous a fait découvrir la société de St Vincent de Paul au collège dans les années 50. Et c'est ainsi que nous allions visiter les malades à l'Hôpital civil certains samedis après-midi. Action difficile pour un gamin mais qui m'a beaucoup apporté.

Mais, surtout, j'ai appris à vivre en groupe, à avoir une discipline de vie, à prendre des responsabilités. Le sport facilitait les rencontres entre nous, créait des amitiés, formait nos caractères en apprenant à relever des défis, à nous considérer comme des adversaires et non des ennemis ; à accepter tantôt de perdre et tantôt de gagner. Et le foot dans la cour du Collège, ou sur le château d'eau de la route de Didier en face de l'évêché, ou contre l'équipe de l'Espérance, a toujours été ma première passion.

Dans nos équipes, rares étaient les békés ou les enfants de gendarmes. Je m'apercevais que dans cet établissement deux mondes se côtoyaient. L'un composé de fils de békés, de gendarmes, de familles riches ; l'autre, auquel j'appartenais, composé d'enfants de ma couleur et de milieu plutôt défavorisé. Dans la cour, les premiers ne s'intégraient pas aux équipes de foot et de basket que nous formions. En classe, il y avait parfois des traitements de faveur, de la part de certains professeurs.

Plus tard, revenu faire mon service militaire comme enseignant dans ce collège, j'ai fait l'expérience de cette forme « douce » d'apartheid qui existait dans l'établissement. J'étais alors surveillant des grands et enseignant pour certaines classes. Je rencontre « chez Méier » à Fort-de-France un des élèves de famille béké avec qui je venais de jouer au volley (l'un des rares). Je m'attendais à ce que l'on se salue. Mais il m'ignora et fit comme s'il ne m'avait pas vu. Et cela par deux fois. De retour au Collège, je l'interrogeai sur son attitude. Il m'expliqua alors que, dans sa famille (béké), il saluait ou répondait aux saluts des gens (surtout de couleur comme moi, même s'ils avaient des fonctions reconnues), selon qu'il se trouvait avec sa grand-mère, sa mère ou seul. C'était la première fois que je prenais conscience, après bien des années passées au Séminaire-Collège de Fort-de-France, que ce genre de principe discriminatoire était inscrit et transmis sciemment de génération en génération dans un groupe comme celui des békés. Alors que j'avais des copains de ce groupe avec qui je pouvais rigoler, parler, travailler du moins pour certains activités (je pense par exemple au tapis de la Fête-Dieu), mais à condition que cela se déroulât au sein de l'établissement.

Le corps enseignant, formé de prêtres et de religieuses, était-il conscient de ce problème ? Certains pensaient que, pour des raisons d'intérêts et de privilèges, liés d'ailleurs au passé, la direction de l'établissement préférait ne pas soulever la question.

Une « Fête-Dieu » aux tapis

Il y avait trois fêtes importantes dans l'année : celle de St Joseph en mars, celle de la Fête-Dieu en juin et celle du 8 décembre, fête de l'établissement. Nous attendions tous la Fête-Dieu. Car toutes les classes devaient réaliser des tapis en sciure de bois multicolores dans la cour de récréation. Nous nous mettions au travail la veille pour que le jour J tout soit prêt. Une procession était alors organisée avec chants divers : Nous voulons Dieu, etc., Ave Maria.

Je ne me suis pas rendu compte immédiatement de tout ce que les fêtes liturgiques et manifestations religieuses, qui réunissaient tous les élèves et leurs enseignants dans une chapelle ou comme pour la Fête-Dieu dans la cour du Séminaire-Collège, pouvaient représenter. C'est par la suite que j'ai fait un lien avec la question des discriminations.

En effet, en même temps que s'élevaient nos prières et nos chants vers le Ciel, et que se déroulaient sur la cour en tuf des tapis multicolores en sciure de bois faits par les élèves et leurs professeurs lors de la procession de la Fête-Dieu, dans le même temps tranquillement se maintenait et s'entretenait le tapis des discriminations multiformes entre enfants, familles, professeurs « épi la fwa en Dié » (avec la foi en Dieu).

Dieu pouvait-il reconnaître les siens dans cet établissement tenu par des pères du Saint-Esprit ? C'est une question que je me suis posée bien longtemps après et qui demeure d'actualité, lorsque l'on sait que le Collège comme le Couvent de Cluny, qui donnent de si bons résultats sur le plan scolaire, ont intégré dans leurs programmes l'instruction religieuse mais n'ont peut-être pas reconnu et cherché à aborder, voire à régler encore aujourd'hui, certaines formes de discrimination qui subsistent et que parfois on refuse de reconnaître, voire de traiter !

À défaut du bac, la ville éternelle, septembre 1958

Après sept années qui débouchèrent sur le baccalauréat que j'ai passé et que j'ai raté de quelques points, craignant de me le faire repasser, sans doute par peur de l'échec, mon responsable de l'époque est venu à ma rescousse. En effet, je faisais partie des jeunes qui promettaient et étaient considérés comme de bons candidats pour la prêtrise. Je fus donc déjà choisi pour partir dans un Grand Séminaire en France comme mes aînés. Certains partaient pour le Canada, d'autres à Rome.

Le père Mao me rassura donc. Il m'annonça que Serge Bélon, mon ami de toujours, qui avait réussi brillamment au baccalauréat, était choisi pour partir à Rome.

J'ai appris par la suite que l'on envoyait à Rome les gens brillants : ainsi Marie-Sainte, Méranville, Élie, de Coulanges, furent orientés sur le Séminaire de la « Propaganda Fide » (situé dans l'enceinte même du Vatican). Bélon, lui, devait partir pour le Séminaire français. Comme nous nous entendions bien, nos responsables ont pensé qu'il valait mieux ne pas nous séparer et ont donc décidé de m'y envoyer également, en me disant que là-bas je pourrais repasser mon baccalauréat. Je ne me suis pas fait prier ! Et mes parents étaient les premiers à être fiers d'un tel projet.

Bien imprégné de tout ce que mes dix-huit années m'avaient apporté pour avoir vécu aux côtés des adultes de tous genres ; sensible à ce qui se passait et se disait autour de moi sans trop comprendre ; très marqué comme d'ailleurs la plupart de mes copains séminaristes par le milieu religieux, je faisais partie de ceux qui avaient l'avantage d'avoir une route toute tracée, avec le projet de devenir prêtre.

C'était une épreuve d'être coupés de nos familles, de notre pays pendant des années, pour faire à 8 000 km de chez nous des études de philosophie et de théologie. Mais le projet en valait la peine.

Après coup, je me suis rendu compte que l'éducation donnée aux enfants à l'école, et encore moins au Séminaire, n'intégrait pas les événements qui se déroulaient dans notre pays. Nous étions en quelque sorte protégés de notre propre environnement (comme de notre propre culture). Car ce qui comptait avant tout, c'était de faire quelque chose dans la vie et pour nous séminaristes de « sauvegarder notre vocation ». À l'époque pourtant, des décisions importantes se prenaient pour l'avenir de notre pays : la départementalisation avait douze ans.

Pendant que l'on chantait dans les églises : « catholiques et français toujours », j'avais déjà été sensibilisé par ces combats menés dans certaines habitations du pays pour que justice se fasse. Le souci des militants politiques et syndicaux était non seulement de lutter contre les injustices, mais contre le fait d'être considérés comme Français entièrement à part. À 18 ans, je n'avais aucune notion de la politique. Mais les échos que j'avais de ce qui se passait chez nous, comme je l'ai dit plus haut, c'était la brutalité avec laquelle les gendarmes réprimaient les ouvriers dans les habitations en semant la terreur et le mort ici ou là. Tous ceux qui travaillaient dans l'habitation du coin et que nous fréquentions, qui venaient acheter leurs marchandises à la boutique, comme ceux qui travaillaient au noir et faisaient leurs jobs en refusant de travailler « pour le béké », tous ceux-là se sentaient concernés directement ou indirectement par les revendications de justice et les injustices dont on parlait ouvertement. L'enfant que j'étais, puis l'adolescent, écoutait tout ce qui se disait, et remarquait ce qui se passait autour de lui, sensible aux peurs, aux angoisses, aux ressentiments de son entourage. Mais, ceux qui nous encadraient nous faisaient comprendre que ces préoccupations n'étaient pas celles d'un enfant qui se destinait à la prêtrise ; c'étaient des affaires des grandes personnes et des gens du monde. Nos parents, lorsque qu'ils nous trouvaient trop « *antra* » (indiscrets), nous renvoyaient à nos livres, pour un séminariste singulièrement aux livres de prières !

La soutane allège le prix !

J'avais toujours été frappé (c'est le cas de le dire) par cette journée des vocations organisée chaque année dans les paroisses, où l'on prêchait dans toutes les églises que la Martinique avait besoin de prêtres et de religieuses du pays ; et que les familles devaient encourager la naissance de vocations en leur sein. Et résonne encore dans ma tête cette prière répétée en chœur lors de cette journée : « Mon Dieu, donnez-nous beaucoup de saints prêtres ». Et le regard des paroissiens sur l'adolescent que j'étais avait tout son poids... Pendant mes sept ans au Séminaire-Collège, je passais déjà pour « celui qui devait se faire prêtre » dans ma famille, dans la paroisse. Et lorsqu'à 18 ans, en juillet 1958, l'évêque demanda à plusieurs d'entre nous de « prendre la soutane » au cours d'une célébration, dans nos paroisses respectives, c'était pour nous et pour tout le monde un engagement ! On sort de la messe, habillé comme les prêtres. On peut imaginer ce qui pesait sur nos épaules alors que nous n'avions même pas mis les pieds dans un Grand Séminaire. Aux yeux des paroisses, des familles, nous étions considérés comme faisant déjà partie du clergé martiniquais. D'un jour à l'autre, mes parents, mes amis ne savaient plus comment m'appeler : par mon prénom ou par « M. l'abbé » parce que je portais une soutane bien noire et épaisse.

Lorsque je passais dans la rue, j'étais une vedette. Les bonjours, les courbettes, les chuchuchu surtout des filles, mais aussi des hommes. Ce qui me revenait par la suite c'est : « un beau garçon comme ça ? Jamais il n'ira jusqu'au bout » ! Les facteurs âge et esthétique ne plaidaient pas en ma faveur. Mais moi, j'y croyais. Depuis tout petit, j'étais formaté en quelque sorte et jamais on ne m'avait fait miroiter d'autre projet que celui d'être prêtre.

Des années après, j'apprends que la prise de soutane avait aussi un autre but : cela nous permettait de voyager à prix réduit. Notre évêque avait aussi le sens pratique. Sur le bateau bananier « Irpinia », Serge Bélon et moi furent pris pour des aumôniers et nous dûmes organiser une veillée de prières à l'occasion de la mort du pape Pie XII que je ne connaissais pratiquement pas. Dans le train qui nous conduisit à Rome, nous nous étions installés dans un wagon vide. Mais très vite, ce ne fut plus la même musique. Les douaniers nous firent déguerpir avec nos grosses valises, en seconde classe, dans un couloir bondé de voyageurs.

Arrivé au Séminaire français, à la « via Santa Chiara » à Rome, je me souviens du moment où nous sommes entrés au réfectoire pour le dîner. Une centaine de paire d'yeux se braquèrent sur les séminaristes noirs que nous étions ! Prise de conscience brutale.

Un monde de luxe et de faste

Dès mon entrée en contact avec le clergé catholique que j'identifiais jusque-là à l'Église, j'avais remarqué combien Mgr Aubert, qui m'avait confirmé, ressemblait, dans sa prestance et sa tenue, à un grand seigneur que l'on ne pouvait pas approcher.

J'ai appris effectivement qu'il faisait partie d'une grande famille béké de chez nous. Je l'identifiais aux pères venus d'ailleurs. J'ai mis des années à me rendre compte que notre nouvel évêque de la Brunelière, noble de naissance, avait un nom à rallonge comme ceux des De Reynal, Des Grottes, De Jaham et autres. On qualifiait les gens qui portaient ces noms les « de ce que de ». Pour moi donc, évêque et grandes familles, békés ou pas, semblaient faire partie du même monde.

Fréquenter ce monde du « sacré », faire partie du personnel du culte, manipuler les objets et les habits brodés qui servent aux célébrations liturgiques, et qui sont d'or et d'argent, c'était m'habituer à cette alliance entre luxe, noblesse, richesse, faste et sacré.

On se prosterne pour baiser l'anneau de l'évêque qui se déplace avec un bâton doré. Quand il y a une fête nationale, le préfet et les personnalités politiques ont droit au tapis rouge, au prie-Dieu comme l'évêque. Tout est grand chez les grands.

Petit garçon de Fond Rose adopté par Tante Alice, j'entrais, comme la majorité des gens de ma couleur, dans un monde où l'on m'apprenait à servir en multipliant les génuflexions et les courbettes, en passant devant les célébrants comme devant le Tabernacle. J'avais déjà remarqué que l'on retrouvait la même attitude dans la société civile : dans les rapports entre les employés, les ouvriers, les serviteurs qui n'osent même pas regarder en face leurs employeurs.

Mais lorsque les choses se passent comme ça dans le cadre du clergé au sein même de la liturgie, donc ouvertement « sous le regard divin », tout cela finit par devenir normal. De là à penser que Dieu est du côté des grands, des riches, des possédants, il n'y a qu'un pas !

Réflexion

Je reste moi-même surpris d'avoir trouvé comme allant de soi toute une série de choses que je relaye aujourd'hui parfois en les filtrant.

Mais au cours de notre développement à tous, le processus est de vivre d'abord les choses, et d'accepter par la suite de se poser les questions qui émergent, que l'on peut éviter d'aborder pendant un temps, avant d'accepter de les analyser pour savoir ce que l'on en fait par la suite.

Au cours de notre développement, ce que l'on nous apprend, est reçu, avalé, avec cette impression d'avoir bien « mâché » les nourritures nombreuses et variées présentées comme des valeurs sures, singulièrement spirituelles, qualifiées d'universelles.

À un moment donné il s'agit de passer à la phase de la digestion, et surtout de l'assimilation ...

L'heure devient pour chacun, comme pour moi, de savoir ce que je garde, ce que je continue à cultiver et ce que je déconstruis, ce que je rejette.

Depuis tout petit, j'ai fréquenté les hommes du sacré qui étaient tous de la même couleur sauf exception. Pour mon entourage, et donc pour moi, leur pouvoir était lié à leur fonction : ils étaient les représentants de Dieu sur terre. Et cela fait partie de mes acquis jusque-là. J'intègre ce que je vois, ce que j'entends, ce que l'on m'apprend.

Ainsi pendant longtemps, qui dit « père » dit « homme blanc » et en même temps « homme du sacré », porteur de « la vérité ». Je l'avale d'autant mieux qu'autour de moi pendant mon enfance et mon adolescence, je vois les adultes adopter des comportements de respect, de soumission, sinon de dévotion envers le curé, et encore plus envers l'évêque.

Par ailleurs, lorsque je m'apercevais que Dieu, comme ses anges, ses archanges, son Fils, son Sacré Cœur, son Esprit (colombe blanche), sa Mère, ses élus les Saints étaient justement couleur de lumière rayonnante venue du ciel ; ou prenaient l'allure d'empereurs, de rois, d'empereurs installés sur leurs trônes avec sur leur tête des couronnes de pierres précieuses ; lorsque les défenseurs de Dieu, les anges, les archanges faisaient partie du même monde, je prenais conscience que je n'avais pas échappé au formatage du milieu dans lequel j'avais été « élevé » : la Famille, l'École, le Clergé. Mais en grandissant, des questions se posaient. J'avais la chance de vivre dans un pays où j'avais la liberté de chercher à y répondre.

En effet, dans certains pays, certaines cultures, cette liberté n'est pas tolérée. Les anciens vous imposent ce qu'ils ont reçu et cru ; ils transmettent ce qu'ils ont reçu dans le domaine de la foi en faisant référence à un Livre (la Bible, les Évangiles, le Coran, ou autres), demandant aux enfants de le reproduire sans conteste. Moi j'ai découvert peu à peu cette liberté de me poser des questions et de rechercher des réponses, même dans le domaine de la religion et de la foi. Même si mes éducateurs faisaient tout pour baliser la route selon les critères officiels, je me suis engagé au cours des années dans un véritable parcours initiatique. Et sur ma route, je ne suis pas le seul.

J'ai rencontré d'autres éducateurs, des hommes et des femmes, religieux et laïcs de différents pays qui se posaient les mêmes questions et proposaient des pistes de réflexion, qui allaient m'aider dans mon évolution.

C'est ainsi que je me suis autorisé à m'interroger sur ces statues et ces images religieuses, que beaucoup de croyants confondent avec Dieu et le saint qu'ils prient ; mais aussi sur ce que peuvent signifier, dans un pays comme le nôtre, certaines représentations religieuses où la couleur et le pouvoir attribués au monde du divin viennent renforcer ce type de rapport entre les humains, singulièrement dans un pays colonisé où une population blanche, celle des grands et riches de ce monde, domine une population, noire celle-là.

Le « noir » identifié au mal

Pour illustrer mon propos, je m'arrête à nouveau sur une réalité qui me crevait les yeux, mais que j'ai mis du temps à reconnaître. Il s'agit de ce que représente la fameuse statue de St Michel que tout le monde priait autour de moi.

On voit un « St Michel », archange ailé, blanc aux yeux bleus, qui terrasse le diable. Mais celui-ci a pris forme de dragon et il est de ma couleur. Enfant, même adolescent, « je ne voyais rien dans ça » comme disent les jeunes.

Après m'être informé, je me suis rendu compte qu'il existe plein de modèles de statues de St Michel terrassant le diable représenté par le dragon. Celui-ci n'est pas toujours de couleur noire.

Je ne veux pas croire que ceux qui ont importé chez nous le modèle où le dragon est noir l'ont vendu dans les monastères, les commerces, et l'ont exposé dans les églises ou dans des chapelles et un peu partout dans notre monde, se sont rendu compte de la signification que cela pouvait avoir chez nous. Il n'empêche que j'ai grandi avec dans ma tête cette image, sans même me poser de question comme la plupart des pratiquants.

Dans le système esclavagiste, on sait que les nègres doivent être au service du Maître blanc, dans l'intérêt de l'Habitation. Un bon nègre apprécié du maître est celui qui travaille avec le sourire, se montre généreux, disponible, obéissant et soumis. Toute révolte, toute rébellion, toute fuite sont réprimées, punies de maltraitances allant jusqu'à la condamnation à mort. Le Code noir de Colbert était là pour réglementer tout cela.

Le clergé blanc, se donnant lui aussi pour mission de civiliser, de moraliser, de convertir la même population, vise donc à ce qu'elle soit soumise et obéissante aux préceptes de l'Église, et au Dieu Tout-Puissant : sous peine de condamnation éternelle dans les ténèbres de la mort !

On voit bien comment, chez nous, Curé et Maître blanc devenaient, à eux deux, solidaires et complices pour contrôler, maîtriser, soumettre une population majoritairement de couleur.

Par conséquent, l'iconographie religieuse ne peut pas être vécue chez nous comme elle l'est par exemple dans un pays européen ou autre qui n'a pas la même histoire, même si y a existé aussi un système social basé sur l'exploitation organisée d'une classe par une autre.

Lorsque St Michel est représenté terrassant un dragon, la couleur de celui-ci n'a pas la même signification pour un Romain, un Français, un Espagnol, ou un Sénégalais ou un Latino-Américain. L'Européen ne se posera aucune question sur la couleur du dragon. Et puisque cela nous était transmis et que les adultes autour de moi « ne voyaient rien dans ça », moi aussi, pendant tant d'années, je voyais et croyais tout ce que l'on me faisait voir et croire. Jusqu'au jour où, m'ouvrant à l'histoire de notre peuple, j'ai accepté de m'interroger sur ce que l'on me montrait, y compris par le canal du langage religieux : des images, des illustrations, des dévotions de tous genres, singulièrement catholiques.

Ainsi, cette fameuse statue de St Michel terrassant le dragon noir risque de faire accepter à des croyants que l'on identifie là tout ce qui est noir à l'ennemi, au diable, au mal personnifié, à ce qui est mauvais, péché, laid, et ténèbres. Et lorsque par ailleurs les prédications portent sur le combat entre le mal et le bien, sur la nécessaire domination du monde céleste bien hiérarchisé (archanges, anges...) et blanc sur le monde d'en bas, des ténèbres et du mal représenté par le dragon noir, tout cela prend une toute autre signification chez nous.

C'est peu à peu que je me suis arrêté sur l'importance chez nous des représentations du domaine religieux, à savoir les images, les peintures, les sculptures, les statues. Aujourd'hui, c'est une question que l'on accepte d'aborder ouvertement, ce qui à mon époque était inimaginable !

À propos des statues

À propos de statues, je me souviens (les années 1947 ou 1948 si mes souvenirs sont bons) des conflits qui existaient à Saint-Pierre entre les croyants catholiques et les catholiques convertis à l'Église adventiste. Ces derniers accusaient les catholiques d'être des adorateurs de statues. Et ils brisaient, au vu et au su de tout le monde, des statues, singulièrement de la vierge qu'ils avaient jusque-là chez eux. Ce qui pour les catholiques était un véritable blasphème. Je ne sais pas si cela a précédé ou suivi le fameux passage du Grand Retour à Saint-Pierre.

J'étais trop petit pour savoir si leur pasteur était américain ou européen, ou antillais formé aux États-Unis. En tout cas, mon environnement était pratiquant catholique. Et cette nouvelle religion était un véritable défi au clergé blanc auquel tout le monde réservait alors respect et soumission.

À l'époque, oser remettre en cause une pratique prônée par le clergé catholique, clergé blanc par-dessus le marché, surtout lorsque cela venait de personnes « sans instruction », c'était tout simplement de la rébellion ! Ces adventistes étaient considérés comme formant une secte, qualifiés de schismatiques, d'hérétiques iconoclastes et donc d'ennemis de l'Église. À cause de cela, des familles se voyaient divisées, se diabolisant les unes les autres. Et voilà une réalité bien difficile à comprendre pour un enfant : celle de constater que les religions divisent au lieu de rassembler.

Au-delà de l'aspect religieux, il y avait donc une question de classe et de couleur. Les adventistes étaient tous des gens de couleur issus d'un milieu plutôt modeste, sinon pauvre matériellement et intellectuellement. On disait : « yo pran lespri yo » (on a pris leur esprit). En face, ils avaient affaire au clergé de l'Église catholique, religion dominante menée par des curés européens. Comment des gens qui n'avaient pas fait d'études pouvaient-ils prétendre lire et parler de la Bible qu'ils portaient fièrement le samedi, quand ils se rendaient, « vestés cravatés », dans leur salle de prières, qui se trouvait juste avant le pont de la Roxelane à l'époque ?

Je ressentais un véritable mépris, de la colère, du rejet de part et d'autre. D'un côté, il y avait les catholiques qui prétendaient posséder la vérité et qui se rangeaient derrière M. le Curé ; de l'autre de « pauvres aveuglés » à qui l'on ne reconnaissait pas le droit de lire la Bible, de savoir, de connaître, de « prêcher la Parole » ! La question du dominant-dominé rebondissait dans le domaine religieux ! J'étais trop petit pour comprendre tous les enjeux qu'il y avait là.

Des notions qui marquent ! « Rendre service »

Au cours des années, je me suis vu en train de remettre en question certaines notions que j'avais jusque-là acceptées sans conteste, car transmises par mon éducation religieuse.

Lorsque l'on m'apprend par exemple que je suis un « simple serviteur » qui doit toujours chercher à faire la volonté du Seigneur, au point que dans le langage quotidien on entendait : « Sé bon dié ki met ! Sé li ka désidé » (C'est Dieu notre Maître, faisons sa volonté !), cela se traduit dans les faits par une attitude qui consiste à chercher à être au service de, à rendre service à. Et j'ai pratiqué cela comme étant une vertu ! Apprendre à rendre service : en famille, aux voisins, à la messe, dans les rapports entre les membres d'une même communauté.

Mais en y réfléchissant avec les années, je m'apercevais que, ce que je considérais comme une vertu, pouvait prendre une signification particulière dans un pays colonisé comme le nôtre. J'en ai fait moi-même l'expérience bien souvent. Car j'ai mis du temps à me rendre compte que non seulement « ran' sèvis' ka bay' mal do » (rendre service donne mal au dos) mais que je n'ai pas appris à me défendre, à considérer que j'ai la liberté de dire non lorsque l'on me demande quelque chose, et même que j'ai l'obligation de refuser d'être le larbin « serviable et corvéable à merci ». Par conséquent, accepter de se laisser exploiter et abuser par des gens qui deviennent vos « maîtres » (quelles que soient la couleur, l'origine, les appartenances), en imaginant être ainsi une bonne personne, « serviable » et charitable, et cela au nom de Dieu, cela devient une erreur. Je peux librement rendre service quand je le décide, parce que cela a du sens et que c'est une vertu. Mais je refuse de me laisser exploiter par d'autres qui se frottent les mains de rencontrer des gens « soumis et gentils », « toujours disponibles » et donc à qui l'on peut tout demander, n'importe quand et pour qui dire non serait mal vu et mal venu ! Mais réfléchir de la sorte remet en question des choses que je considérais jusque-là comme allant de soi, parce que on me les avait apprises.

« Entre les mains du Tout-Puissant »

De même, je ne comprenais pas cette conception de l'Être suprême tout-puissant qui nous était transmise et que tous les croyants admettaient apparemment sans se poser de question. Comment croire en un Dieu qui fait de nous ce qu'il veut selon ses humeurs, réduisant les humains à l'état d'objets entre ses mains ? Cette notion, tirée de la Bible, est largement utilisée dans les prédications, les chants, les écrits spirituels, les prières. Il y a donc un consensus religieux, une foi commune, qui s'accommodent de cette image d'un dieu qui établit avec les humaines un type de rapport dominant-dominé, que nous contestons par ailleurs quand il s'agit de nos rapports entre nous, etc. On transmet cette notion de Dieu, de générations en générations, en pensant « de bonne foi » que « tout cela est écrit ou inspiré : que nous l'avons « hérité de nos ancêtres dans la foi ».

J'ai appris avec le temps que ce langage, accepté depuis mon enfance, méritait d'être questionné fortement, au risque de choquer bon nombre de croyants, surtout en tenant compte de notre histoire ! En l'écrivant, mon but n'est nullement d'être irrespectueux vis-à-vis de ceux qui y croient, ni de verser dans une quelconque idéologie raciste ou xénophobe, mais juste de nous interroger sur ce que, nous les humains, nous projetons sur Celui qui pour les chrétiens est un Dieu-Père-Amour !

La relation entre ce Dieu et les humains ne peut avoir pour base un rapport de domination. Sinon la foi en ce Dieu viendrait conforter le système esclavagiste, l'exploitation des humains par d'autres de leurs semblables. Et notre histoire sur ce plan est suffisamment éloquente, puisque les religions ont été bien instrumentalisées pour le maintenir pendant des siècles...

7

Du collège Sainte-Marie à Saint-Pierre de Rome

À l'automne 1958, je me suis donc retrouvé à Rome, qui fut ma première capitale européenne. Tout me paraît immense : les rues, les avenues, les immeubles, les églises, les monuments modernes. Quel plaisir, quel émerveillement pour un adolescent sorti de sa petite Martinique de découvrir en vrai ce que les livres nous enseignaient : les ruines de la Rome antique côtoient d'innombrables églises et basiliques. J'ai vite fait partie de ces milliers de touristes qui grouillent de partout dans la ville éternelle.

C'était pour moi un immense plaisir de visiter les monuments impériaux en ruine, les édifices religieux anciens et nouveaux, les chefs d'œuvre de la Renaissance, des monuments extravagants tels que celui de Victor-Emmanuel II, situé entre la place de Venise et la colline du Capitole.

Réflexion

Les humains ont l'art de détruire ce qu'ils ont mis des décennies sinon des centaines d'années à construire. On se nourrit d'histoires passées, de victoires éphémères d'empereurs, de spectacles grandioses qui célèbrent des combats, des guerres sauvages, des victoires triomphantes ; on est en admiration devant des lieux où se sont déroulés des spectacles et des scènes dont nous, les humains, ne devrions pas être fiers comme dans ce célèbre Colisée. On écoute des histoires passées, avec attention si ce n'est avec une sorte d'admiration, un étonnant émerveillement ! On passe des monuments extérieurs aux catacombes qui font rêver : lieu mythique où les premiers chrétiens se rencontraient pour célébrer l'eucharistie. Et de ces lieux discrets aux immenses basiliques où se déroulent de si grandioses célébrations, Rome devient alors la Ville des paradoxes !

En tout cas me voilà, à 19 ans, en plein cœur de la catholicité.

J'allais prolonger ma découverte d'une ville marquée d'un côté par les conséquences désastreuses des guerres, et de l'autre par la richesse, le faste des églises, des basiliques et autres monuments. Le style baroque me fascinait et j'étais émerveillé de découvrir des mosaïques, des peintures et des fresques parfois restaurées ou en cours de l'être.

Lorsque l'on nous apprenait que certaines basiliques avaient été bâties sur des lieux de culte qualifiés de « païens » : symbole de la victoire d'une religion dominante qui étouffe une autre jugée dépassée, païenne, donc mauvaise, je ne me posais alors aucune question.

J'étais impressionné par cette place de Saint-Pierre de Rome qui pouvait contenir la population de mon pays à l'époque ; par les célébrations présidées par le pape Jean XXIII dans la basilique Saint-Pierre ou à Saint-Paul-hors-les-Murs, porté comme un empereur sur sa sedia avec sur la tête une couronne à trois étages de pierres précieuses. Il faut souligner que, très vite, ce pape refusa et « sedia » et couronne pour marcher sur ses deux pieds lors des cérémonies. Et c'était une révolution à l'époque. Et cela m'a plu !

Le lien entre la liturgie romaine et le luxe royal et impérial allait de soi pour tout le monde et ne me gênait ni me scandalisait aucunement au départ. Ce que je connaissais comme illustrations dans les absides de certaines églises de chez nous était souvent de pâles reproductions des fresques et mosaïques romaines.

D'année en année à Rome, je m'habituais à ce côté somptueux de la religion catholique à laquelle j'appartenais. Déjà par ce style baroque des églises que l'on rencontrait dans tous les coins de rue de la ville ; par ces grandes basiliques romaines dont l'architecture éblouissante se mariait bien avec les grandioses cérémonies qui s'y déroulaient. J'avais l'impression que l'or coulait en abondance dans les absides à travers les mosaïques, les chapiteaux les colonnes et, que pour honorer Dieu, il fallait que les temples éclatent de luxe et de richesse, comme les demeures des rois et des empereurs. Partout dans les églises et basiliques, des représentations d'un ciel peuplé d'images d'un Dieu puissant et menaçant, entouré de sa cour d'anges, d'archanges, de saints dans un cadre royal, impérial. Cela me paraissait aller de soi que Dieu, Ciel, Église, aillent de pair avec richesse, luxe, puissance. Et je buvais tout cela comme du petit lait.

Le modèle pyramidal !

Mais à Rome, outre les bâtiments, il y avait la découverte de l'Église dont je faisais partie. Je n'avais jamais eu l'occasion de m'arrêter sur son organisation en tant qu'institution humaine. Car je l'avais toujours regardée comme instituée par volonté divine. C'est donc à Rome que je me suis rendu compte de la manière dont notre Église était structurée, organisée.

Il y avait donc tout en haut de la pyramide l'autorité du « Pontifex maximus », souverain pontife nommé également « sa Sainteté » ; venaient ensuite des « princes » de l'Église, des « éminences, des excellences » : cardinaux, archevêques, évêques, des archiprêtres, etc. ; puis ces nombreux « monsignori » qui sans être évêques bénéficiaient d'un titre honorifique ; puis des curés, des vicaires ordinaires, des diacres, des frères dans les communautés et bien entendu, tout en bas de la pyramide, les fidèles.

Par ailleurs, il y avait les Abbés responsables des monastères, les Supérieurs généraux de congrégations religieuses, personnalités incontournables et très influentes, sans pour cela être nécessairement évêques ou cardinaux. On parle dans l'Église du « pape noir » pour nommer le supérieur général des Jésuites. Mais ceux des Dominicains, des Franciscains et de bien d'autres congrégations, comme ces présidents d'organismes divers (tels que l'*Opus Dei*), jouent un rôle déterminant dans l'organisation et les orientations de l'Église catholique.

Je restais surpris par ces titres ronflants que je n'avais jamais entendus jusqu'alors, à part « monseigneur ». Le nom des membres du haut-clergé était précédé par ces superlatifs en « issime » tels que : « révérendissime », « éminentissime », « excellentissime ».

J'entendais parler de cette fameuse Curie romaine qui était l'organe de pouvoir central du Vatican. J'apprenais que, par exemple, les membres du clergé comme des laïcs catholiques ne pouvaient pas écrire ou traiter certains sujets sans avoir « l'imprimatur » du Vatican. Lorsque des ouvrages développaient des sujets représentant des courants de pensée qui n'allaient pas dans le sens de « Rome », leurs auteurs étaient convoqués, rappelés à l'ordre et condamnés par le Saint-Office à retirer du commerce leurs écrits. Le pape avait le pouvoir de mettre à l'index des ouvrages, d'excommunier et d'interdire tous ceux qui s'opposaient à la doctrine officielle dictée par l'Église. La mise à l'index de livres dangereux pour la foi n'a été supprimée par Paul VI qu'en 1966.

Au cours des années, avec bien du mal à m'y retrouver, j'allais découvrir que l'Église catholique reproduisait le modèle d'organisation où tout part du haut pour se décliner jusqu'en bas. Mais ma préoccupation portait sur les événements du moment : à savoir le Conclave qui allait élire un nouveau pape en remplacement de Pie XII.

L'élection surprenante d'un pape de 77 ans

Je n'ai jamais imaginé qu'un jour je me retrouverais sur cette immense place Saint-Pierre au milieu de milliers de catholiques suspendus à la couleur de la « fiumata » : fumée sortant par la petite cheminée de la Sixtine lorsque les bulletins de vote des cardinaux enfermés dans les murs du Vatican pendant des jours, sont brûlés après les votes ! Et c'est selon la couleur de la fumée que l'on savait si un pape avait été élu ou pas : résultat négatif : si elle était noire (encore une fois ! le noir c'est l'échec) ou positif (si elle était blanche).

Et ce jour-là, je me souviens de ces applaudissements et de ces cris « viva il papa » de la foule. Mais aussi j'entendais la déception de certains pour qui le cardinal Roncalli, très peu connu, n'avait rien à voir avec le prince de l'Église qu'avait été Pie XII son prédécesseur. Il prit le nom de Jean XXIII. La presse mais aussi bon nombre de membres du clergé s'interrogeaient : que peut-on attendre d'un vieillard de 77 ans ? De toute façon, ce sera un pape de transition ! Juste quelques années, avant d'avoir un jeune et dynamique successeur de Pierre. Moi je ne retenais que le côté spectaculaire et impressionnant de cet événement. Puis il y eut cette cérémonie de consécration du nouveau pape à Saint-Pierre de Rome.

Me voilà perdu dans cette impressionnante Basilique Saint-Pierre, où chacun voulait voir le nouvel élu, porté sur la fameuse « sedia » par quatre hommes, pour être vu par tous et bénir en passant les fidèles. J'ai dit plus haut que très vite il avait marqué sa différence d'avec son prédécesseur en supprimant la sedia et la couronne (la tiare).

Je n'avais jamais assisté à de telles manifestations qui me rappelaient certains films, ou certaines cérémonies de couronnement de rois ou de reines lues lors de rares reportages ou vues sur les photos de grands journaux. Je me trouvais presque « honoré » d'être parmi les fidèles privilégiés de la famille catholique. Mais j'étais au début de mes surprises.

Car quelques mois plus tard, me voilà dans une des plus somptueuses basiliques romaines, Saint-Paul-hors-les-Murs. Et lors de son allocution, je sens un mouvement de foule, des fidèles qui se mettent à applaudir. Comme je ne comprenais pas encore l'italien, mes collègues me firent part de ce qui s'était dit : le nouveau pape venait de faire une surprenante annonce. Il y aura un nouveau Concile. Je ne savais pas ce que signifiait un Concile. Et déjà je m'apercevais qu'il y avait des gens pour et d'autres contre. Le vieillard à la bonhomie légendaire commençait à surprendre ! Comment voir clair dans tout cela ?

Et durant les six ans passées à Rome, 1958 à 1964, je me suis rendu compte que ce pape surprit le monde entier d'année en année et jusqu'à sa mort par des décisions, des orientations, des changements qui provoquaient chez les catholiques, clergé et laïcs, des réactions les plus contradictoires. Je devais découvrir une « Église à courants ». Je ne savais pas qu'au sein de mon Église, il y avait des courants de pensée très opposés les uns aux autres ; qu'il y avait des conflits larvés au sein même du Vatican, de la Curie romaine, du clergé tout court ; que la Curie romaine, le Saint-Office, ces organes proches du pape, étaient très critiqués par une partie du clergé et du laïcat ; qu'ils étaient allergiques à tous changements dans les pratiques et défendaient les idées traditionnelles de l'Église catholique romaine. J'allais découvrir tout cela à l'occasion des discussions et conférences qui tournaient autour de ce Concile, qui prit du temps avant d'être nommé Vatican II.

J'ai appris que l'idée du Concile était une idée du nouveau pape. Il avait dû subtilement imposer l'intuition, sinon la révélation qu'il avait eue. Là où la Curie voulait le réduire à une simple révision du Droit canon catholique. Jean XXIII parlait d'une « Nouvelle Pentecôte ». J'ai compris ensuite qu'il ne s'agissait pas pour lui de dépoussiérer une institution considérée comme un musée archéologique que l'on veut conserver à tout prix en l'état. Il voulait que ce Concile porte sur la doctrine (ce qu'il faut croire et ne pas croire) et soit pour l'Église l'occasion d'une « nouvelle rencontre avec l'histoire et les cultures ».

Deux camps rivaux

Deux camps se formèrent alors au sein de la catholicité :

- ceux qui voulaient défendre l'état des lieux si l'on peut dire ; reproduire ce qui était cru et vécu au titre de la fidélité à la Tradition, de l'unité et de l'universalité : tous les catholiques doivent croire tous la même chose et de la même manière, et partout dans le monde. On les appelait les « traditionalistes » ou « conformistes » ;
- et ceux qui défendaient le principe selon lequel il ne faut pas réduire l'Unité à l'uniformité. Ceux-là prônaient l'Unité dans la pluralité. Ce qui correspondait à la conception du pape de ce Concile : que je résume par des mots : renouveau, recherche, confrontation, fraternité... que l'on pourrait regrouper sous le vocable « progressistes », « se mettre en chemin ensemble ».

Mais comment comprendre toutes ces notions compliquées et percevoir les vraies raisons des déceptions des uns et de l'enthousiasme des autres ? Moi qui, comme la plupart des pratiquants, considérais que ce qui sort de la bouche du clergé est pain complet tombé du ciel. Je constatais qu'il était en réalité très divisé.

D'un côté des confrères plus âgés, des professeurs, des théologiens, des exégètes, des évêques nourrissaient de très grands espoirs avec ce Concile. De l'autre, il y avait de très fortes résistances de la part d'autres qui manifestaient leurs peurs de voir changer leurs habitudes et les traditions immuables de l'Église des Apôtres.

Et ce n'étaient pas la mise en place et le bon déroulement du Concile Vatican II de 1963 à 1965, avec ses 4 séances plénières qui rassemblèrent près de 2 500 pères conciliaires du monde entier (évêques, archevêques, cardinaux et autres sommités entourés de spécialistes), qui pouvaient donner au monde l'image d'une Église une et indivisible dans le fond. Tous, réunis sous la voûte de Saint-Pierre, ne partageaient pas une conception commune de l'Église, de la pastorale, des sacrements, de la liturgie, de l'unité des chrétiens, du rôle des laïcs, et surtout du rôle de l'Église dans le monde.

Toutes ces choses étaient tout à fait nouvelles pour moi qui m'évertuais à comprendre mes cours de philosophie thomiste et de théologie en latin que l'on qualifiait de « langue de l'Église » universelle. Tous, nous apprenions la même chose dans les mêmes termes comme pour s'assurer que la Vérité passait par le même moule. J'accumulais les notions abstraites d'Aristote revues par St Thomas d'Aquin et les grands philosophes scolastiques. Il fallait que je réussisse à la licence de philosophie. Mais en même temps je tentais de m'adapter à cette vie romaine, éloigné de ma famille et de mon pays, loin des actualités nationales et internationales que certains suivaient grâce aux journaux *Le Monde*, *La Croix*. Mais je n'étais guère porté à lire cette presse que mes confrères semblaient parcourir avec passion. Et j'avais très peu de nouvelles de mon pays. Je me rendais compte d'une réalité : je vivais dans un monde à part.

Coupé du monde

Et pourtant il se passait des événements importants dans le monde : le mur de Berlin en 1961 ; l'année d'après, cette crise de Cuba, où se déroulèrent des événements qui auraient pu entraîner une Troisième Guerre mondiale. Cuba n'était pas loin de chez moi. Depuis les années 1956 se développait dans la Caraïbe une prise de conscience allant dans le sens de la revendication identitaire (Jamaïque, Trinidad, Surinam). Ces pays voisins exigeaient d'avoir leur exécutif propre. J'ignorais tout cela étant au petit Séminaire. Césaire revendiquait pour notre pays la spécificité culturelle et politique. Je suis parti de la Martinique lorsque le PPM (Parti progressiste martiniquais) fut fondé (1958).

En 1961, il y eut une grève de coupeurs de cannes au Lamentin ; les forces de l'ordre firent huit morts lors d'un meeting, en tirant sur la foule. Jamais je n'ai eu vent de ces événements par les rares courriers que je recevais. À l'époque cela se comprenait. Habillé de ma soutane noire avec chapeau romain, j'étais en dehors de tout cela.

J'assistais, ébloui, au ballet de ces grands personnages du clergé, des théologiens et philosophes du monde entier qui se rencontraient à Rome, travaillaient en commissions, nous faisaient des conférences et des comptes rendus, au Séminaire ou dans différents lieux de la ville.

Il me fallait sortir de mes rêves en imaginant, comme je l'ai déjà souligné, être membre d'une Église une, sainte et triomphante, avançant dans le monde comme une armée rangée en bataille sous la gouverne du pape. Avec la simple annonce du Concile et au fur et à mesure que le projet prenait forme, j'étais ébahi de voir se révéler dans « le haut comme dans le bas clergé » ces oppositions entre les différents courants de pensée, tant sur le plan philosophique et théologique que scripturaire ; tant dans le domaine liturgique que sur le plan pastoral, moral, etc. Et lorsque les membres du clergé n'étaient pas d'accord entre eux, ils ne se faisaient pas de cadeaux, même si devant l'autel, lors des célébrations les plus grandioses, tous semblaient « en communion » autour de l'eucharistie et du pape.

Lorsqu'un évêque comme Herder Camara, du Brésil nous faisait une conférence au Séminaire, en défendant l'Église des pauvres et la théologie de la libération, les séminaristes et prêtres du courant traditionaliste le huaient en le considérant comme un évêque dangereux pour la foi, influencé par une lecture marxiste de la Bible et singulièrement de l'Évangile. Or qui dit marxisme dit athéisme, donc idéologie condamnable pour la foi catholique.

Lorsque certains théologiens et exégètes osaient prôner (sur la pointe des pieds à l'époque) la nécessité de ne pas considérer la bible, les évangiles comme de simples livres d'histoire où il faut prendre à la lettre tout ce qui y est écrit ; qu'il faut savoir interpréter et avoir une lecture qui tienne compte du contexte, de la culture, de l'histoire, de la personnalité, de l'intention et de la philosophie de ceux à qui l'on attribue les textes entrés dans le Canon de l'Église catholique, plus d'un se frottaient les mains ! Les uns rejetaient les autres, jusqu'à se diaboliser mutuellement et s'accuser d'hérétiques, de schismatiques, de réactionnaires, de fondamentalistes, d'obscurantistes.

Ce qui aujourd'hui est admis officiellement et ouvertement abordé, développé, était inimaginable pour la majorité des catholiques à l'époque, et singulièrement pour le Saint-Office.

Je m'apercevais en passant que « les Français » n'avaient pas bonne presse en général, du moins pour les dits « traditionalistes », singulièrement la Curie romaine. Au Séminaire français, ces derniers avaient leurs représentants.

L'un des domaines dans lequel je découvrais de farouches oppositions passionnées, c'est celui de la liturgie.

– Les défenseurs de la tradition voulaient à tout prix que le latin, langue de l'Église, et le chant grégorien, musique sacrée par excellence, soient reconnus et conservés comme étant le langage officiel de l'Église.

– Les progressistes considéraient qu'il était urgent de changer la manière de transmettre le message évangélique, de telle sorte que les fidèles comprennent le sens des messages prêchés. Ils prônaient l'adoption des langues « vernaculaires », l'adaptation de la liturgie à la culture des peuples.

Là où certains voulaient garder les autels où les célébrants célèbrent dos au peuple pour que l'aspect du sacré soit sauvegardé, les autres prônaient des changements radicaux avec des célébrants qui, au lieu de célébrer dos au peuple, s'adressent face au peuple en lui parlant dans sa langue, avec une participation des fidèles. Ce qui entraînait des transformations dans la manière de concevoir la liturgie dans le domaine du chant et de l'art sacrés.

Mais les traditionalistes ne voyaient pas cela d'un bon œil. Ils avaient une vraie méfiance vis-à-vis des langues « vulgaires » qui risquaient de « corrompre la doctrine » Comment sauvegarder la dimension sacrée, ésotérique, de la liturgie et de la personne même du prêtre, « mis à part » justement ? Et le fait de tourner le dos au Tabernacle pour s'ouvrir au peuple semblait colporter quelque chose de blasphématoire.

Bref, en quelques années, j'étais amené par la force des choses à sortir de mes représentations acquises. Et ce travail de démythification se faisait au cœur de la catholicité, à deux pas du Saint-Office.

Revenons dans la ville

Dès mon arrivée à Rome, j'avais été frappé de voir dans les rues de la ville sainte défiler des groupes d'enfants habillés en petits curés, en soutane noire comme les grands clercs. Et j'entendais des confrères dire ironiquement : « on les prend au berceau ! ».

Il faut en effet vivre dans la ville du pape pour se rendre compte de la prégnance du clergé : il y en a de partout ; et les uniformes varient en fonction des appartenances. Je m'en suis rendu compte à l'Université pontificale grégorienne où j'étudiais, tenue par des jésuites. Aujourd'hui que le pape François, est aux commandes, je ne sais pas comment le nommer puisqu'il est habillé en blanc, tout en étant jésuite !

La Grégorienne recevait des étudiants en philosophie, théologie, Écriture sainte, histoire de l'Église, etc., de 70 nationalités différentes. Chaque Collège (ou Séminaire) avait un uniforme pour se distinguer. Nous les séminaristes du Séminaire français, nous nous faisions remarquer par la simplicité de la tenue : en noir tout simplement.

Le monde clérical et les dévotions catholiques se vendaient bien à Rome. Les magasins regorgeaient de tenues ecclésiastiques, destinées au pape jusqu'aux prêtres, en passant par tous les « Éminentissimes ». Il y en avait dans tous les coins de rue, pour tous les goûts et pour tous les porte-monnaie.

J'étais surpris de voir dans tous les magasins, plus particulièrement dans les environs du Vatican, la place qu'avaient les images, les statues, les photos des papes devenus de véritables stars et peut-être des canonisés avant l'heure.

Par ailleurs, on trouvait des parchemins avec des bénédictions papales écrites en latin, qu'on faisait signer par le

Souverain pontife si l'on avait des relations au Vatican. Et les catholiques s'imaginaient privilégiés d'avoir pu obtenir une bénédiction papale personnalisée.

Tout cela me faisait découvrir que « le pape et le Vatican » se vendaient très bien et même une Banque portait, me semble-t-il, le nom de Spirito Santo (fondée par le pape Pie V au XVIIe siècle, que je voyais à la sortie de la place Saint-Pierre et qui est devenue depuis 1992 Banca d'Italia) ! S'il y avait deux produits qui se vendaient bien dans cette ville de Rome, c'étaient bien les ruines et les objets religieux, et le Vatican et le pape y tenaient le premier rang.

Avec les années, je me suis fatigué de ce faste autour de la liturgie, du pape, de cet aspect luxueux et somptueux des interminables cérémonies cultuelles. Et lorsque j'ai eu l'occasion de participer à des cérémonies de rite orthodoxe, cet aspect m'impressionna davantage.

Je cherchais à me l'expliquer en me disant que c'était une manière pour les humains de montrer que, pour célébrer leur Dieu, il ne faut pas lésiner sur les moyens et utiliser les métaux, les habits, les objets d'art les plus précieux pour l'adorer, le louer, le célébrer.

Jusque-là, je m'habituais à évoluer dans ce milieu. Il m'arrivait de me demander en même temps, sans le partager avec quiconque, si venant d'un milieu pauvre, puis moyennement aisé, il allait de soi que je change de milieu et que je m'habitue à fréquenter celui des grands et des riches. Les gens pauvres alors, ont-ils leur place dans cette Église-là ? Dieu serait-il du côté des grands, des riches recouverts ou propriétaires d'or et d'argent ? Si j'en avais fait part ne serait-ce qu'à des copains, voire à mon confesseur, je crois qu'on m'aurait fait comprendre qu'il s'agissait là d'une « mauvaise pensée » inspirée par le Malin.

Cela ne m'a pas empêché, d'année en année, d'ouvrir les yeux sur mon environnement romain, aussi bien au cœur des séminaires, dans l'entourage du Vatican, qu'au cœur des célébrations les plus officielles auxquelles je participais. Il y avait, au début surtout, cet aspect spectaculaire « tape à l'œil » du culte qui me fascinait, dans lequel d'ailleurs j'étais tombé depuis tout petit, mais qui prenait une dimension impressionnante à Rome. Mais je découvrais de jour en jour, grâce à des confrères plus éclairés qui le dénonçaient sans vergogne, que tant d'artifices autour de l'autel, du pape, du haut et du bas clergé ; tant de gens qui cherchaient des honneurs et qui faisaient tout pour se montrer, se faire voir ; tant de querelles de pouvoir entre clercs et laïcs, surtout dans l'entourage du pape et du Vatican, entre traditionnalistes et progressistes ; entre ceux qui bénéficiaient de privilèges auxquels ils tenaient jalousement et ceux qui cherchaient à profiter d'avantages de toutes sortes en fréquentant les clercs bien placés proches de la Curie ou des familiers du Vatican... tout cela n'était guère édifiant pour l'Église et ne pouvait que discréditer ceux qui prétendaient être des témoins du Christ.

Je ne savais où donner de la tête ! Et dans le même temps, il fallait que je m'ouvre aux orientations de ce Concile qui représentait une révolution insupportable pour certains et pour d'autres une chance pour l'Église catholique.

En ce qui me concerne, je n'avais comme base que mon catéchisme et les éléments spirituels que mes formateurs du Petit Séminaire m'avaient transmis. Je me trouvais brusquement devant une multitude de problématiques qui me dépassaient, mais qui en même temps favorisaient non seulement chez l'étudiant universitaire que j'étais mais pour le monde une véritable prise de conscience : l'Église doit changer ; elle doit avoir le courage de mettre à plat bien des habitudes, des traditions, des pratiques, des croyances ; accepter des remises en question, secouer bien des certitudes. C'était pour moi plutôt une chance de découvrir la foi, l'Église, les Écritures saintes, la Tradition, etc.

Le fait d'être au Séminaire français était un avantage, dans la mesure où nous parlions tous le français. Mais surtout je m'éveillais à tous ces mouvements « avant-gardistes » de l'Église de France souvent mal vus par Rome ; de ceux de l'Allemagne, de Hollande et surtout de l'Amérique latine, qui représentaient tout un courant progressiste, soucieux de sortir l'Église de cette vision trop centrée sur elle-même et surtout prisonnière de la Curie romaine, et de l'ouvrir sur le monde et les vrais problèmes qu'elle avait peine à aborder. À Rome, j'entendais parler de théologiens brillants et célèbres tels que Joseph Ratzinger (devenu pape par la suite sous le nom de Benoît XVI), de Karl Rahner, de Hans Küng, d'Edward Schillebeeckx, d'Yves Congar, qui étaient mal vus par les gardiens de la doctrine de la Foi au Vatican mais étaient décidés à jouer un rôle déterminant par le biais du Concile Vatican II.

Deux questions revenaient souvent lors des discussions, des conférences, des réunions à l'extérieur comme à l'intérieur du Séminaire : l'image que l'Église catholique donne d'elle-même et la liturgie romaine.

Dans cette Église qui donnait d'elle l'image d'une Institution liée aux grands de ce monde, au monde des riches, des privilégiés liés aux pouvoirs en place et soucieux avant tout de leurs intérêts au détriment des valeurs évangéliques, il y avait des pasteurs qui dénonçaient le fait que les pauvres n'y avaient pas leur place. En Amérique latine, au Brésil en particulier, les mouvements d'Action catholique, singulièrement du « monde ouvrier » (ACO), se développaient. Il s'agissait justement de donner une autre image de l'Église, du clergé et d'annoncer l'Évangile « aux pauvres ». C'est ainsi que depuis les années 1940-1950 le mouvement des « prêtres-ouvriers » en France avait fait parler de lui.

Tout ce courant était suspecté par la Curie romaine d'être influencé par l'idéologie marxiste communiste. Elle était hostile à l'expérience des prêtres-ouvriers français qui fut condamné par Pie XII en 1954. Les « Français » avaient d'ailleurs la réputation au Vatican d'être par trop laxistes, indisciplinés, tendant à s'éloigner de l'orthodoxie romaine.

Bon nombre de mes confrères du Séminaire français considéraient de leur côté les Romains et le Vatican comme des conservateurs, soucieux de ne rien changer à des traditions devenues obsolètes, et en tout cas vivant hors du monde et en contradiction avec le message fondamental de l'Évangile.

Le fait que le nouveau pape ait été nonce (ambassadeur) du Vatican en France pendant des années, et vu les orientations qu'il donnait au Concile, tout cela était de bon augure.

Au Séminaire français, je m'ouvrais peu à peu à des pratiques nouvelles comme les méditations du matin : une demi-heure en silence à la chapelle. Nous avions une initiation lors des rencontres le soir dans la salle de conférence. Souvent une phrase de l'Évangile tirée de la liturgie du jour. J'ai été très marqué entre autres par la vie de deux modèles féminins dont on nous vantait la sainteté : la « petite Thérèse » de Lisieux ou la « grande mystique » Thérèse d'Avila.

J'ai découvert la pratique des repas en silence, comme les moines, où seuls les bruits des couverts font loi. Le matin, je me souviens, c'était le moment de s'amuser à apprendre l'italien ou à améliorer telle ou telle langue grâce à ces méthodes intitulées « Assimil ». Le midi, on écoutait des lectures portant sur des vies de saints ou des auteurs tel que Daniel Rops « l'ère des grands craquements ». Le dimanche, on pouvait parler librement au réfectoire.

Contrairement au côté fastueux des grandes cérémonies romaines, je vivais au Séminaire des célébrations plus simples : avec les messes le matin, les messes chantées le dimanche et pour les grandes fêtes. Parfois, on faisait des processions dans la cour lors de certaines fêtes, avec les litanies des saints, chacun avec son *liber usualis* pour le chant grégorien. À ce propos, puisque la liturgie se déroulait en latin, j'ai eu la chance d'étudier le chant grégorien, grâce aux travaux de Don Gajar, bénédictin, qui avait beaucoup écrit sur le plain-chant auquel j'ai été initié. De telle sorte que très vite je me suis retrouvé membre de la chorale avant d'en prendre la direction (du moins pour les chants grégoriens et non pour les chants polyphoniques).

Apprendre à lire et à chanter devant un public nouveau en latin, ce n'était pas le plus difficile. J'avais l'oreille musicale. Le plus éprouvant, c'était de vivre loin de ma famille et de mon pays. Nous n'avions pas d'amis italiens. Nos loisirs se déroulaient dans la cour du Séminaire, avec certains sports (tennis de table, volley en soutane !) ou sur des terrains en périphérie de

Rome. Nous passions nos week-ends et nos périodes de congé à visiter les ruines romaines, les catacombes, les basiliques, les jardins romains, les expositions de tous genres. Parfois, on se rendait dans des villes comme Assise, Florence, Naples...

8

Prises de conscience en marche

Plus je grandissais « en âge, en sagesse et en spiritualité » et plus mon identité tournait autour de l'enfant de Dieu, ou de Marie, choisi pour devenir prêtre. Rien dans l'éducation reçue ne portait à l'époque sur la connaissance de soi. Les questions portant sur la sexualité étaient évidemment taboues. Par ailleurs, dans notre formation, on nous apprenait cette sorte de méfiance vis-à-vis du corps précisément. Sportif comme je l'étais, comment passer à côté de mon corps pour « sauver mon âme » avec une nouvelle notion que je ne connaissais pas, à savoir la culpabilité : du fait que l'on parlait en permanence de ce « corps de péché » ? Au point que l'adolescent que j'étais trouvait anormal d'avoir des érections, des rêves érotiques, des désirs sur le plan sexuel jugés « impurs » et qu'il fallait confesser. On nous apprenait par ailleurs que la meilleure défense contre les tentations, c'était la prière individuelle et collective, et bien entendu de s'adonner aux études. Ce que l'on demandait aux séminaristes, c'était de bien travailler, de respecter le règlement de l'établissement, d'être obéissant, pieux.

Des rencontres qui marquent

Au cours des grandes vacances, j'allais en France, invité par des amis confrères du Séminaire. Je me suis rendu compte que parmi les séminaristes, il y avait ceux qui venaient de milieux simples comme moi, de milieux ouvriers, mais aussi ceux qui avaient des origines nobles et de grande bourgeoisie. Je me suis retrouvé ainsi dans des familles qui n'avaient rien à voir avec mon milieu d'origine. C'est ainsi que, parmi mes amis, il y avait Patrick, comte avec qui j'ai passé des vacances dans le château familial de Beaurepaire. J'ai appris à vivre avec des gens très différents. Au-delà des artifices, des ronds de jambe de salon, des soirées autour de la cheminée en train de dire du mal de tout le monde, il y avait des personnes qui m'aimaient et que j'aimais vraiment. Et dans ce sens j'ai grandi « en connaissance de l'humain », au-delà des apparences, des questions de couleur, de milieu, ou d'idéologie. Je me suis fait de vrais amis.

Pendant ces six années passées à Rome avec des vacances en France, en Suisse, ou ailleurs, j'avais pourtant l'impression que tout cela n'était qu'une longue parenthèse. J'étais éloigné de ma famille, de ma culture, coupé de ce qui pouvait se passer dans mon pays. Lors des grandes vacances, je me rattrapais comme je pouvais en rencontrant mes copains séminaristes qui étudiaient en France. Je n'oublierai jamais cette rencontre (année 1960 ou 1961) à l'Abbaye d'Aiguebelle où nous (Victor, Gérard, Jean, Marcel...) avons passé quelques jours après avoir fait du stop de Paris à Lyon.

Puis sur Paris, j'ai eu la chance de rencontrer notre ami et aîné, l'abbé Georges Zaïre (« vocation tardive » qui avait déjà travaillé avant de devenir prêtre). Il était aumônier des étudiants catholiques regroupés dans l'association dénommée « la FAGEC : Fédération antillo-guyanaise des étudiants (le C a d'abord signifié « catholiques » puis par la suite « chrétiens »). J'y retrouvais des étudiants et étudiantes antillo-guyanais lors d'ateliers et d'assemblées générales qui réfléchissaient sur le présent et l'avenir de nos pays. J'avais aussi l'occasion de rencontrer des membres des associations d'étudiants martiniquais et guadeloupéens, l'AGEM (Association générale des étudiants martiniquais) et l'AGEG (Association générale des étudiants guadeloupéens), qui étaient engagés politiquement et participaient parfois à certaines assemblées générales de la FAGEC.

C'est grâce à ces rencontres que j'ai commencé à prendre conscience que j'étais totalement hors-jeu, quant à ce qui se jouait politiquement, économiquement, et socialement chez nous. J'étais plutôt porté à m'intéresser aux questions dites « religieuses », ou concernant « la mentalité antillaise » ou « le magico-religieux ». Mes études philosophiques thomistes et théologiques m'avait plongé dans un monde qui me coupait totalement des réalités concrètes de nos pays.

Georges Zaïre avait toute la confiance des étudiants. Il a été pour nous un grand frère, un ami, mais aussi un modèle de prêtre ancré dans nos réalités et en contact avec des personnalités politiques de nos pays qui intervenaient de temps en temps auprès des étudiants. Je crois qu'à son contact, un vrai déclic s'est produit en moi.

De temps en temps, certains copains, séminaristes comme moi, me charriaient d'ailleurs en me traitant de « romain » : ce qui voulait dire que j'étais « à côté » de tout ce qui regarde la vie et l'avenir de nos pays. Ce qui était tout à fait juste. Chaque année, après les vacances passées en France, de retour à Rome, je ne voyais pas les choses de la même manière.

Pour moi, désormais, un prêtre n'était plus un personnage privilégié, « mis à part » comme on nous l'apprenait. C'est avant tout un homme qui partage les luttes, les peines et les joies des autres hommes, ses frères. Prêcher l'amour du haut d'une chaire est une chose, mais le vrai défi pour le croyant est de le vivre « en chair et en os », en aimant les gens non pas en paroles mais en actes. Être un homme de foi ne se limite pas à donner son adhésion à des vérités toutes faites, mais consiste à s'engager concrètement dans la société avec ceux qui défendent les valeurs telles que le respect mutuel, l'équité, la justice, la solidarité, l'amour fraternel, la dignité de chaque personne.

Je découvrais ainsi peu à peu la différence entre la pratique d'une foi coupée de la vie et une vie animée par la foi. De par la seule tenue ecclésiastique, je me voyais coupé de la vie réelle de mes semblables. Et le fait de vivre à Rome, entouré de clercs habillés comme moi, m'amenait à m'en rendre compte encore davantage. Oui, il y avait le « monde du clergé » et le reste du monde. En prendre conscience est une chose. Mais comment faire pour que les choses deviennent différentes dans mes choix de vie ?

À propos de « dépouillement et de détachement »

On parlait souvent dans les conférences et prédications de « dépouillement » spirituel. Je m'apercevais de ce que signifiait « se détacher » de tout ce qui conduit « au péché ». Une démarche morale qui exigeait de choisir de faire « le bien » et de « se dépouiller du vieil homme » à savoir ce qui en moi conduit au mal « en pensée et en action ».

Avec le temps et la maturité, je me rendais compte que je me trouvais devant un drôle de paradoxe, à savoir : lorsque l'on me recommandait de « me dépouiller du vieil homme » (ex. : mes volontés propres, mes désirs, mes émotions, etc.), de ce qui pouvait faire obstacle à ma « disponibilité » pour le « Royaume » de Dieu, subrepticement, en me demandait de me méfier de mon corps. Mais en même temps on m'amenait à prendre une certaine distance, un désintéressement par rapport à ma propre histoire, aux affaires de mon pays pour m'occuper « des affaires du Royaume de Dieu ». Lorsque je prononçais ou chantais le mot « Peuple », j'avais dans la tête le peuple de Dieu dont parle la Bible. La notion de Terre faisait référence à la Terre promise. J'ai mis du temps à assumer le fait que j'avais ma Terre à moi. Et le fait d'être à 8 000 km de mon pays ne pouvait que faciliter » ce dépouillement » de ce qui est de moi et de chez moi ! Je ne dis pas que c'était l'intention de mes éducateurs et enseignants qui n'avaient rien à faire de mes problèmes d'identité. C'est bien après coup que je me suis autorisé à formuler ce que j'écris aujourd'hui. L'aliénation est quelque chose de subtil.

De temps à autre, durant le Concile, certains témoignages d'évêques, de théologiens venaient me bousculer dans mes retranchements. Lorsque j'entendais par exemple l'évêque de Récife du Brésil, Don Herder Camara, parler de son engagement auprès des pauvres dans les favelas au nom de l'Évangile, je me disais : « en voilà un qui s'est effectivement dépouillé de ces habits de « princes » que portent les évêques ses confrères, pour revêtir une soutane et une croix toutes simples. Il se faisait pauvre avec les pauvres de son peuple, de son pays, à qui il pouvait porter une parole d'espérance !

De même, nous avions, au Séminaire, des confrères qui appartenaient à la fraternité du père Chevrier, les prêtres du Prado qui parlaient avec leur évêque de Lyon, Mgr Ancel, de leur engagement auprès des pauvres de leurs quartiers. Germain Beaubrun, mon compatriote, en faisait partie. Ils étaient crédibles. Et cet évêque Ancel, lors de son intervention dans notre Séminaire français, n'avait pas besoin de faire de grands discours. Il témoignait. Et son témoignage comme celui de l'évêque de Récife, ceux des prêtres-ouvriers dans le monde du travail en France si mal vus par les Romains et les princes de l'Église, me paraissaient compréhensibles et avaient un écho en moi.

Je découvrais ainsi, en plein cœur de Rome, la puissance de l'Église catholique, du pouvoir qu'elle avait dans le monde, en tant qu'État, de la force de son organisation très hiérarchisée autour de la personne du pape, du Vatican, du Saint-Office. Une énorme machine qui se manifestait de manière éclatante dans ce Concile Vatican II avec sa multitude de commissions, de chercheurs, de penseurs en toutes langues.

Je commençais à me poser la question du rapport que tout cela avait avec le message évangélique. Et lorsque certains membres du clergé parlaient par exemple de la pauvreté, du détachement, de la nécessité d'être proches des gens particulièrement les pauvres, j'avais du mal à faire le lien entre l'image que donnait l'Église par son clergé et ce type de message.

Quoi qu'il en soit, il fallait du temps mais surtout que j'aille « sur le terrain » pour me rendre compte de ce que ces réflexions exigeaient comme engagement de ma part. J'étais au stade de repérer et d'admirer certains modèles de prêtres ou d'évêques simples, courageux et cohérents, qualifiés souvent d'avant-garde, qui m'indiquaient la direction à prendre. En attendant, je tâchais de profiter de mon mieux des formations que l'on me proposait dans des domaines les plus divers. J'insiste sur une dimension que j'ai développée dans *De la Martinique aux vents du large* et que je reprends ici[1].

Méditation et questionnement

La découverte de la méditation durant ces longues heures de silence, où l'on apprend à s'ouvrir sur l'Absolu (en se basant sur un texte biblique ou une pensée d'un saint ou un écrit spirituel ou un fait de la vie quotidienne), fut une nouveauté pour moi.

Je ne sais pas trop ce qui va se passer lorsque, dans le chœur de la chapelle, je m'efforce de faire taire tous mes sens, de « faire le vide en moi ». Exercice difficile où j'ai le sentiment de passer d'un abîme qui angoisse à un Ciel inaccessible. Et là, comme en creux, une voie ouverte à « une petite voix » se glisse et remonte comme un plongeur des bas-fonds. Voix sans timbre par instant, puis mêlée à celle de ma conscience modifiée quelque part : comme si, sans le vouloir, je me vois envahi des souvenirs épars d'un passé tantôt récent, tantôt ancien, qui est le mien ou d'un présent où s'entrechoquent des contradictions.

Nos formateurs nous apprenaient à écouter en nous cette Voix qui semblait provenir en même temps d'un Ailleurs lointain, que je tentais péniblement d'explorer. Ce qui émerge et prend sens pour moi est de moi et en même temps au-delà de moi. Je suis ouvert à cette autre dimension de moi et du monde qui m'habite et m'échappe en même temps. Méditer ! Quelle étrange expérience !

Mais quelle singulière rencontre entre moi et cet Autre qui ne se laisse jamais atteindre, enfermer, mais qui discrètement, comme un Souffle, me parle, m'inspire au plus intime de moi-même. C'est ainsi, que l'on m'apprenait à découvrir un Dieu personnel mais qui cache son visage, que l'homme n'ose pas regarder en face.

---

1. DMVL, p. 60 et ss.

Et pourtant, le fait de constater qu'autour de moi, à travers les œuvres des artistes de tous genres, ce Dieu prenait des traits qui n'avaient rien à voir avec les miens et ceux de mon peuple, et bien d'autres peuples, cela m'étonnait.

Il ne me suffisait plus alors de m'ébahir devant les peintures, les fresques, les mosaïques des basiliques romaines ou autres. J'acceptais de m'interroger sur certains points que j'évitais d'aborder jusque-là. Par exemple, la couleur blanche que l'on donne à Dieu, au Christ et aux « citoyens du ciel ». Ce genre de questions n'avait rien à voir avec les disciplines auxquelles je m'ouvrais sur les bancs de l'Université grégorienne et au Séminaire français de la via Santa Chiara. Cela touchait ici à ma liberté de penser. Personne ne pouvait m'en priver. Plus tard, j'allais m'autoriser à m'exprimer librement sur ces sujets tabous.

9

D'une terre à l'autre

Mon cheminement va prendre un nouveau tournant en 1962 avec un pèlerinage, organisé par les Guides de France, que m'avait offert une de mes tantes (Jenny Pamphile, très impliquée dans l'Église et principalement dans les mouvements des guides de France et surtout des « Équipes enseignantes »). Ce fut une occasion pour moi de découvrir la Bible et singulièrement le Nouveau Testament.

Nous sommes partis de Paris pour traverser la Yougoslavie, la Grèce, un petit bout de la Turquie et de la Syrie avant d'entrer en Palestine. Je passai à pieds joints sur les problèmes des différents pays traversés, ne m'arrêtant que sur les traces de Jésus et de St Paul.

Le fameux aumônier, le père Perrot de la Mission de France, aidé de collaborateurs très pointus en matière d'exégèse et de liturgie, nous fit découvrir des personnages de la Bible comme Abraham, Moïse entre autres et les richesses des lettres de St Paul dont on refaisait les voyages à Athènes, Corinthe, Jérusalem, Éphèse, Thessalonique. Séminariste, j'avais un statut « entre deux » puisque j'étais pèlerin en soutane sans être aumônier.

Très axées sur les dimensions doctrinales et apologétiques, les études romaines ne m'avaient pas donné le goût de découvrir les textes bibliques de l'Ancien ou du Nouveau Testament :

mais elles avaient insisté plutôt sur ce qu'il fallait croire ou pas et sur les positions des « adversaires ». Ce pèlerinage me faisait mettre « pied à terre » pour secouer une certaine conception des Écritures et de leurs auteurs que je commençais à peine à découvrir. Là, on m'apprenait à lire les Écritures, en tenant compte des contextes historique, culturel, géographique, politique dans lesquels elles avaient été transmises oralement, avant d'être mises par écrit dans des conditions bien complexes.

Temps précieux pour commercer à apprendre à démystifier et démythifier la Bible. Temps précieux pour apprécier une liturgie simple mais vivante et proche de la vie quotidienne. Ce n'était qu'un début dans ma découverte de cette Bible que j'avais peu fréquentée sinon par le biais des textes liturgiques.

Retour à ma terre natale (1964)

Après six années passées à Rome où j'avais baigné tantôt dans du religieux spectaculaire et tape-à-l'œil romain, tantôt dans la liturgie plus dépouillée au Séminaire, tout en pratiquant peu à peu la méditation et en découvrant la vie spirituelle ; après avoir découvert la Rome antique et ce que l'on appelait la « Ville sainte », puis la « Terre sainte », j'allais regagner ma Terre natale, mes parents, mon environnement familier.

Pour cela, le statut de clerc m'a été favorable. Car c'est à ce titre que j'ai pu faire mon service militaire adapté en tant qu'enseignant, sans aucune préparation ni formation particulière, au Séminaire-Collège de Fort-de-France, là où j'avais fait mes études secondaires. Le passage à la Caserne de Dijon fut un épiphénomène heureusement très bref (une quinzaine de jours). Nous étions tout un groupe de soldats (j'étais le seul Martiniquais de la bande) qui partaient en Guadeloupe et en Martinique pour y effectuer leur « service militaire adapté », en tant qu'enseignant ou technicien.

Me voilà donc transformé en enseignant, responsable d'une 6e et chargé de cours de religion et de musique dans toutes les classes de la 6e à la 3e, sans compter les heures de surveillance en « Étude des grands ».

C'était comme si le fait d'avoir une soutane et d'avoir fait les études philosophiques et théologiques à Rome me donnaient d'emblée la faculté d'enseigner ! Le père Michel, le Supérieur de l'époque, voulait profiter du fait que j'étais séminariste pour me traiter comme les religieux : autrement dit, je devais me contenter de travailler sans recevoir le même salaire que les autres « militaires » qui comme moi étaient nourris, logés, payés. Ce que j'ai refusé d'emblée. Ce fut le premier geste de rébellion. Mais il fallait relever le défi !

L'établissement, je le connaissais. Mais j'étais cette fois-ci de l'autre côté de la barrière. Sa population n'avait pas changé. Il y avait autant d'enfants de békés et de familles de milieux aisés, même si les gens de couleur étaient plus nombreux qu'à mon époque. Et parmi ces derniers, il fallait compter les élèves « petits séminaristes » qui pour la plupart étaient de milieu moyen sinon défavorisé. Ceux-là suivaient leurs cours au Collège. Maurice Marie-Sainte, qui avait en charge les vocations sacerdotales, avait ouvert un Foyer qui leur permettait de vivre ensemble et d'être suivis. La majorité des enseignants du Collège étaient toujours des religieux, même s'il y avait dans leur rang de plus en plus de laïcs martiniquais ou en provenance de régions françaises. J'étais plus proche des enseignants laïcs. Nous formions une bonne équipe de copains. Je me faisais aider par ceux (Christian, et autres) qui savaient mieux faire que moi en matière d'enseignement. Et moi en matière de sport, de musique, je m'y connaissais. Au point de former très vite une chorale composée de collégiens, de séminaristes et d'enseignants laïcs, qui assurait certaines célébrations liturgiques. Très vite je me suis intéressé à la liturgie, non seulement au Collège mais à la cathédrale de Fort-de-France, le dimanche matin.

J'avais commencé à suivre ce qui se faisait en France dans le cadre de la réforme impulsée par Vatican II, qui voulait que la liturgie soit plus vivante, plus participative, avec de plus en plus de laïcs qui assuraient les lectures. Période où il fallait amener les fidèles à abandonner la langue latine pour adopter la langue française. Apprendre aux fidèles des chants français tous venus de France, je m'y adonnais à fond. C'était à celui qui, dans le clergé, était le plus à la page quant aux mélodies qui sortaient en masse, mais venant toujours d'ailleurs.

Je me rendais compte très vite que non seulement ce retour au pays était une véritable retrouvaille avec mes proches, mais aussi avec ma culture, ma langue créole si imagée et poétique. Je me réappropriais mon corps recouvert pendant des années de cette tenue ecclésiastique. Je réentendais avec plaisir des rythmes, des mélodies de chez nous qui me parlaient et me faisaient vibrer. Je me sentais bien « de mon monde » alors que durant toute ma formation on m'avait répété qu'il fallait « être dans le monde » sans être « du monde » Il n'était pas question que ce principe tiré des Écritures (Jn 15,18-19) vienne m'inciter à renier ma culture, alors que le Concile encourageait au contraire à adapter la liturgie à la « culture des peuples ».

D'ailleurs, ayant fréquenté à Rome des Brésiliens, des Colombiens, des Français qui eux valorisaient leur culture, leur langue et s'engageaient dans le chemin de la créativité en matière liturgique, je m'étais donné comme défi, encouragé par mes amis Jean de Coulanges et Louis Élie, de « donner couleur locale à la liturgie romaine » comme on disait à l'époque. Expression qui par la suite ne m'a pas semblé adaptée parce qu'elle avait un relent un tantinet folklorique.

La réforme liturgique en Martinique

Le chant grégorien que je maîtrisais bien, si mal chanté en paroisse, n'était plus mon allié. Je me rendais bien compte que, pour les fidèles, chanter en latin sans rien comprendre arrangeait tout le monde. La langue latine étant pour beaucoup idéale pour exprimer le caractère « sacré » et ésotérique du culte. Il suffisait jusque-là que les fidèles adhèrent et chantent sans avoir besoin de comprendre. Lorsque l'on est passé à l'utilisation du français dans la liturgie, il y a eu bien entendu dans chaque pays des commissions chargées de faire respecter les recommandations conciliaires en la matière. Ces commissions nationales liturgiques encourageaient et contrôlaient des créations en langue vernaculaire, en imposant une série de conditions aux auteurs compositeurs. Constatant que les nouveaux textes liturgiques en français demeuraient très abstraits pour les pratiquants, j'ai entrepris pour ma part, dans un premier temps, d'inventer des mélodies qui reprenaient ces textes officiels mais en les aménageant autrement, en leur donnant une forme plus vivante, plus accessible et en facilitant la participation des fidèles. J'ai donc composé des mélodies rythmées qui accompagnaient les textes de la messe réaménagés : Kyrie, Gloria, Sanctus, Agnus Dei auxquels officiellement il ne fallait pas toucher !

Puisque le Concile voulait que les fidèles participent de plus en plus aux célébrations, il fallait que le message soit compréhensible à tous et pas seulement à une élite. L'important me semblait être non pas de mettre en musique, mot à mot, les textes liturgiques par fidélité aux formes officielles, mais de garder le sens des textes concernés en les adaptant. Ce qui n'a pas plu aux responsables nationaux de la réforme. Ce fut le cas du célèbre père Gélineau, grand compositeur de chants liturgiques en français, qui ne prit même pas le temps de m'écouter et d'examiner les créations que je lui proposai lors d'une rencontre à Paris. Que pouvait-il sortir de bon de ce Martiniquais dans un domaine si pointu ?

Mais qu'importe ! Les compositions créoles ont été répandues dans le diocèse avec un accueil mitigé de la part du clergé et des fidèles, mais elles ont fait leur chemin. L'important c'était de faire en sorte que la liturgie catholique parle le langage de chez nous.

Et j'étais heureux de me retrouver dans mon bain culturel avec l'enthousiasme du jeune qui est resté six années hors de son peuple et qui le retrouve avec bonheur en cherchant à mettre en valeur des éléments de sa culture au sein de la liturgie romaine.

J'ai eu la chance de tomber sur un meneur comme Louis Élie, très entreprenant pour mettre en place et diriger des chorales et qui savait s'entourer de personnalités. Parmi elles, Paulette Nardale à qui j'ai chanté mes premières compositions et qui a été emballée de ces créations. Elle m'a encouragé à continuer.

Et c'est pour cela que, lors d'un rallye choral en 1966 en la cathédrale de Fort-de-France, la « Chorale Nardale » et la chorale que j'avais fondée avec des garçons du Séminaire Collège et des filles du Couvent de Cluny (« Les Rosiers »), j'ai été amené à diriger la première « Messe TamTam » (disait-on à l'époque) et les premiers psaumes en créole accompagnés du rythme de tambour et de tibwa, en présence de l'évêque de la Brunelière (Pierre Catayé tenait le tambour).

Cela fit grand bruit. Élie et moi, nous avons été très critiqués verbalement et par écrit ; car les pratiquants, quels que fussent la classe, le milieu ou la couleur, ne comprenaient pas comment on pouvait mettre du tambour à l'église et, de surcroît, pour accompagner des chants créoles liturgiques ! Pour eux, c'était non seulement un « retour en arrière », « un rappel de l'esclavage », mais aussi un « manque de respect pour le monde du sacré, donc pour Dieu ». L'expression courante qui servait à qualifier notre tambour et notre langue c'était « bagay' vié neg » (affaire de vieux nègres). Et ce type d'expression, on la trouvait sur les lèvres aussi bien des gens de couleur que des Blancs de chez nous, laïcs et prêtres. Paradoxalement, dans le monde du clergé, nous étions encouragés davantage par des missionnaires du Saint-Esprit tels que le père Méier, un Suisse, curé à l'époque de la Cathédrale, que par le clergé antillais qui dans sa grande majorité boudait l'initiative ou ne la prenait pas au sérieux.

Cela dit, lorsque j'écrivais le créole, je le faisais comme je l'entendais car il n'y avait pas encore d'écriture académique. Mais il fallait oser, comme l'ont fait les anciens. Et, c'est à partir des années 80 où se développa chez nous « Ban zil kréyol » (La bande des îles créoles) que je me suis intéressé peu à peu à l'écriture de ma langue que je parlais depuis toujours. Grâce à Dany Bébel-Gisler (Guadeloupéenne) et à Laënnec Hurbon (Haïtien), tous deux sociologues qui avaient sorti un petit lexique d'une dizaine de pages, j'ai donc appris à écrire le créole.

Voilà que pendant cette période je reprenais plaisir à redécouvrir mon pays, ma culture, ma langue, mes musiques. La prise de conscience que nous possédions notre culture propre devait se vérifier aussi dans le domaine liturgique. Et cela sous l'impulsion des orientations conciliaires d'une Église, qui enfin reconnaissait qu'elle ne pouvait plus continuer à imposer une liturgie niant la valeur des cultures des peuples qu'elle prétendait évangéliser. J'ai donc laissé germer en moi et jaillir les mots, les expressions, les images de chez nous pour composer des psaumes et cantiques créoles, et trouver des rythmes adaptés pour accompagner des textes liturgiques. Même si, dans le domaine du culte, on avait encore affaire à un langage ésotérique.

Mais j'avais des interrogations qui allaient au-delà de la réforme liturgique. Je me rendais compte en effet que l'Église par le canal du clergé, quelles que soient l'origine et la couleur de ses membres, avait à s'interroger sur la pertinence et la cohérence de ses actions pastorales et liturgiques dans un pays colonisé comme le nôtre. Le fait de constater que des Martiniquais noirs ou blancs, pratiquants ou pas, considéraient que leur culture n'était pas digne d'être « érigée » au rang du culte rendu à Dieu officiellement dans les églises ; que le tambour « n'avait pas sa place à l'église » de telle sorte que j'étais obligé de « défendre » notre langue, notre musique pour qu'elles soient « tolérées » et à certaines conditions dictées par Rome, via Paris, qui se considérait comme « la référence » : tout cela me remontait à la conscience comme une espèce de vague de fond.

En posant des actes qui bousculaient les mentalités, interrogeaient, provoquaient des réactions parfois violentes, et révoltaient mes compatriotes, j'avançais moi-même en favorisant une prise de conscience qui ne pouvait pas ne pas prendre une dimension politique.

Certains me disaient : « les gens ne sont pas prêts ! ». Or c'était cette même réaction que j'entendais autour de moi quand il s'agissait de questionnements autour du changement de statut.

On me (nous) reprochait d'agir trop tôt. Effectivement, j'avais composé des chants créoles ; nous les avions exécutés dans des églises ; et « après coup » j'expliquais, je faisais des émissions à la radio, des articles dans les journaux de l'époque, pour dégager le sens et la portée de l'action. Je faisais passer des messages. Je cherchais à justifier le bien-fondé de cette initiative du créole dans la liturgie. Et par manque de maturité, de formation et par naïveté, j'étais étonné de rencontrer des résistances de la part de mes compatriotes.

Je devais peu à peu découvrir que moi-même, en tant que Martiniquais, membre d'un clergé autochtone, j'étais éduqué et formé dans un contexte où j'étais victime, à mon tour, d'une politique d'aliénation liée au système que je ne nommais pas encore, mais que le clergé auquel j'appartenais, véhiculait, qu'il le veuille ou pas.

Je passai donc deux années dans mon pays à m'initier à mon futur métier de prêtre nouvelle génération, prêt à faire bouger mon Église dans sa pratique pastorale et liturgique, tout en constatant qu'en même temps, en moi, les prises de conscience dans plusieurs domaines se bousculaient.

Coupé de mon pays

Je me rendais compte par exemple que pendant six ans, par le fait d'avoir été au Séminaire à Rome, je m'étais coupé de mon pays, de mon monde, sinon « du monde ».

Par exemple, je n'étais pas au courant des émeutes de décembre 1959 lorsque les CRS tuèrent trois de nos jeunes, Bedzi, Marajo et Véronique. L'incident qui avait déclenché les émeutes comportait une connotation raciste, puisqu'il s'agissait d'une vespa d'un Noir renversée par la voiture d'un Blanc. La Martinique était en feu devant la violence de la répression qui provoqua le retour en France des CRS. L'ambiance était donc explosive. Le gouvernement français voyait dans cette jeunesse sans emploi une bombe à retardement et considérait qu'elle serait une pâte idéale, facilement manipulable par le parti communiste. Il fallait avec le plan Némo faire partir en France hexagonale le maximum de jeunes et d'adultes par le BUMIDOM.

Et moi, j'étais à Rome au Séminaire, bien au chaud et protégé ! Comme je l'ai souligné, il y avait d'énormes différences de milieu, d'origine, d'éducation. Certains provenant de milieux défavorisés, d'autres de milieux très aisés, de grande bourgeoisie, et d'autres encore de descendance noble. Il y avait un ancien ambassadeur, « vocation tardive ». Je me rendais bien compte que, dans ce Séminaire, comme sans doute bien d'autres, le milieu du clergé se mariait bien avec le milieu des grands de ce monde, des riches. Avec du recul, je me vois évoluer dans ce milieu qui n'avait rien à voir avec le mien, avec mes origines, ma culture, mon histoire.

Les journaux que j'y lisais s'intéressaient plutôt à la guerre d'Algérie. J'évoluais aux côtés de camarades, de confrères qui se regardaient parfois en chiens de faïence pour des raisons politiques ; certains étant partisans de l'Algérie française et d'autres pour l'indépendance ; quelques-uns avaient « fait la guerre d'Algérie » et avaient été témoins de scènes abominables de torture.

C'est au cours des grandes vacances, à Paris, par le biais de la FAGEC, que je m'ouvris aux réalités de chez nous. C'est ainsi que j'ai entendu parler de l'affaire Plénel. Celui-ci avait pris position à Basse-Pointe devant une classe qui portait le nom des victimes de 59. Il représentait, disait-il, « une autre France » que celle de la répression. Par son engagement, il montra qu'il y avait des hommes qui, sans être martiniquais d'origine, faisaient partie de notre histoire par le courage de leur opinion, quitte à être déplacés. On retrouve aussi dans notre histoire des prêtres qui, ayant pris position contre le système esclavagiste et colonial, furent renvoyés en France sans autre forme de procès.

Lorsqu'en 1960 le général de Gaulle passa en Martinique, j'étais en deuxième année de philosophie à Rome. J'ai vu par la suite, sur certains reportages, en première loge, ce fameux abbé Grasselly, mon ancien curé au Prêcheur dans les années 50-60, sans doute ancien militaire, seul prêtre en soutane, à faire montre ostensiblement sur sa poitrine de décorations dont il ne se séparait jamais.

Et ce que j'entendis de la bouche de mes proches comme souvenir de ce passage et que l'on reprend avec humour : c'est cette fameuse phrase extraite du discours du Général considéré comme le Sauveur de la France : « Mon Dieu ! Mon Dieu ! comme vous êtes français ! ». Ce que la population a traduit, avec l'humour qui nous caractérise : « Que vous êtes foncés ! ». Rappelons-nous que les événements de 59 étaient encore frais dans la mémoire de la population. Est-ce cela qui explique la manière dont a été reprise et déformée la phrase du Général, pour montrer qu'elle n'était pas dupe ?

Et en même temps, ce passage du Général et son discours n'ont fait que renforcer cette mythification de l'homme d'État, considéré comme sauveur de la France. Chez nous, certains en ont profité pour le comparer au Sauveur divin. Et dans certaines familles même mal logées, on trouvait côte à côte la photo du Général et celle du Sacré-Cœur : deux sauveurs, le pouvoir politico-militaire et le pouvoir religieux marchant la main dans la main, et qui font bon ménage !

« **L'affaire Marny** »

En 1965, les événements qui se déroulèrent à Fort-de-France pendant plus de six jours me passèrent sous le nez, si l'on peut dire. Il s'agissait des émeutes autour de la personne de Marny. Je me souviens juste de l'angoisse que cela soulevait en moi et en nous.

Cet homme, emprisonné depuis deux ans pour vols, venait d'être libéré. Se considérant trahi par des copains complices, il voulait se faire justice. En cherchant à se venger, il avait semé la terreur dans les quartiers de la ville en allant jusqu'à tuer un enfant. Surnommé la « Panthère noire », il eut l'art d'échapper pendant plusieurs jours aux gendarmes, tout en se montrant à Redoute, au presbytère de Balata (dont le curé était l'un des pères de Jaham) et où la servante lui aurait donné à manger ; enfin à Ste Thérèse, où il fut arrêté. Les Martiniquais n'avaient pas accepté que l'on tirât sur leur idole Marny en le blessant gravement. Et cela donna lieu à trois jours d'émeute. C'était encore un signe du malaise qui existait chez nous sur les plans social, économique et politique.

J'étais en dehors de tout cela, préoccupé avant tout de ma Mission sacerdotale, et de celle de transformer l'image d'une église coupée du monde, singulièrement martiniquais. Effectivement, jusque-là, je me vivais comme étant membre de cette Église, conçue comme une Institution divine, avec son « package » dogmatique, pastoral et liturgique bien ficelé : qu'il fallait faire admettre sinon faire avaler à une population qu'elle prétendait convertir à la « vraie foi ». Une Église qui a son langage propre, sa langue « universelle », le latin, et une langue qualifiée de « vulgaire », le français. Je m'apercevais que les pratiquants comme les autres semblaient trouver cela tout à fait normal. Et me voilà comme faisant partie de ces prêtres martiniquais qui commençaient à s'intéresser aux questions d'aliénation, de déculturation, de décolonisation. Un langage considéré, par les bien-pensants, croyants pratiquants ou pas, comme appartenant à des courants idéologiques d'inspiration révolutionnaire, marxiste, jugés dangereux pour la foi chrétienne, sinon pour le monde.

À Rome, rappelons-le, j'étais à peine au courant de ce qui se passait chez mes voisins de la Caraïbe, à Cuba par exemple en 1961-1962, lorsque le monde s'est trouvé au bord d'une Troisième Guerre mondiale avec l'affaire des missiles ; cela ne semblait pas me concerner. D'ailleurs dans mon environnement romain, entre l'URSS et les États-Unis d'Amérique, l'Église avait fait son choix.

Je me suis rendu compte après coup, qu'au cours de nos formations, on valorisait des notions telles que « l'ordre » et la « paix » sociale. On nous protégeait donc de tout ce qui faisait désordre. Ainsi ce qui se passait à l'époque chez moi, ou bien je ne m'y intéressais pas, ou bien l'information quand elle m'arrivait était considérée comme un épiphénomène (1959-1961). Ainsi, chez nous en décembre 1962, des étudiants martiniquais diffusaient le fameux manifeste de l'OJAM (Organisation de la jeunesse anticolonialiste martiniquaise) qui venait d'être créée. C'est à Paris, à la FAGEC que j'entendais parler des compatriotes qui devaient marquer notre histoire, ceux qui ont été emprisonnés, d'autres tels que Marcel Manville, Édouard Glissant, etc. Plus tard, c'est du haut du Séminaire-Collège que j'assistai à des événements (l'affaire Marny) que l'on m'avait appris à voir comme « des troubles, du désordre provoqués par des individus asociaux, manipulés par des mouvements d'inspiration communiste révolutionnaire, qui atteignaient les "couches populaires" par le syndicalisme et les partis politiques de gauche ou d'extrême gauche interposés ». Et là, je m'apercevais que le clergé voyait rouge, car tout cela signifiait que l'athéisme était en progrès dans une population qui lui échappait de plus en plus.

Ces deux années de « service militaire adapté » m'ont donc servi à remettre en question peu à peu, d'une part cette manière d'analyser les événements du monde et d'autre part celle de me désintéresser de ma propre histoire, et de tout ce qui se passait dans mon pays, pour me polariser avant tout sur des questions religieuses. Pour le séminariste que j'étais, l'important c'était d'apprendre mon nouveau « métier » (terme que l'on n'utilisait pas à l'époque). J'ai commencé à le faire au contact de mes aînés.

10

Reprise de contact avec le clergé local

Je me rapprochai de mes compatriotes qui avaient à peine une dizaine d'années de ministère. Certains d'entre eux résidaient à la Maison Fabre, proche du Séminaire-Collège où j'enseignais. Ils étaient détachés (de la paroisse) pour développer l'Action catholique auprès des jeunes lycéens avec Louis Élie, aumônier de la JEC, Marcel Potiéris, chargé de la Jeunesse rurale, l'abbé Goma, responsable des « Équipes enseignantes » (Mouvement qu'il avait fondé avec entre autres deux enseignantes, Jenny Pamphile, cheftaine de guide du Lorrain, et Paule Ferdinand, enseignante).

Tout en collaborant sur le plan du chant liturgique avec Louis Élie, je répondais à certaines sollicitations comme celle de l'abbé Goma pour lequel j'avais une certaine admiration : animer les chants lors des célébrations, à l'occasion de leur semaine de formation. Ainsi, à Basse-Pointe (1965), je me souviens d'échanges animés entre cet aumônier que personne n'osait contester et des enseignants (ex-étudiants membres de la FAGEC par exemple) qui refusaient d'être des « béni-oui-oui » devant un prêtre qui, fort de ses certitudes, exigeait l'adhésion de ses ouailles. C'était pour moi une révélation ! Certains de ces étudiants contestataires sont devenus des militants politiques et syndicaux célèbres. J'admirais cependant l'art que l'abbé Goma avait d'organiser des célébrations liturgiques et de les rendre vivantes en expliquant les faits, gestes et textes bibliques en détail, pour favoriser la compréhension d'un culte parfois si occulte ! Il m'a beaucoup appris.

À l'époque, nous étions dans l'ère de la réforme liturgique voulue par Vatican II. Cependant, tous les chants venaient de France. Les chants créoles que je composais ne faisaient pas partie des programmes, sans doute parce que l'abbé Goma, pourtant de Sainte-Marie, la commune de « Ti Émile », n'était pas très partisan du créole dans la liturgie romaine. Il m'expliqua un jour que tout ce qu'il faisait sortait directement du Vatican, du pape, comme s'il pouvait se passer aisément des réformes et des recherches de l'église locale. Je découvrais en ce confrère aîné un homme passionné mais quelque peu autosuffisant et jaloux de son pouvoir. Il m'a vite fait comprendre par exemple que je prenais trop de place dans les animations. Je découvrais ainsi au sein des actions liées à la liturgie des questions d'ego, si ce n'est de jalousie, de la part d'un prêtre qui pourtant avait l'art d'expliquer avec brillance les Saintes Écritures et passait pour maître en ce qui concernait l'animation de célébrations cultuelles. Je m'ouvrais peu à peu, sur le terrain, à des questions de collaboration entre membres du clergé, à la question de l'autorité du prêtre dans notre population. L'abbé Goma a été pour moi un prêtre du pays, soucieux d'affirmer sa personnalité, sa quête d'autonomie et d'indépendance dans ses choix.

Il avait été ordonné à la Cathédrale de Fort-de-France avec trois confrères martiniquais : Palcy, Despointes et Zabulon. Ce dernier était de Saint-Pierre comme moi. Il avait la réputation dans le diocèse d'être le « curé terrible de la moto », qui passait de paroisses en paroisses selon la volonté de son évêque. Ce que Goma avait refusé à un moment de faire, considérant qu'il n'était pas « corvéable à merci ! ».

Parmi les prêtres de cette génération, Marcel Potiéris, que nous surnommions affectueusement « chaben », était pour moi un modèle : Martiniquais sans complexes, très simple, sans fard, plein d'humour et amoureux de la bonne table. Il n'avait pas la langue dans sa poche et faisait partie de ces aînés ouverts d'esprit qui allaient dans le sens des changements impulsés par Vatican II. Il faisait à l'époque partie des rares Martiniquais à croire au travail que je faisais dans le domaine des chants liturgiques. Comme d'ailleurs des religieux tels que les pères Méier et David[1]. Deux copains de la congrégation du Saint-Esprit, le premier Suisse, le second d'une province de France, qui faisait par ailleurs des recherches sur l'histoire du clergé de la Martinique. Ils m'avaient connu comme séminariste au Séminaire-Collège.

Dans ces années 1964-66, en plus de ces aînés, j'ai eu beaucoup de plaisir à m'intéresser au Foyer des séminaristes qui venait d'être créé et était animé par mon aîné Maurice Marie-Sainte, ex-Romain comme Michel Méranville et moi-même, même si nous n'étions pas dans le même établissement[2].

Mais en réalité je me sentais plus proche de ceux de ma génération qui avaient étudié en France à La Croix-Valmer, tel mon ami Gérard Burgos qui était revenu au pays. C'est surtout avec eux et avec des curés comme Méier que je devais travailler dans l'avenir.

Mon ordination a eu lieu en octobre 1966 à la Cathédrale de Fort-de-France. Puis il m'a fallu terminer ma théologie. J'ai refusé de passer la licence de théologie à Rome et j'ai achevé ma quatrième année à l'Institut catholique de Paris. Cette année passée à Paris (1967) m'a permis d'avoir une approche toute différente et de la théologie et des Écritures saintes. Ce fut aussi une année d'ouverture sur les problèmes du pays grâce aux contacts plus réguliers avec la FAGEC. Je faisais partie d'un

1. Plus tard, curé du Diamant, avant sa mort brutale à la suite d'un accident de la route. Le père David m'envoyait régulièrement quelques résultats de ses recherches susceptibles de m'éclairer. Mais je ne valorisais pas suffisamment selon lui l'histoire, considérant que c'était du passé et que c'est le présent qui m'intéressait.
2. Ils étaient à la « Propaganda Fide », collège international qui recevaient des séminaristes et des prêtres des « Pays de Mission » (Afrique, Inde, Océanie, Amérique...). Une niche de futurs prêtres « étrangers », censés jouer un rôle important dans l'avenir dans leurs diocèses d'origine, mais aussi considérés comme « épiscopables ». D'ailleurs les deux sont devenus par la suite archevêques de Martinique, Guadeloupe et Guyane.

atelier animé par Serge Lapiquorne qui portait sur « Notre identité hybride ». Mais bien des travaux nous ouvraient sur les problèmes politiques, économiques et sociaux de nos pays, singulièrement la Martinique, la Guadeloupe, la Guyane. Par cette association confessionnelle, nous avions des contacts avec l'AGEM et l'AGEG (Association générale des étudiants martiniquais ou guadeloupéens) qui avaient, elles, des positions plus engagées politiquement quant à l'avenir de nos pays.

À la rue de Sèvres, j'ai obtenu une chambre dans un établissement religieux. J'avais la liberté d'organiser ma vie comme je voulais en profitant des week-ends pour rencontrer des membres de la FAGEC, des parents, des amis tel que Alex Dolmen qui était pour moi un petit frère. Il m'arrivait de célébrer des mariages de copains et de visiter des anciens de Rome comme Patrick de Saint-Germain à Beaurepaire.

Très intéressé par la liturgie, je suivais ce qui se faisait dans certaines paroisses d'avant-garde à l'époque, telle Notre-Dame des Champs où j'ai revu le père Perrot et Cécile Gerlier avec qui j'avais fait le pèlerinage en Terre Sainte en 1962.

Des modèles de prêtres en question (1967)

Au cours des deux années 1964-66, j'ai eu très peu de contacts avec les curés des paroisses. J'avais été frappé de voir comment certains prêtres martiniquais, revêtus de leur soutane, de leur camail et de leur chapeau romain, étaient vécus par la population comme des personnalités, sinon de grands seigneurs tels l'abbé Lavigne aux Terres Sainville, les abbés Morlan au Robert, Salinière au François ; les abbés Féval au Gros-Morne, Faraudière au Marin, Vérin à Saint-Joseph, Saffache à Sainte-Anne. J'en oublie peut-être. Ce modèle de prêtres romains ne m'inspirait plus.

Jusque-là, je voyais dans les membres du clergé des individus plus ou moins sympathiques ou antipathiques avec qui je devais collaborer en tant que futur vicaire. J'allais découvrir sur le terrain, chez nous, qu'il y avait ceux qui jouaient aux grands seigneurs et puis les vicaires, les religieuses, les fidèles qui leur devaient respect et obéissance. Il y avait ceux qui, du simple fait de leur origine, et de leur couleur de peau, en plus de la fonction, exerçaient sur la population un pouvoir qui méritait réflexion, au-delà des questions de génération, de formation, de courants de pensées. J'ai découvert chez nous aussi un clergé avec ses conflits internes, ses contradictions, ses manipulations ; disons tout simplement une institution humaine alors qu'on m'avait appris à le regarder comme ensemble de clercs représentants de Dieu sur terre, hommes du sacré.

Il faut souligner que, dans notre diocèse, la majorité des prêtres étaient des religieux, venus de différentes régions de France, ou du Canada. C'est peu à peu que je me suis rendu compte que jusqu'ici, j'avais fréquenté plutôt des missionnaires du Saint-Esprit, rencontrés dans les paroisses du Morne-Rouge, puis de Saint-Pierre, puis du Prêcheur, puis au Séminaire-Collège, et enfin au Séminaire français de Rome. Dans ces années 1960, les séculiers martiniquais dont je faisais partie représentaient une minorité, issue pour la plupart de milieu plutôt défavorisé (sauf quelques exceptions).

C'est bien longtemps après que je me suis interrogé sur la répartition des paroisses entre religieux et séculiers dans le diocèse. Sans approfondir cette question, je souligne simplement qu'à l'époque, les paroisses du Nord étaient plutôt le fief des spiritains qui se trouvaient curés de hauts lieux de pèlerinages comme Morne-Rouge, Balata ; que la Cathédrale était toujours tenue par des spiritains jusqu'à l'arrivée du premier Martiniquais, l'abbé Vérin, dans les années 1980, puis de Michel Méranville nommé par notre premier évêque martiniquais, Maurice Marie-Sainte. Et si je ne me trompe, Jean de Coulanges fut aussi le premier martiniquais à devenir curé de la paroisse de Balata. J'ai mis du temps à découvrir qu'il y avait des paroisses riches et des paroisses pauvres. L'évêque ne nommait pas n'importe qui, n'importe où. Et je n'oublierai jamais les réflexions de certains membres du clergé soulignant avec une suffisance qui me révoltait que les Martiniquais, à part quelques exceptions (ex. : Le Robert avec l'abbé Morlan, Terres Sainville avec l'abbé

Lavigne, plus tard Miron au Lamentin) n'étaient « pas suffisamment mûrs et capables de mener des paroisses » comme la Cathédrale et Bellevue (une paroisse de la périphérie de Fort-de-France). Tout cela je le constatais, sans m'y arrêter pour en décoder d'autres motifs cachés. Mais cela mériterait réflexion sur le plan sociologique.

Et « Mai 68 » ?

Pendant que je m'initiais à la vie paroissiale et découvrais le clergé de mon Diocèse, il y eut les événements de 68 en France avec les manifestations étudiantes, les grèves, mais en même temps une révolution culturelle internationale de taille, qui devait impacter l'Amérique latine. L'épiscopat latino-américain s'est alors distingué avec l'Assemblée de Medellin qui représenta un espoir extraordinaire de « restituer au peuple les commandes de son Église » (Medellin, 1968). C'est aussi à cette période que se sont développées les communautés de base, surtout au Brésil, alors que Bernard Haring, théologien allemand, tentait de secouer l'Église catholique par rapport à ses positions quant à la sexualité. Les ouvrages de Drewermann allaient commencer à questionner l'Église sur la notion de péché de la chair, de culpabilité, sur le célibat des prêtres et le cléricalisme.

Mais parallèlement, il faut le dire, les courants traditionalistes emmenés par Mgr Lefèvre se développaient. L'Église intégriste battait son plein à Écône. C'est aussi l'époque où Rome « tentait de fermer les fenêtres ouvertes par Vatican II » avec Paul VI et son encyclique « Humanae Vitae » dans laquelle il réaffirmait son opposition à la contraception, à la pilule, au divorce, aux relations sexuelles avant le mariage, à l'avortement, à la fécondation *in vitro*.

Chez nous, des médecins tels que Michel Yoyo, Justin Etifier, Frantz Prudent et tant d'autres militants avaient déjà créé le CEDIF en 1965 (Centre d'études, de documentation, d'information et de formation) pour développer une politique d'éducation familiale et de responsabilisation des personnes. Germain

Beaubrun et Sœur Macni faisaient partie des relais catholiques avec le Dr Etifier, militant convaincu. Je commençais à m'intéresser aux problèmes concrets de ma société, très préoccupée à l'époque par le taux de natalité galopante.

Il s'agissait pour moi de faire un grand écart entre les préoccupations cléricales, disons internes (questions de catéchèse, de liturgie, de pastorales), et celles qui, dans la mouvance de Vatican II (avec *Gaudium et Spes*) nous encourageaient à vivre « notre solidarité avec l'histoire de notre Peuple ouvert sur le monde, dans lequel révéler « la présence du Christ ». Je me posais la question de savoir si ce que représentait le prêtre chez nous facilitait cette révélation.

En effet, je me rendais bien compte qu'en Martinique comme ailleurs, pour les familles, être prêtre constituait une véritable promotion ! Depuis tout petit, le modèle que j'avais sous les yeux était le spiritain, père blanc, que j'imaginais d'ailleurs comme issu de familles riches ou aisées. Devenir prêtre, c'était faire comme ce modèle, parvenir à son niveau. Et voir des Martiniquais de couleur, issus de communes rurales, souvent de milieu pauvre, parvenir à faire des études, partir au Séminaire et un jour être ordonné dans une cathédrale, pour la population et le nouvel élu lui-même c'était parvenir à une haute fonction, changer de position dans la hiérarchie sociale, faire partie des notables de la société. D'ailleurs la population partageait cette conception des choses. Comme tous les confrères, au départ, nous vivions cela comme une « mise à part » pour une Mission. Devant les réactions des gens qui vous mettent sur un piédestal, Mission et promotion vont de pair.

Pour les prêtres de ma génération, ce n'était pas du tout la manière de concevoir l'image ou la fonction du prêtre dans notre société. Et nous voulions nous débarrasser de cette image traditionnelle du prêtre, en nous démarquant de nos aînés. Ce faisant, en ce qui me concerne, je me suis aperçu que je passais à côté ou dévalorisais les actions de certains de ces aînés, martiniquais ou pas, certaines de leurs initiatives qui ont marqué notre société à un moment donné, parce qu'elles répondaient à de véritables besoins. Et c'est pourquoi je vais faire appel à mon rétroviseur, pour revenir sur ces prêtres que j'ai fréquentés de près ou de loin pendant des années ; sur ce que j'ai retenu d'eux. Je le développerai plus loin. Pour l'instant, je veux partager quelques souvenirs et anecdotes qui me reviennent.

11

Souvenirs et anecdotes qui parlent

Je suis surpris de constater que certains visages de prêtres, religieux ou séculiers, rencontrés dans mon enfance, dans mon adolescence ou à l'âge adulte, ne m'ont jamais quitté.

C'est le cas des spiritains, dans les années 40, tels au Morne-Rouge les pères Rohart et Gallot ; à Saint-Pierre les pères Vénard et Delawarde ; dans les années 50 le père Alain, au Prêcheur, l'abbé Grassely – séculier –, puis le père Leberre qui avait été à l'Espérance. J'entends encore la voix du nouvel évêque de la Brunelière lors du fameux passage à Saint-Pierre de Notre-Dame de Boulogne (1948) ; puis lors des cérémonies de confirmation à Saint-Pierre ou au Prêcheur, lorsque j'étais enfant de chœur. L'évêque profitait de ses tournées de confirmation pour passer à la maison et prendre son bain de mer à la Pointe Lamarre en toute discrétion et un punch en passant. Je me souviens de la curiosité de mon entourage sur sa tenue singulière pour se baigner. Un évêque est-il fait comme tout le monde ?

Je cite d'abord en vrac les membres du clergé, hormis ceux que je connaissais comme professeurs au Séminaire Collège. Ainsi :

– Toujours dans les années 50 et 60, les pères de Jaham (deux frères martiniquais de famille béké, dont l'un était curé de la paroisse de Balata et l'autre avait une haute fonction à l'évêché en compagnie du père Chartrand avec sa belle barbe blanche ; Mgr Aubert également d'origine béké, qui m'avait confirmé à Saint-Pierre ; il avait sa chapelle privée sur la propriété familiale à la Jambette ; le père Arostéguy, curé de Ste Thérèse, (grand peintre par ailleurs : ses immenses tableaux tapissaient les murs du presbytère) ; les pères Huré (célèbre organiste et chef de chœur de la Cathédrale de Fort-de-France) ; Altmeier, Beys (cathédrale) ; le Dantec, Cumia. Le père Baumann fut longtemps directeur de l'orphelinat de l'Espérance qui forma bon nombre de nos musiciens martiniquais. Il avait fondé une fanfare très célèbre qui était sollicitée lors de certaines manifestations officielles.

Le père Michel Triclot, célèbre à plusieurs titres (voir plus loin). Directeur de la Tracée pendant des années avant de transmettre le flambeau au père Delawarde, mon ex-curé de Saint-Pierre, grand historien par ailleurs, et le père Simon, tous deux spiritains... (voir plus loin).

Il y avait des figures originales comme celle du père Mercier, chargé de la chapelle de la Médaille sur la route de la Trace, qui vivait comme un ermite dans son humble habitation, en amoureux de la nature. Pour se faire un peu d'argent, il chassait les serpents qu'il nourrissait dans une garenne et il les emmenait à Pasteur pour qu'on en extraie le venin pour en faire des vaccins. Et il se faisait payer.

L'abbé Grasselly, curé du Prêcheur : un curé singulier qui avait exercé en Afrique du Nord comme aumônier si mes souvenirs sont bons. Sa particularité c'était de marcher à pied et de se faire ramasser par certains automobilistes bienveillants. Parmi ses caractéristiques, il portait, épinglées sur sa soutane noire ou blanche, une série de médailles et de décorations lors des cérémonies officielles au cours desquelles il trônait parmi les personnalités. Par ailleurs, il avait fait couvrir les murs intérieurs de l'Église du Prêcheur de textes bibliques multicolores en calligraphie que personne ne comprenait. Il reprenait sans doute la pratique ancienne qui consistait à faire connaître la Bible ou le Coran aux pratiquants à travers les vitraux, les chapiteaux, les murs des églises, des basiliques et des mosquées.

L'abbé Bidou à St Christophe. Je me souviens de l'action « ramassage des bouteilles » dans tous les coins de la ville, qui servit à la réalisation des vitraux de l'église dont le style était très moderne à l'époque (années 1960).

Le père David, vendéen, que j'ai connu dans les années 50 au Séminaire-Collège où il venait rencontrer le père Meier. Dans les années 70, il avait été vicaire du père Gauthier avant de devenir le très populaire curé du Diamant. J'ai découvert une dimension de cet homme, lorsqu'il fit paraître *Les Proverbes créoles* avec Jean-Pierre Jardel, Robert Lapierre et Gilbert Gratiant. C'est alors que j'ai découvert l'historien qui collaborait avec la Société d'Histoire de la Martinique et qui avait sorti l'ouvrage en trois volumes *Le clergé de 1635 à 1848*. La commune du Diamant a mis à la disposition de la population sa bibliothèque personnelle. Dans les années 90, il m'envoyait des documents susceptibles de m'intéresser, sachant que j'avais fait les psaumes créoles et la messe « tam-tam ». Je m'apprêtais à lui apporter un ouvrage que je venais d'écrire pour l'ADAPEI (*Des... Espoirs*), lorsque j'appris à la radio qu'il avait été victime d'un dramatique accident de la route. La Martinique lui est reconnaissante et les Diamantinois ne l'oublieront pas.

Parmi les prêtres séculiers martiniquais de couleur, je me souviens bien de certains membres du clergé dont je parlerai plus longuement plus loin. Mais j'avais sous les yeux les modèles de curé en soutane, barrette, camail tels que :

- Le célèbre abbé Lavigne : longtemps curé des Terres Sainville : grand seigneur, issu d'une grande famille martiniquaise et qui faisait partie des figures de notre clergé dans les années 50-60. Lors de certaines cérémonies officielles, on faisait appel à lui pour faire le « sermon » du jour. J'entendais parler de ses envolées lyriques lors de ses prédications qui faisaient dire à certains : « fout'labé a ka palé bien ! » (qu'est-ce que le curé parle bien !). La rumeur rapporte entre autres certaines anecdotes concernant ses rapports avec « Granzong », célèbre « quimboiseur » de la ville.
- Les abbés Morland, curé de Sainte-Anne d'abord puis du Robert ; Jean-Michel, curé du Vauclin ; Féval, Salinière,

Faraudière, Saffache, Vérin, Jean-Charles que j'apercevais lors des grandes cérémonies.

Dans ce clergé, régulier ou séculier, il y avait sans doute des prêtres, très simples, qui faisaient leur boulot dans leur paroisse, bénéficiant du respect et de l'affection de leurs paroissiens, sans pour cela paraître « grands seigneurs » (Vérin, Saffache, Jean-Charles par exemple). Mais le modèle qui frappait l'attention m'a sans doute aveuglé en cours de route !

J'ai en mémoire bien entendu des professeurs du Séminaire-Collège que j'ai « pratiqués » pendant des années. Tels que les pères Lavanant, Beyler, Stacoff, Vacherand, Pinchon, Franck, Michel qui a été le dernier « Supérieur » du Séminaire-Collège. Si la plupart sont repartis en France, certains après leur passage au Collège se sont retrouvés en paroisse : Franck (Case-Pilote), Méier (La Trinité), Lhostis (Morne-Rouge), Théon et Mao (responsables des séminaristes, ont été dans les paroisses de Basse-Pointe et Morne-Rouge). Les Frères Vincent (mon professeur de 7e qui par la suite a été ordonné prêtre et est devenu curé du Robert), Joël (un remarquable artisan), Roland (surveillant de triste mémoire), Georges (portier), pour ne citer que ceux-là.

Lors de ma dernière année comme élève (1958), nous avons eu un de ces rares Martiniquais enseignants et surveillants : l'abbé Florentiny (séculier de Ste Marie) qui n'était pas encore ordonné. Excellent joueur de foot et de ping-pong. Mais il n'était absolument pas intégré dans le groupe des pères qui appartenaient à la Congrégation du Saint-Esprit.

Haut et bas-clergé

J'avais devant moi un modèle clérical traditionnel où l'on avait, en caricaturant quelque peu, un haut et un bas-clergés qui inspiraient respect, obéissance et soumission dans la population, sauf bien entendu chez les anticléricaux. L'autorité venait d'en haut. Du pape à l'évêque, de l'évêque au prêtre jusqu'aux « derniers des fidèles ». Devenir prêtre, comme je l'écrivais plus haut, faisait donc entrer les Martiniquais (surtout de couleur) dans la classe des grands, pour ne pas dire des « pères... blancs » qui étaient majoritaires dans le clergé à l'époque. Les séculiers de couleur demeuraient des « exceptions ». Rappelons-le, c'est depuis Mgr Lequien (fin des années 1940) que le diocèse avait commencé à encourager (on pourrait dire à faire confiance à) les vocations autochtones.

Ainsi ce fut un événement dans toute la Martinique, lorsqu'en 1950, à la Cathédrale de Fort-de-France, quatre prêtres martiniquais furent ordonnés ensemble : Palcy, Goma, Despointes, Zabulon. J'avais onze ans. Je me souviens de ce que cet événement représenta pour la population, ne serait-ce que celle de Saint-Pierre, car parmi ces ordonnés, il y avait un pierrotin, à savoir l'abbé Zabulon, un enfant de la commune. On disait que « la famille avait donné un enfant à Dieu ». Honneur pour la famille, honneur pour la Commune ! Avant ceux-là, il y avait entre autres des prêtres tels que Miron, Pulvar, Potiéris, Jean-Charles puis Florentiny, Myrta, Monerville, etc., qui venaient gonfler le nombre des prêtres diocésains. Même si ces prêtres autochtones étaient de milieux différents, ils se retrouvaient tous « élevés » « au rang sacerdotal ».

Mais je sentais bien que, même entre nous, il y avait plusieurs niveaux de curés ; ceux des grandes paroisses et ceux des petites ; ceux des grandes villes et ceux des communes rurales, etc. Par exemple, les préoccupations de ceux de la ville (la Cathédrale) « n'étaient pas celles des prêtres-ouvriers de la paroisse de Sainte Thérèse, ou de celle du Vauclin. Le curé de Sainte-Anne (martiniquais) n'avait pas le même statut que celui du Robert ; celui du Macouba n'était pas du même rang que celui du Morne-Rouge, etc. Dans les réunions, il y avait les vedettes, ceux qui avaient le verbe haut et ceux qui n'osaient pas prendre la parole ; ceux qui faisaient des ronds de jambe et pouvaient recevoir leurs confrères en grande pompe (il y avait même une petite rivalité entre cures) et ceux qui n'en avaient pas les moyens...

Dans les années 1960, je me souviens que l'on « déplaçait » facilement les prêtres de paroisses en paroisses, pour faire face aux besoins. Les prêtres devaient être à la disposition de leur évêque. Ils devaient être des pasteurs disponibles, obéissants, sinon « reconnaissants » vis-à-vis de leur évêque qui avait payé leurs études du Petit et du Grand Séminaire.

C'est surtout lors de mon retour au pays que certains de mes aînés, singulièrement parmi ceux qui furent ordonnés dans les années 50 et qui bénéficiaient déjà d'une belle expérience pastorale, ont bousculé les pratiques concernant les rapports entre prêtres et évêque.

En effet, je me suis rendu compte que des prêtres tels que Goma et Potiéris, que je fréquentais, se montraient plus rebelles que leurs confrères face à leur évêque, Mgr de la Brunelière, qui pourtant n'avait rien d'un « autoritaire ». Mais ce dernier, religieux lui-même, avait l'habitude de demander aux spiritains par exemple de changer de paroisse ou de fonction, sans nécessairement qu'ils aient à donner leur accord, en tout cas sans recevoir de leur part une résistance. Que des séculiers martiniquais, pourtant formés à la « sainte obéissance » au cours de leur formation, se rebellent contre l'autorité de leur évêque, c'était pour moi un phénomène nouveau.

Graines de rébellion

Il m'a fallu du temps pour analyser et comprendre ce que pouvait signifier cette forme de rébellion au sein du clergé, de la part de certains de mes aînés. Car, on nous avait appris au cours de toute notre formation qu'une des vertus liées à la fonction sacerdotale était l'obéissance à l'autorité. Au Séminaire c'était le « supérieur » de l'établissement et, dans tout diocèse, c'était l'évêque qui la détenait.

J'ai été un peu surpris un jour d'entendre un de mes aînés contester la décision de son évêque de le changer de paroisse. En discutant avec lui, je me suis rendu compte qu'il se rebellait contre une telle pratique avec le sentiment d'être pris, comme il le disait, pour un pion et un « béni-oui-oui ». Et il m'avait fait part d'un courrier qu'il avait adressé à son évêque pour lui signifier : « je suis prêtre du diocèse, mais je ne suis ni taillable, ni corvéable à merci ! ». Il y avait là une attitude que je me permettais d'approfondir. Elle soulevait pour moi plusieurs questions.

Ce prêtre était en effet un autochtone nouvelle génération. Dans le diocèse, il y avait donc des prêtres martiniquais ou étrangers séculiers comme lui et une majorité de religieux venus d'ailleurs, c'est-à-dire des prêtres qui, pour la plupart, faisaient partie de la « Congrégation du Saint-Esprit » et qui, eux, avaient fait vœu de pauvreté et d'obéissance. Ces religieux dépendaient, avant tout de leur Supérieur Général à Paris ou à Rome. Ils étaient mis à disposition de l'évêque du diocèse pour un temps et bien entendu devaient se soumettre à son autorité sur le plan de leur ministère (pastorale, liturgie, etc.). Alors que les prêtres séculiers, eux, n'avaient fait ni vœu de pauvreté, ni vœu d'obéissance. Ils avaient bien promis obéissance à l'autorité diocésaine, représentée par l'évêque. Mais promesse n'est pas soumission par vœu. Ils pouvaient par exemple faire ce qu'ils voulaient de leur argent, s'acheter une voiture qui leur appartenait et changer de diocèse s'ils le désiraient sans l'autorisation de leur évêque.

Les pères spiritains, en tant que religieux, peuvent sans doute manifester des résistances face à l'autorité de leur évêque. Mais ils savent que ce dernier les signalera auprès de leur Supérieur Général, lequel peut « les faire rentrer » en France s'ils sont indésirables sur place. Cette politique « de dégagement » demeure encore aujourd'hui d'actualité au sein des congrégations religieuses.

Les Martiniquais séculiers, eux, lorsqu'ils s'autorisent à contester l'autorité de leur évêque, risquent aussi d'être sanctionnés (par exemple déplacés d'une paroisse à l'autre, ou se voir refuser un ministère), mais pas « renvoyés » en France pour insoumission ou rébellion.

Mais au-delà des affaires, disons ecclésiastiques et religieuses, propres au clergé local, cet acte de rébellion de mon confrère aîné m'interpela à plusieurs titres. J'y ai découvert après réflexion, « dans le fond », la réaction d'un homme, prêtre de couleur, qui refusait, sur un point précis, de dire « oui » à une demande ou une décision de son évêque, parce qu'il considérait être mal traité. On ne peut pas dire que ce confrère était dans la mouvance de Mai 68 (cela se passait en 1965).

Je me suis risqué à cette analyse qui pourra sembler tordue à certains. Une telle réaction mérite d'être située dans son contexte, à savoir dans le cadre du rapport particulier que nous avons à l'autorité chez nous, singulièrement à l'époque, entre un prêtre et son évêque. Et cela m'a conduit à la réflexion suivante : dans notre société martiniquaise, et pas seulement dans le clergé, la question de la couleur et de l'origine de la personne qui exerce l'autorité revient sans cesse, soit ouvertement, soit en filigrane. L'opposition que nous pouvons afficher face à un chef blanc (pour faire court) ne va pas être de la même facture que celle qui va se manifester face à un « chef de couleur, du pays ». On le constate régulièrement dans les entreprises, les administrations, les équipes de tous genres, et donc dans le clergé.

Par ailleurs, la relation à l'autorité s'inscrit souvent dans le couple « recevoir » ou « donner des ordres ». Pour certains, il s'agit « d'exiger de manière autoritaire » quelque chose pour montrer que l'on a du pouvoir, de l'autorité. Ce qui provoque en face la réaction : « Pa ba mwen lod » (je n'ai d'ordre à recevoir de personne !). Si l'ordre vient d'une personne de telle couleur, il n'a pas la même portée. Et puis il y a la manière qui s'ajoute à la couleur du donneur d'ordre et de celui qui le reçoit.

Mais l'attitude rebelle de mon confrère aîné va encore plus loin. Il ne s'adressait pas à un chef hiérarchique ordinaire, même français de France, mais à l'autorité de son évêque. Or ce que l'on apprend au séminaire, c'est que l'autorité de ce dernier vient de Dieu. En principe, ne pas obéir signifiait désobéir à Dieu. La rébellion allait donc loin !

Je ne sais pas si le confrère prêtre en question allait jusque-là dans sa réaction. Il se trouve que pour moi, en toute conscience, il refusait de régler sa conduite sur la directive de son « supérieur hiérarchique ». L'obéissance, une vertu évangélique, était donc remise en question dans ce cas concret. Il considérait dans les faits que toute autorité a des limites comme d'ailleurs toute obéissance. Et chez nous, compte tenu de notre histoire, cette prise de position en disait long. C'est du moins ce que, moi, j'ai perçu dans son acte de rébellion.

Ce que j'avais appris depuis le Petit Séminaire, c'est que l'Autorité vient d'en haut, et s'exerce du haut vers le bas si l'on peut dire ; que l'obéissance, qui est soumission à l'autorité, est un signe d'humilité et un bon indicateur pour « la vocation sacerdotale ». Tout cela se voyait ébranlé devant des réactions comme celle que je viens d'analyser. Je l'ai comparée par la suite à celle de mon premier chef d'équipe, pourtant séculier comme moi, mon chef d'équipe pendant six ans, pourtant séculier comme moi, lors d'une réunion. Parce que je défendais une position qui n'était pas celle de la hiérarchie, il me rappelait à l'ordre avec fermeté en ces termes : « Il faut que tu le saches. L'Église n'est pas une démocratie ! L'obéissance est une vertu évangélique ».

Un autre modèle (Georges Zaïre)

Il se trouve que, sur le terrain, j'avais d'autres modèles parmi les prêtres que je connaissais et fréquentais et qui ne voyaient pas les choses de la même manière !

L'abbé Georges Zaïre était de ceux-là. J'avais appris à le connaître à la FAGEC (Fédération des étudiants antillo-guyanais catholiques (chrétiens). Un prêtre moderne, responsable et courageux, ouvert aux problèmes du monde et de nos pays. Il avait un grand respect pour sa hiérarchie. Mais il n'hésitait pas à interpeller, par oral et par écrit, parfois fermement, son évêque sur certains sujets quand l'occasion se présentait, sans attendre d'être en accord avec lui.

Il l'a prouvé plus tard, quand, revenu en Martinique, il répondit à la demande qui lui avait été faite de devenir conseiller municipal de la ville de Fort-de-France. Pour lui, c'était un nouvel engagement, personnel et courageux, qui lui permettait de continuer à se mettre au service de son Peuple. Quand il en fit part à son évêque, ce n'était pas pour lui demander son accord, mais l'en informer par correction et officialiser cet engagement.

La demande qui lui était faite avait du sens pour le pasteur qu'il était et qui exerçait de manière originale son apostolat. J'ai appris avec lui que, dans le clergé, la hiérarchie toute puissante qui exige soumission au nom de Dieu est obsolète. C'est à chacun, dans ses rapports avec sa hiérarchie, d'exprimer ses besoins, ses attentes, quitte à n'être pas entendu ou compris. Ce qui suppose un véritable dialogue franc et honnête. C'est alors que les chemins peuvent se séparer ou que des compromis peuvent se trouver.

Des prêtres békés. Clergé, discrimination, neutralité politique

À propos de couleur et d'origine des prêtres, il y a une question que je n'ai jamais osé aborder directement, c'est celle des prêtres issus de familles békés.

En effet, parmi mes confrères martiniquais, il y avait une dizaine de prêtres que je connaissais, issus de familles békés sans distinction de génération : de Jaham, Aubert, Despointes, Daniel de Reynal et Christian, Hardy, Croquet, Antoine Desgrottes. Parmi ceux de ma génération, j'étais en classe de 7e au collège avec Daniel de Reynal. J'ai d'ailleurs gardé de bons rapports avec lui. Il a été prieur au monastère des bénédictins à Terrevillle. Je me souviens de José Hardy qui faisait partie des grands au Collège. Et plus tard dans les années 60-70 nous avions un de nos aînés, théologien que l'on appréciait beaucoup. Il nous encadrait dans nos premières années de ministère. Nous le considérions à juste titre comme un de nos formateurs très apprécié : compte tenu de tout ce qu'il nous apportait en termes d'analyse de notre société, du clergé, de l'engagement du chrétien dans notre société, du rapport entre la politique et l'Église. C'était Antoine Desgrottes.

Je ne me suis jamais demandé comment ces confrères vivaient les relations avec leurs familles au cours de leur ministère. En effet, qu'ils le voulussent ou non, ils étaient des « faire valoir » en même temps que des « représentants » de leurs familles qui, d'ailleurs, n'hésitaient pas à les solliciter, par exemple pour les sacrements du baptême, du mariage, qu'elles tenaient à faire en famille. Compte tenu des positions que nous prenions sur le plan pastoral (comme le lien entre la richesse, l'argent et le message évangélique et donc la mission de l'Église), je suppose que ces confrères ne devaient pas être tout à fait à l'aise quand un parent leur demandait des services cultuels « à part des autres », « entre soi » : ce qui allait tout à fait à l'encontre des orientations pastorales rompant avec des pratiques ancestrales discriminantes. Jamais je n'ai eu l'occasion d'en parler avec l'un d'entre eux.

Ceci dit, je me rendais compte qu'hier, comme parfois aujourd'hui encore, certains prêtres, sans être békés, répondaient à la demande de grandes familles (pas seulement békés) pour administrer certains sacrements, qui payaient parfois le prix pour ne pas être traités dans le domaine du culte comme « les fidèles ordinaires ». Ce qui fait que des membres du clergé contribuaient subtilement, pour des raisons d'appartenance au groupe familial ou d'intérêts matériels, à des formes d'apartheid dans le domaine cultuel, tout en prêchant la Bonne Nouvelle de l'Évangile qui veut que « Dieu ne fait pas de différence entre les personnes ».

Ce sont des faits comme ceux-là qui m'ont amené peu à peu à découvrir sur le terrain le clergé dont j'étais membre. Selon les générations et les formations, nous avions non seulement de profonds désaccords dans le domaine de la doctrine de l'Église et la manière d'interpréter les écritures saintes, mais aussi dans l'application des principes évangéliques. Je constatais des pratiques les plus contradictoires selon les individus, leur origine, leur milieu, leur formation, leur idéologie et leurs fonctions.

En faisant allusion plus haut à l'engagement pris par l'abbé Zaïre de faire partie du Conseil municipal de Fort-de-France, auprès d'Aimé Césaire, je me souviens de la levée de boucliers que cela suscita, aussi bien de la part des gens de la droite martiniquaise que de la part de bon nombre de pratiquants qui prétendaient que l'Église par clergé interposé devait être neutre politiquement. Cela me donne l'occasion d'aborder, à partir d'événements vécus au sein du clergé, la question du rapport entre le clergé et la politique.

Je me suis rendu compte par exemple, de plus en plus clairement, que le clergé était dans son ensemble plutôt de droite et développait une réelle méfiance vis-à-vis de tout mouvement et de tout parti qui remettaient en cause le *statu quo* politique de la Martinique. Le Parti communiste comme le Parti progressiste d'Aimé Césaire faisaient partie de ceux qui n'avaient pas bonne presse auprès du pouvoir en place, comme auprès de la hiérarchie de l'Église catholique. Et un prêtre martiniquais au conseil municipal de Fort-de-France par exemple ne pouvait passer inaperçu, singulièrement auprès des courants politiques de droite et encore moins dans les milieux békés. En prenant conscience de tout cela, j'apprenais à distinguer peu à peu le religieux du spirituel.

12

Le corps démystifié, démythifié ?

Ainsi une série de questions et de problèmes allaient m'amener avec d'autres confrères, pas uniquement de ma génération, à démythifier ce corps auquel j'appartenais.

Souvent dans des échanges parfois tendus entre clercs, j'entendais dire qu'il ne fallait pas réduire l'Église au clergé, à une institution purement humaine. Mais je me disais qu'il ne fallait pas non plus, au nom de la foi, considérer notre Église comme une abstraction « pure et sans tâche ». J'ai bien appris que la Mission donnée par Jésus à l'Église, c'est de : « baptiser, prêcher, convertir, annoncer la Bonne Nouvelle de l'Évangile ». Mais au cours des siècles, cette Mission a « pris corps » dans une institution devenue un État. Cette institution est organisée et dirigée partout dans le monde par des hommes et des femmes en chair et en os, qui forment « le clergé catholique » ; même si, avec le Concile Vatican II, le laïcat a officiellement été reconnu comme faisant partie intégrante de ce corps. C'est par le biais du clergé que j'ai découvert d'abord le Dieu d'Abraham, puis le Jésus des évangiles dont les messages m'ont marqué jusqu'à ce jour. C'est grâce au clergé que je me suis senti membre d'une Église universelle. L'Église se fait connaître et reconnaître par la foi de ses fidèles, mais officiellement par ses représentants qui forment l'institution cléricale.

Au cours des années, j'ai appris à découvrir avec un esprit critique, de l'intérieur comme de l'extérieur, cette Institution à laquelle j'appartenais. Grâce à des conférences, à des rencontres, à des lectures, je m'autorisais à m'ouvrir davantage à notre histoire et à découvrir un certain nombre de faits qui illustraient la manière dont le clergé (en l'occurrence catholique) s'était arrangé, tout au long de la colonisation, avec les gouvernements, en cautionnant en passant le système esclavagiste, tout en prétendant réaliser sa mission de « civiliser et de moraliser les populations » par le biais de la catéchisation et de la « sacramentalisation » en masse. Aborder ce sujet de la sorte devenait gênant pour tous ceux qui défendaient leur Institution mise en cause. Certains considéraient qu'il n'était pas nécessaire de revenir sur un passé, qui pour eux était révolu. D'autres estimaient que « critiquer » le clergé d'hier, c'était « attaquer » leur Église.

En ce qui me concernait, cela me permettait de démystifier et de démythifier le clergé quel qu'il soit (catholique ou protestant), quand on le voit négocier jusqu'à se compromettre pour trouver et maintenir sa place dans un système qui réduit la personne à un objet et à sa force de travail ; alors que l'Église a pour mission d'annoncer que toute personne est enfant de Dieu et que cette nouvelle-là est un message radicalement différent, dont la nouveauté et l'originalité pourraient transformer les cœurs « des personnes de bonne volonté », comme je l'avais appris. En prenant conscience de tout cela, je démythifiais de jour en jour l'institution à laquelle j'appartenais, et j'apprenais à distinguer religion et spiritualité.

Corps constitué, corps doctrinal ?

Pendant longtemps donc, comme je l'ai dit déjà, le clergé masculin s'est présenté à moi comme un corps formé de personnages dont certains passaient pour des notables, d'autres pour des hommes simples et abordables mais qui, étant hommes du sacré, détiennent des « pouvoirs », capables surtout de changer le pain en corps du Christ et le vin en son sang, de chasser les démons, de distribuer des sacrements. Des hommes de Dieu dont certains croyants se rapprochaient pour être du bon côté et que d'autres craignaient, les considérant comme des détenteurs de pouvoirs capables de concurrencer les quimboiseurs.

J'en ai eu la conviction, lorsqu'un jour, étant jeune prêtre au Lamentin, un intellectuel de la commune, qui avait la réputation de lire « des livres » dangereux, me demanda directement : « Maxime tu as été à Rome, tu connais des choses, fok ou ba mwen paj' Liv' la » (il faut que tu me donnes la page du livre). Je ne comprenais pas. Il m'a ri au nez en me disant : « ou sé an malin ! Ou pa lé di mwen bagay'la » (tu es malin, tu ne veux pas me livrer ton secret). C'est ainsi que je découvrais qu'il me considérait comme quelqu'un qui, de par sa formation, détenait des pouvoirs contre les mauvais esprits, le Mal, que l'on appelle aussi le « Malin ». Il pensait qu'avec mon aide, je pouvais renforcer son pouvoir à lui, en lui donnant des recettes tirées de la Bible, et en même temps de le protéger contre ses ennemis, des malfaiteurs qui, eux, ont voué leur âme au Mal. Voilà que j'étais placé dans la peau des « gens forts, en possession de recettes magico-religieuses ».

Or, si le clergé jusqu'ici avait entretenu dans la population cette image du prêtre homme du sacré, détenteur de pouvoirs, le Concile Vatican II, avec une nouvelle génération de prêtres dont je faisais partie, venait démythifier, désacraliser et démystifier le personnage du prêtre, comme tout le langage cultuel qui entretenait cette idée de mystère sacré.

Le Concile répondait à notre désir de voir notre Église catholique s'engager dans des réformes de fond, donc sur tous les plans : celui de la théologie, de la pastorale, de la liturgie ; celui de l'interprétation des Écritures saintes, celui de la catéchèse.

Je m'apercevais cependant, que les choses n'étaient pas si faciles sur le terrain. Dans le clergé, il y avait la question des générations : « les anciens » et « les nouveaux ». Nous n'avions pas tous les mêmes formations. Certains avaient été formés au Canada, à Rome, à la « Propaganda Fide » ou au Séminaire français ; d'autres à La Croix-Valmer dans le Var ou à Coutances dans la Manche ; d'autres encore à Lyon ou à Paris.

Nous avions tous étudié la philosophie de St Thomas d'Aquin inspirée d'Aristote, la théologie dogmatique, morale, apologétique, les Écritures saintes. Je me rendais compte que dans notre pays se développaient des Églises telles que les Églises adventiste, évangélique, les Témoins de Jéhovah que l'on qualifiait de « sectes ». Et par conséquent, la théologie apologétique (défendre la foi et la doctrine telles que Rome les définit) occupait une place importante dans les prédications et les préoccupations pastorales.

Cela m'amenait à défendre la position consistant à présenter notre Église, comme étant chargée de défendre « la Vérité » qu'elle prétend détenir ; à transmettre le dépôt de la foi hérité des apôtres et de la Tradition. Or je m'apercevais toujours sur le terrain que chaque Église, qualifiée de « secte » par la nôtre, avait le même langage et la même attitude. D'ailleurs les Églises se rejetaient (et se rejettent mutuellement), prétendant chacune détenir la « vraie vérité ». Et ce, en se référant aux Saintes Écritures.

Or dans ces années 1960, au cœur de la catholicité, la question de l'interprétation des textes bibliques divisait les exégètes catholiques, voire d'autres obédiences. Il y avait tout un courant de pensée qui remettait en question la lecture littérale et traditionnelle du Nouveau et de l'Ancien Testament. Il fallait aider les croyants, pratiquants ou pas, que l'on rencontrait, à découvrir les Écritures. Là où les autres membres des religions précitées arboraient fièrement leur Bible sous le bras, capables d'en citer de multiples passages pour argumenter leurs croyances, la plupart des catholiques n'avaient comme nourriture que leur missel du dimanche et les éléments d'explication tirés des prédications ou de leur catéchisme. Il y avait donc un gros travail à faire dans les paroisses dans le domaine de la connaissance de la Bible. Dans le même temps, je me rendais compte que la formation reçue au cours des années m'amenait à considérer le monde comme partagé en trois :

– celui des croyants pratiquants, élus et aimés de Dieu, dont je faisais partie ;
– celui composé d'incroyants, d'hérétiques, de schismatiques, qui s'étaient égarés en se séparant du « tronc » et qui étaient appelés à se convertir en revenant au bercail ;
– et celui des athées, considérés tantôt comme des adversaires tantôt comme des ennemis de l'Église tels que les francs-maçons et les communistes.

J'étais dans un monde où des humains d'un même pays, d'une même communauté se rejetaient mutuellement et se combattaient en prétextant détenir la Vérité, soit dans le domaine religieux, soit dans le domaine politique pour faire court.

Cette vision du monde restait caricaturale pour le jeune clerc que j'étais. Si les religions se regardaient en chiens de faïence, je m'apercevais qu'en réalité les rapports de nos aînés du clergé avec ceux qui n'étaient ni croyants, ni pratiquants n'étaient pas si tranchés. Et que faisant partie des « notables », en tout cas classés comme des personnalités de leurs paroisses, ils étaient obligés d'entretenir un minimum de relations publiques, officielles ou officieuses avec les personnalités de la commune ou de la ville, quelles que fussent les appartenances, tout simplement par intérêt et par diplomatie. Même s'ils nourrissaient le rêve de voir une conversion de dernière heure chez ceux qui, toute leur vie, avaient vécu « hors de l'Église ».

Deux courants face à face

Pour revenir au clergé dont j'étais un jeune membre, je devais pour ma part avec ceux de ma génération me confronter à une réalité : il existait chez les prêtres catholiques (comme d'ailleurs chez les protestants) deux courants antagonistes : à savoir « le courant dit « progressiste » et le courant « traditionnaliste » ou encore « réactionnaire ». Je m'apercevais que ces termes s'appliquaient aussi bien au monde religieux qu'a celui du politique.

Les représentants du courant traditionnaliste affirmaient leur fidélité à la Tradition qu'il ne fallait pas changer. Ils prenaient systématiquement le contre-pied des orientations du Concile Vatican II. Cela donna dans les années 1975 un courant qui prit de plus en plus d'ampleur, avec à sa tête Mgr Lefebvre, et qui alla jusqu'au schisme avec Rome, au point d'ordonner lui-même des évêques. De là est née « la fraternité St Pie X » qui se réfère uniquement au catéchisme traditionnel et s'accroche au rite de la Messe de St Pie X (en latin, avec le célébrant dos au peuple). Dans le clergé ils étaient considérés comme l'extrême droite catholique.

Lors des années passées à Rome, comme je l'ai dit plus haut, j'avais connu ce clivage idéologique. Une fois revenu dans mon diocèse, j'étais donc à l'opposé de ce courant. Je me positionnais clairement, avec des confrères qui partageaient les mêmes convictions, dans le camp des « progressistes ou révolutionnaires ». Nous combattions les idées et les pratiques des partisans du courant traditionnaliste. Nous étions pour les changements impulsés par Vatican II dans tous les domaines. Et cela commença en 1967 dans ma première paroisse du Lamentin, dans une commune communiste.

Don Camillo et Peppone

L'équipe que nous formions (Rafaël, Jean et moi-même) se démarquait des curés et vicaires qui s'étaient succédé au Lamentin depuis des décennies. Par notre style, notre manière de nous habiller déjà, de communiquer avec les paroissiens, de célébrer, de catéchiser, d'être présent au monde. Notre préoccupation était de voir notre Église, par clergé interposé, s'ouvrir sur le monde plutôt que de s'en méfier : être dans le monde sans être « du monde » mais, comme nous l'avions appris, « sans se couper du monde » !

Et cela commença dès les premiers mois de notre présence, avec la fête patronale de la commune. À l'époque, la fanfare lamentinoise précédait le cortège qui débouchait à l'église, le maire en tête, suivi de son conseil municipal. Je me souviens avoir été impressionné de me trouver, lors de la messe « officielle », dans une église bondée (près de 1 000 personnes, les hommes regroupés sous le clocher à la porte de l'église), avec au premier rang le maire communiste de la commune, le célèbre Georges Gratiant, entouré de membres de son conseil municipal. Je ne sais pas ce que pouvait représenter pour ces officiels une célébration eucharistique à laquelle ils n'accordaient, je crois, aucun crédit. Mais cela faisait partie du protocole habituel.

Après la célébration, le clergé était invité au vin d'honneur à la mairie. C'est là que, jeune de 28 ans, je rencontrai pour la première fois cet homme brillant et célèbre dont j'avais entendu parler et qui me provoqua avec un sourire de circonstance quelque peu provocateur en ces termes : « donc, nous ne sommes pas du même bord ». Surpris et donc battu, je n'ai aucun souvenir de la réaction que j'ai eue à ce moment-là.

C'est ainsi que j'ai fait la connaissance de bien des gens avec qui j'entretenais des rapports très simples et authentiques. Mais, par la suite, je me suis rendu compte être passé à côté de plein de gens intéressants qui m'auraient enrichi, mais que j'ai évités ou ignorés parce qu'ils ne faisaient pas partie de ceux qui « fréquentaient le clergé ».

Ainsi, Je suis resté six ans au Lamentin sans chercher à rencontrer quelqu'un comme Georges Gratiant que l'on m'avait appris à aborder avec ce préjugé lié à son étiquette communiste. Je connaissais indirectement l'existence de Gilbert Gratiant, son frère, qui m'avait adressé un courrier de félicitation pour mes compositions de la « messe tam-tam » et des « psaumes créoles » en 1966, grâce à Paulette Nardale qui lui avait envoyé les disques.

C'est après coup que je me suis rendu compte qu'étant centré sur mes préoccupations pastorales et liturgiques, nourrissant sans doute une certaine méfiance vis-à-vis des questions purement politiques, je n'avais pas pris le temps de m'y intéresser. Or, dans cette seule commune du Lamentin, ma paroisse :

– j'avais, comme premier voisin Georges Gratiant, ce monument d'avocat qui avait défendu les 16 de Basse-Pointe ; celui qui n'avait pas eu peur d'affronter les gendarmes lors des événements de 61 dans la commune et surtout celui qui avait défendu si brillamment en 1964 les jeunes de l'OJAM, incarcérés pour leur manifeste, en faisant condamner la politique coloniale de répression de l'époque ;

– j'ai eu la chance de pouvoir rencontrer deux autres personnalités lamentinoises qui faisaient partie des incarcérés de l'OJAM (Organisation de la jeunesse anticolonialiste de la Martinique), tel le Dr Henri Pié qui m'avait réservé un accueil chaleureux lorsque nous nous étions rencontrés dans son cabinet une fois. Il pensait sans doute avoir affaire à un jeune prêtre suffisamment sensibilisé aux problèmes et à la culture du pays. Il m'avait prêté un ouvrage de Saint-John Perse que j'ai eu du mal à comprendre. Malheureusement, je n'ai pas entretenu avec lui des relations qui m'auraient sans aucun doute enrichi à plusieurs niveaux. Comme d'ailleurs Gesner Mencé, que je voyais passer bien souvent dans la commune sans prendre le temps de discuter avec lui.

À ce propos, c'est lors de mes passages à Paris à la FAGEC que j'ai entendu parler de l'affaire de l'OJAM, des années 1962-64. Je me suis rendu compte, bien après, que Manfred Lamotte était mon collègue au Séminaire-Collège ou nous enseignions en 1965-66. Et nous n'avons jamais parlé de l'OJAM. Mgr de la Brunelière et le père Delawarde (celui qui m'a envoyé au Séminaire) avaient rendu visite aux huit jeunes de l'OJAM, incarcérés à Fresnes. Je n'ai pas accordé l'importance nécessaire à ce geste, si rare de la part du clergé, singulièrement de la hiérarchie catholique de l'époque.

C'est que, pour moi, jeune prêtre, membre d'une équipe sacerdotale dans cette paroisse du Lamentin, mes priorités tournaient autour de l'*aggiornamento* de l'Église voulue par le Concile Vatican II. Et cela nous amenait à interroger l'image que nous donnions de nous-mêmes dans la société martiniquaise et singulièrement dans la paroisse.

Du modèle « curé-vicaire » à l'équipe sacerdotale

L'image du prêtre dans son presbytère, « mis à part » par vocation, disponible pour des actes précis : des célébrations et distributions de sacrements et sacramentaux, pour le catéchisme, les enterrements et les bénédictions ; l'image dans chaque presbytère de vicaires devant se soumettre à leur curé qui parfois donnait l'impression d'être un grand seigneur soumis à Mgr l'évêque. Ces images-là allaient être secouées par la nouvelle politique menée par Maurice Marie-Sainte, le vicaire général du Diocèse.

Notre équipe faisait partie du doyenné du Sud-Est avec comme responsable Raphaël Miron, plus âgé et expérimenté que Jean Galap et moi, qui avions à peine trente ans. Nous avions choisi de vivre fraternellement, de prendre les décisions et d'animer ensemble une paroisse. Avec toute notre générosité, notre dynamisme, notre côté rebelle et remuant, Jean et moi n'hésitions pas à prendre des initiatives dont certaines bousculaient non seulement les habitudes paroissiales, mais celles de notre responsable.

Je me souviens en particulier de notre initiative (Jean et moi) de descendre tous les médaillons accrochés dans le salon et qui représentaient les anciens curés de la paroisse depuis son origine. Pour signifier que pour nous le prêtre n'était pas un notable ; dans ce cas, il doit descendre de son piédestal pour être proche de ses frères. Pour nous, la place de ces photos était plutôt dans un musée mais pas dans une maison destinée à tous, où passaient plutôt les gens du peuple que des notables ! C'était du moins notre point de vue. Mais notre aîné Raphaël n'a pas supporté une telle initiative. Je me souviens encore de la colère qui s'empara de lui ce jour-là, en se rendant compte de ce que nous avions fait sans son autorisation. Et il nous entérina l'ordre de remettre en place ces vestiges du passé.

Je découvrais que vivre en équipe avait ses exigences, comme celle d'apprendre à décider ensemble, en acceptant la confrontation de points de vue différents. Nous n'étions sans doute pas les seuls à poser des actes de rébellion, qui bousculaient les traditions et les habitudes de nos aînés. C'est sans doute l'une des raisons qui poussa l'évêque et son conseil de l'époque à nous faire accompagner dans le ministère paroissial.

Pour nous coacher dans les premières années, il y avait Antoine Desgrottes qui était le théologien de référence et Germain Beaubrun, le responsable de la catéchèse.

Maurice Marie-Sainte est devenu très vite notre vicaire général. Il était chargé de constituer, d'organiser et de dynamiser le presbyterium (ensemble du clergé). Il encourageait donc les équipes sacerdotales formées à l'époque : à savoir celles de Fort-de-France, de Terres Sainville, de Ste Thérèse, du Lamentin, du François, de Trinité. Nous avions des réunions dans différentes paroisses, autour d'aînés : pour parler de notre pratique, des questions que nous nous posions sur le terrain. Il n'y avait pas que des Martiniquais dans les équipes.

Mais, lors de nos rencontres, revenait régulièrement ce clivage entre « traditionalistes, conservateurs, fondamentalistes » et ceux qui ceux qui, s'inscrivant dans la ligne du Concile Vatican II, voulaient des changements profonds dans l'Église, tant sur le plan théologique et scripturaire que sur le plan de la pastorale liturgique et catéchétique.

Je découvrais que ce « presbyterium » était loin d'être monolithique, d'avoir une vision commune de la mission d'évangélisation. Durant les années 1960, les paroisses de Fort-de-France, de Terres Sainville, du Lamentin, du François travaillaient dans le même sens. Les résistances provenaient des paroisses tenues par des curés qui avaient du mal à accepter les changements.

S'ouvrir au monde et aller à la rencontre

Ces équipes ouvraient les presbytères aux paroissiens. Alors que jusque-là, ils demeuraient la maison réservée au curé et à ses vicaires. Combien de fois des jeunes m'ont réveillé de ma sieste parce qu'ils avaient besoin de parler, parce qu'ils vivaient des moments difficiles et parfois dramatiques. Des années après, certains me rencontrent et me remercient d'avoir été là... Je n'étais pas le seul à ouvrir ma porte.

Mais il s'agissait pour les jeunes pasteurs que nous étions d'aller à la rencontre des gens dans leurs milieux de vie. Car la liturgie qui avait une grande place dans notre ministère devait être aussi la célébration de cette vie, pas seulement pour les enfants et les femmes. Mais aussi pour les hommes, les adultes de tous genres et de tous milieux. Il fallait que les jeunes, les hommes et pas seulement les enfants, les femmes et les personnes âgées soient intéressés, sinon captivés, par le message évangélique considéré comme « ferment » pour la vie personnelle, individuelle et collective de chacun ; il fallait que les laïcs prennent toute leur place, et dans la société en tant que témoins, et dans les activités paroissiales.

C'est l'époque par exemple où l'on formait les parents pour qu'ils prennent eux-mêmes en charge leurs enfants et ceux de voisins éventuellement, pour la première année de catéchisme. Des parents organisaient des réunions de quartiers chez eux. Le clergé les préparait à les animer. Ce n'était pas chose facile. Dans les quartiers, on sait en effet combien il y a des problèmes de relations, des conflits entre personnes, entre familles. Nous misions sur les exigences de l'Évangile que bon nombre de gens n'avaient pas l'habitude de lire, de découvrir. Il ne faut pas oublier que le clergé jusque-là n'encourageait pas les pratiquants à lire la Bible. Notre but était de permettre aux gens de découvrir le lien qu'ils doivent trouver entre leur vie et le message évangélique, mais aussi avec leur environnement naturel. C'est dans ce but que Germain Beaubrun avait mis entre les mains des parents un livret tout à fait adapté et accessible aux parents et aux enfants de tous niveaux. Il ne s'agissait plus d'apprendre par cœur des réponses inscrites dans un catéchisme, pour être admis ou pas nouveau à une première communion. C'était une véritable révolution ! Les anciens s'opposaient à ce changement !

Quant à la jeune génération dont nous faisions partie, il s'agissait pour nous de réviser de fond en comble notre style de vie, notre manière d'être présents dans notre monde. On parlait d'être « plus proches des problèmes des gens » ; c'était une manière de reconnaître que le clergé par son style de vie était coupé du monde, enfermé dans son presbytère qui ressemblait parfois étrangement à la maison d'habitation des grands propriétaires ; coupé du monde par sa manière de s'habiller, avec cette fameuse soutane. On a commencé par s'habiller en civil, avec une tenue sobre, en gris avec une croix sur la poche de la chemise. Mais au cours des années chacun s'est habillé comme il le voulait. On sait bien que l'habit ne fait pas le moine. Au-delà de l'habit, le défi pour le clergé, singulièrement les jeunes générations, c'était non seulement de parler un langage accessible à tous, aussi bien dans le domaine liturgique que catéchétique, mais de développer tout un mode de vie, tout un mode de présence dans la société : par exemple, lors d'événements familiaux (deuils, baptêmes, mariages, fêtes de quartier, événements sociaux et politiques). Nous faisions tout pour en finir avec cette distance artificielle ou ces relations aux relents paternalistes et moralisateurs qui existaient entre le clergé et le monde séculier. Connaître et partager au maximum les conditions de vie des gens, pour que notre pastorale prenne racine dans la vie et non nous contenter de prêcher en développant de belles idées abstraites, complètement coupées des réalités, c'était là la base de notre pastorale.

Cependant, après coup il faut reconnaître que nous, les jeunes de l'époque, nous n'accordions pas toute l'attention à des actions sociales de certains de nos aînés, qui tout en étant « ensoutanés » étaient de véritables travailleurs sociaux. C'était le cas de l'abbé Morlan ou du père Triclot (voir plus loin), religieux spiritain. Mais à l'époque, nous considérions que le clergé n'avait pas à se substituer à l'État. C'était à ce dernier et au Département de prendre en charge les problèmes sociaux et de développer des œuvres sociales en faveur de l'enfance, de l'adolescence et des familles en détresse.

Pour nous, dans la ligne du Concile Vatican II, évangéliser, annoncer l'Évangile comme une bonne Nouvelle, comme nous disions, c'était notre mission première.

Pour cela, il fallait aller à la rencontre des personnes pour les aider à donner du sens à leur à leur existence ; faire en sorte que leurs différents engagements dans la société (famille, travail, activités politiques, syndicales, associatives, sportives), comme les différents secteurs de la vie d'un enfant, d'une femme, d'un homme, soient animés, éclairés par le message évangélique que nous prônions. Nous nous étions rendu compte que les enfants, une fois confirmés, s'éloignaient de l'Église et se débattaient bien souvent dans des problèmes propres à leur adolescence, sans soutien ni éclairage.

Notre présence auprès de la jeunesse devenait prioritaire. Les parents nous faisaient confiance. Car nous faisions œuvre d'éducation tout court ; en permettant aux jeunes de se rassembler, d'échanger sur leurs problèmes, de se responsabiliser en constituant des groupes de réflexion. Nous organisions des journées de découverte du pays, de notre histoire ; des « Camps travail mixtes » pendant les grandes vacances dans des communes différentes. Pour avoir des moyens de les réaliser, les jeunes faisaient des spectacles (théâtre, concerts, etc.). Nous n'avions pas encore de Maison des Jeunes et de la Culture à l'époque. Notre présence auprès de la jeunesse était animée du souci de les aider à faire le lien entre leur vie et l'Évangile, leur vie et leur foi.

En ce qui me concerne, cela était possible à travers le chant choral et les réunions sur des thèmes choisis par les jeunes : comme les relations parents / enfants, la relation à leur corps, leur découverte de l'amour, les questions des relations entre garçons et filles, les problèmes liés à la sexualité ; le sens des engagements en famille, dans leur école ou lycée ou dans leurs loisirs et leurs jobs quand ils en avaient un.

Au sein d'une chorale, il ne s'agissait pas simplement de chanter des chants les plus harmonieux qui soient, mais de prendre conscience de ce que l'on chantait, d'échanger sur le contenu des chants, des textes bibliques évangéliques qu'ils proclamaient ou écoutaient, et de faire un lien avec leur vie. C'était aussi une occasion d'apprendre à vivre des moments de plaisir ensemble (grâce aux chants, aux concerts et aux sorties organisés durant l'année), à gérer les conflits de groupe, à apprendre à préparer ensemble des activités dans le respect mutuel, la franchise, l'honnêteté, le courage, etc.

Dans les différentes paroisses, les célébrations liturgiques étaient vivantes, parlantes, joyeuses, grâce au langage renouvelé d'un rituel souvent rébarbatif. Les messes de jeunes le Jeudi saint, par exemple, rassemblaient des milliers de jeunes qui participaient à leur préparation et à leur déroulement. Les chants en créole et en français, aux paroles compréhensifs et rythmés avec batterie, guitare, tambour apportaient aux jeunes et à la communauté paroissiale des moments de bonheur et de prière joyeuse.

Pour nos aînés du clergé comme pour bon nombre de paroissiens, c'était difficile de s'adapter à cette nouvelle manière d'évangéliser, bien différente de celle qu'ils connaissaient.

À la Martinique, les prêtres de ma génération portaient cet espoir de voir notre Église s'ouvrir au monde, de se remettre en question, d'inventer un nouveau langage qui questionne chacun dans sa vie et son insertion dans le monde ; qui colle aux réalités, aux préoccupations, aux engagements des uns et des autres.

13

Des réalités en face

Sur le terrain, les jeunes de ma génération se rendaient bien compte que les formations reçues au cours des années de Séminaire nous avaient coupés des réalités sociales, culturelles, économiques et politiques de notre pays. Et, tout en participant à ce mouvement d'*aggiornamento* de notre Église, j'allais m'ouvrir de plus en plus à des questions concernant l'histoire de notre pays, les conflits sociaux passés et présents, les événements violents tels que ceux du Lamentin en 1961, qui se terminaient toujours par des morts ; sur des questions comme celle du BUMIDOM. J'avais l'impression que, pour le clergé auquel j'appartenais, tout cela ne faisait pas partie de sa mission. L'important étant de prêcher pour que les gens viennent ou reviennent à la pratique religieuse. Tout ce qui était « politique » restait en dehors des préoccupations cléricales. Or jeune clerc, j'entendais autour de moi des gens qui dénonçaient tels ou tels propos en chair de curés, comme « labé pa pou fè politik ! » (le prêtre n'a pas à se mêler de politique). Ils n'étaient pas dupes ! Je commençais à questionner cette soi-disant « neutralité politique » du clergé. Comme j'avais des convictions qui jusqu'ici ne s'étaient exprimées que par le canal des réformes liturgiques, j'ai mieux compris le rapport entre politique et clergé lorsque l'un d'entre nous, Victor Permal, osa prendre position publiquement en participant à la Convention du Morne-Rouge (en 1971) qui rassemblait des partis et des mouvements prônant l'autonomie pour la Martinique. Ce fut une levée de boucliers de la part non seulement du clergé dans sa majorité mais des fidèles qui épousaient la position de ce clergé. Ce qui signifiait pour moi que ce dernier, sinon l'ensemble des catholiques, considérait que la position de l'Église sur l'avenir de la Martinique était le *statu quo* ! J'avais là de quoi réfléchir en faisant d'autres constatations. Comme le fait de voir dans les messes officielles le Préfet en première loge, avec le privilège du « prie-Dieu » bien en vue dans l'allée centrale de l'église. Cela ne posait apparemment aucun problème à la hiérarchie catholique, ni au clergé paroissial, voire aux fidèles. En tout cas ceux qui n'étaient pas d'accord avec cela se taisaient, puisque l'on ne pouvait contester la parole des représentants de Dieu !!!

C'est donc sur le terrain, au Lamentin, que je me suis trouvé confronté à cette question des rapports entre Église et État, entre clergé et politique, remettant en question sans trop l'exprimer publiquement ce que l'on nous avait appris quant à la « neutralité politique » de l'Église ? L'occasion me sera donnée de vérifier « *in situ* » comment cela se déclinait lorsqu'il s'est agi de remplacer l'archevêque de la Brunelière.

Autour de l'élection du premier évêque martiniquais (1969)

C'est bien à l'occasion de la nomination de Maurice Marie-Sainte comme évêque que j'ai compris le lien existant en sourdine entre l'État, certains groupes de pression locaux et l'Église catholique. Jusqu'ici, je croyais naïvement que c'était une affaire « interne » à l'Église. Le pape reçoit plusieurs candidats et c'est finalement Rome qui choisit, conseillé par le Nonce apostolique de la Région, lui-même tenant compte des propositions du clergé local. En réalité, les choses sont plus complexes. Elles n'avaient rien à voir avec cette vision naïve qui me faisait imaginer qu'il y avait d'un côté les affaires du clergé et de l'Église catholique, et de l'autre les affaires publiques de l'État.

Je faisais donc partie de la génération des « jeunes prêtres » jetés dans le ministère avec quelques années d'expérience. Et ceux de nos aînés qui nous encadraient nous interpelèrent au sujet de la nomination du futur évêque de la Martinique. Des rumeurs couraient dans le diocèse au sujet de certains prêtres jugés « épiscopables », dont mon chef d'équipe Miron qui semblait avoir plus de chance que les autres. Le connaissant bien, pour être un homme sans doute droit et très honnête mais quelque peu rigide sur bien des sujets, notre préférence se portait sur Maurice Marie-Sainte. Ancien romain certes, il avait à son actif une solide formation classique (licences en théologie, en droit canonique). Mais ce n'était sans doute pas la bonne référence. Nous retenions, au-delà de son niveau intellectuel et de ses formations, ses qualités humaines : un homme accessible, simple, ouvert au dialogue et dans la mouvance du Concile Vatican II. Par ailleurs, il avait fait ses preuves comme responsable du Foyer des séminaristes et comme coach des jeunes prêtres en début de ministère, puis en tant que vicaire général. Il avait initié tout un travail au sein du presbyterium (ensemble du clergé) pour que ses membres, de générations et de formations si différentes, apprennent à réfléchir et à travailler ensemble sur le plan pastoral. Il était donc notre candidat. Me voilà faisant partie de ce petit groupe de prêtres qui sollicita un entretien avec le Nonce apostolique de passage en Martinique, pour lui signifier notre opposition à la nomination de Miron et lui dire avec forces arguments notre désir de voir Marie-Sainte devenir notre évêque. L'accueil qui nous fut réservé m'a fait croire que tout était acquis. Mais c'était faire preuve une fois de plus d'ignorance et de naïveté. En réalité il me manquait alors de connaître l'histoire des rapports entre clergé et gouvernement tout au long de l'histoire de l'Église, et singulièrement de la nôtre.

J'avais sans doute appris qu'avec le Concordat chez nous, comme ailleurs, c'était le gouvernement qui nommait les évêques préconisés par le Saint-Siège. Avec la différence chez nous que l'évêque, deuxième personnage après le gouverneur (car il représente localement l'État du Vatican), avait intérêt, comme les prêtres d'ailleurs, à ne pas trop s'opposer au gouverneur sous peine d'être « déplacé » et renvoyé en France. Des historiens et chercheurs nous ont longuement développé ces querelles de pouvoir entre les deux parties tout au long de l'histoire coloniale de nos pays. Le gouverneur voulant imposer son autorité sur le clergé et le clergé cherchant à revendiquer sa liberté dans le domaine qui lui est propre.

Avec la loi de la séparation entre Église et État de 1905, appliquée chez nous six ans plus tard, l'Église disait avoir retrouvé sa liberté. Mais c'était vite dit. Car non seulement le clergé devait faire face aux assauts de l'anticléricalisme de l'époque, mais des questions d'ordre matériel (la création et l'entretien des lieux du culte, du personnel du culte, des établissements scolaires, etc.) le contraignaient à ménager ceux qui avaient le pouvoir de l'argent et les décideurs politiques (en majorité de couleur) dont la plupart, rappelons-le, n'avaient pas une haute estime pour ce clergé (témoignage du père Triclot au sujet de la Tracée).

Et puis chez nous, entre le gouvernement et le clergé il y a la classe béké qui a joué et joue un rôle déterminant dans le domaine économique mais aussi politique, donc qui avait son mot à dire dans la nomination d'un évêque, surtout martiniquais. J'étais à mille lieux d'imaginer qu'autour de la nomination d'un évêque il pouvait y avoir des questions de pressions, de groupes, de castes, de partis locaux.

D'ailleurs, les événements l'ont prouvé par la suite. Car, il fallut des mois d'attente avant que cette nomination ne soit effective. J'ai appris que ce qui faisait traîner les choses, c'étaient bien des questions d'ordre politique. Certains hauts responsables politiques (mais aussi religieux) soupçonnaient Maurice Marie-Sainte d'avoir des idées indépendantistes, autonomistes. Je découvrais, sur le terrain, que les forces gouvernementales et économiques du pays, békés en l'occurrence, freinaient en sourdine tant qu'ils pouvaient la nomination d'un évêque. Des années après, voilà ce que me rapportait un témoin.

> « Le Nonce apostolique organisait à l'Évêché une consultation dans le bureau de l'évêque à l'étage. Sur le banc vert qui se trouvait en bas, un béké dont je ne citerai pas le nom, n'hésitait pas à interpeler les consultés qui s'apprêtaient à

> grimper à l'étage : "sé an spiriten nou pa lé piès' neg ramplasé La brunelìè ... se an spiriten nou lé !" (c'est un spiritain que nous voulons. Nous ne voulons pas que ce soit un nègre qui remplace de la Brunelière).

Effectivement, certains spiritains, bien connus pour être comme on dit « de droite », faisaient tout pour que soit nommé un spiritain. Un de ces pères que je connaissais bien, disait le même témoin, « n'a d'ailleurs pas hésité à utiliser ses sermons pour faire passer sa position ! ». Et le témoin ajoutait : « d'ailleurs, une fois que Marie-Sainte fut nommé évêque, les békés ont retiré leurs billes des affaires diocésaines... ».

Maurice Marie-Sainte a vécu et supporté tout cela en silence. Je me souviens qu'il s'était retiré quelque temps en dehors de la Martinique, tant la pression était forte. Finalement, il fut nommé par Rome à la grande satisfaction de l'ensemble des catholiques, mais pas nécessairement du clergé qui était divisé : car il y avait bien entendu en son sein les courants « traditionalistes » et conservateurs, qui avaient peur que l'influence de l'évêque, soutenue par une partie du clergé, encourage les mouvements favorables au changement de statut politique du pays ; mais qui pensaient aussi aux intérêts de leur congrégation entre autres qui allait perdre du pouvoir dans le diocèse.

Malgré mes années passées à Rome où j'avais vu pourtant passer les voitures avec les drapeaux de l'État du Vatican, je ne me rendais pas compte de ce que cela représentait. Effectivement l'Église catholique romaine est en fait un État, dont le chef est le pape. Le nonce apostolique d'une région ou l'archevêque ou l'évêque d'un diocèse, même si cela ne se manifeste pas ouvertement, représentent l'État du Vatican et sont officiellement les seconds personnages du pays, comme par le passé. On ne nous avait pas appris cela au Séminaire. Et par ailleurs, j'ignorais quelque part mon histoire. Car j'aurais appris que depuis 1850, avec les sièges épiscopaux, l'évêque était considéré comme un notable ayant droit au protocole de son rang. Mais avec comme mission de s'occuper des affaires liées au culte, à « l'instruction religieuse », à l'éducation et à la moralisation de la population. Ceci sous le contrôle du Gouverneur. Même après la séparation de l'Église et de l'État, et malgré l'anticléricalisme qui a suivi, l'élection d'un évêque ne se faisait pas sans que l'État ne s'en mêle par le biais des diplomates, du nonce apostolique en tout cas.

Et donc chez nous, la couleur politique pèse lourdement sur la nomination d'un nouvel évêque. Ce dernier doit se détacher des courants de pensée « progressistes, communistes, révolutionnaires », dangereux pour le maintien du *statu quo* politique et économique du pays ! Cela rappelle l'épisode de l'abbé Zaïre qui, à la demande de Césaire, était entré au conseil municipal de Fort-de-France, municipalité progressiste. L'événement avait fait couler beaucoup d'encre. Il n'était donc pas concevable pour l'État français que soit nommé un Martiniquais qui serait de cette mouvance politique à la tête du diocèse, compte tenu de l'influence de l'Église catholique dans le pays.

Peu à peu, je me rendais à l'évidence : ceux qui, comme moi au départ voulaient faire passer l'Église, singulièrement le clergé catholique, comme « apolitique », se trompaient. Car, dans la pratique, dès que des membres du clergé, ou des laïcs pratiquants fréquentent des gens de gauche, ou défendent des valeurs liées à l'identité martiniquaise, voire à l'autonomie ou à l'indépendance de la Martinique, ils sont dénoncés et mal vus, aussi bien par les politiques de gauche que par la majorité des pratiquants qui, sans le dire, seraient plutôt de droite. Et lorsque des prêtres se démarquent des mouvements de droite pour s'engager dans ceux des courants de gauche, l'autorité ecclésiastique était alors interpellée pour qu'elle mette de « l'ordre dans ces écarts », comme on a pu le lire dans certains journaux de droite.

« **Tenir compte de notre culture, oui mais** »

Mais revenons à l'ordination de notre nouvel évêque martiniquais pour souligner qu'au cœur de la liturgie elle-même, il y avait des signes qui m'ont fait réfléchir !

J'étais responsable en 1969 de la commission liturgique du diocèse et, à ce titre, chargé de préparer la brochure de la cérémonie « du sacre » (avec chants, textes, réponses, litanies, explications du rituel), destinée à tous les participants.

Et même si malheureusement il n'y avait aucun chant créole dans ceux choisis pour la circonstance (ce serait « mal vu, mal compris » disait-on), cette ordination du premier évêque martiniquais devait, pour la Commission, porter la marque de notre identité culturelle. Nous avions fait certaines propositions au futur évêque. Par exemple : dans sa tenue, une touche de chez nous dans le tissu choisi ; la crosse pourrait être en bois précieux de chez nous confectionné par un artiste de chez nous, et non en or, etc.). Mais c'était trop demander au nouvel élu. Je me souviens de ce sourire avec lequel il me disait en privé et en créole « que ces changements pourraient être considérés par la population comme dévalorisants pour l'ordination de leur premier évêque ». J'ai compris là encore ce que cela cachait : tout dans le domaine liturgique devait être d'or et d'argent, venu d'ailleurs comme le veut la tradition.

Avait-il conscience, après tout ce qu'il avait vécu, que ces innovations, qui devaient ne concerner que la liturgie d'une Église, auraient été interprétées aussi bien par les chrétiens que par tous ceux qui avaient fait résistance autour de sa nomination, comme autant de signes indiquant que le nouvel évêque se situait bien du côté des défenseurs de l'identité martiniquaise ? Et que cela constituait un danger pour la fonction ?

Mes illusions tombaient les unes après les autres. Mais, peu à peu, je prenais conscience que même ce qui s'inscrivait dans la ligne du « renouveau » de l'Église, au nom de Vatican II, pouvait chez nous prendre une dimension politique.

Il est bon de rappeler qu'au début de mon ministère au Lamentin, le fait que notre équipe, dès son arrivée en 1967 dans la paroisse, avait supprimé des bancs de l'église toutes les plaques en émail qui portaient les noms des familles argentées, avait fait scandale et inquiété les classes privilégiées. Et nos prédications trop engagées mettaient à mal par exemple certaines familles békés qui parlaient de notre équipe sacerdotale en ces termes : « ceux-là ne sont pas avec nous ». Et effectivement très vite ces familles ont fui notre paroisse pour se rendre dans celle de Bellevue, (plus tard, dans les années 90, dans la paroisse de Ste Thérèse pour les baptêmes et mariages). Notre but était non pas de faire fuir tels ou tels pratiquants, tels ou tels groupes, mais de faire en sorte que les personnes qui se rassemblaient à l'église soient considérées au même titre. Pour nous dans cet espace, les questions de places, de privilèges n'avaient pas lieu d'être. Au sein de l'Église qui prône que « nous sommes tous égaux devant Dieu », il fallait faire disparaître toutes formes de discriminations comme les fameuses « classes » (1re, 2e, 3e classes) pour les messes, les enterrements, les mariages ; les « deux poids, deux mesures » selon que l'on soit riche ou pauvre, blanc ou noir, marié ou pas. Tout cela pour nous ne cadrait pas avec le message évangélique.

Vouloir poser des actes dans le cadre liturgique et pastoral, visant à mettre tout le monde au même niveau, parce nous sommes tous enfants de Dieu et donc frères et sœurs unis par la même foi ; comme le fait de supprimer les prie-Dieu et les tapis rouges dans l'allée centrale destinés aux grands de ce monde, aux représentants officiels du gouvernement, lors de certaines fêtes patronales ; ou alors choisir de faire faire par un artiste de chez nous une crèche en bambou avec des personnages en argile (couleur tirant vers le gris, trop proche du noir et donc non plus tout blancs)... tous ces actes-là avaient une portée politique.

De même, à l'époque, parler et chanter lors des célébrations dans un langage que tout le monde comprend (le français mais aussi le créole), alors que jusque-là la liturgie romaine privilégiait la langue latine appelée « langue de l'Église » utilisée par tous les catholiques : c'était une véritable révolution voulue par le Concile. On touchait là à la langue traditionnelle considérée comme « sacrée » par des croyants, pratiquants ou pas, ou même par des non-croyants. On intégrait en plein cœur du « sacré » non seulement le français mais notre langage créole (langue, tambour, batterie, guitare). On démystifiait ainsi le culte en intégrant des éléments propres à notre culture.

La portée politique de certains changements, et chants

C'est en mettant mon rétroviseur que je m'aperçois de la dimension politique que prenaient les choix que nous faisions dans le seul cadre liturgique. On rompait de fait avec toute une forme d'aliénation qu'entretenait la religion dominante par le biais du clergé, non seulement chez nous en Martinique mais ailleurs, dans tous les pays qui ont connu la colonisation et l'esclavage. Les fidèles (comme moi pendant longtemps), en parlant et en chantant en latin, langue que personne ne comprenait, ne se rendaient même pas compte de ce qui se passait. On nous apprenait à adopter toute une manière de prier, de célébrer qui non seulement nous rendait étrangers à tout un pan de notre propre culture, mais dévalorisait cette dernière en nous demandant de nous identifier à une « Ecclesia catholica » (une assemblée universelle). Avant d'apprendre à connaître l'histoire si singulière du peuple auquel j'appartenais, j'avais appris dès ma plus tendre enfance que je faisais partie du « peuple de Dieu » promis à Abraham.

Je faisais partie de ces prêtres qui privilégiaient une autre vision de l'Église, plus communautaire où le pouvoir n'appartenait pas « à ceux d'en haut sur ceux d'en bas ». Ce qui remettait en cause la notion pyramidale de la société, et singulièrement de notre Église. Il ne faut pas oublier que nous étions aussi dans la mouvance de Mai 68. Que des prêtres, jeunes par-dessus le marché, par leurs actes et leurs prédications en viennent à remettre en cause l'Autorité venant d'en haut et permettant aux institutions de toutes sortes de fonctionner jusque-là : non seulement cela devenait insupportable mais représentait un danger pour ceux qui détenaient et exerçaient une autorité dans la société, aussi bien civile que religieuse. D'autant plus que ces prêtres avaient de plus en plus d'influence sur les populations pratiquantes.

Donc, par notre mode de vie et par l'idéologie qui soutenait nos prises de position, nous devenions gênants et dangereux pour une catégorie de la population martiniquaise. Ce que nous faisions et prêchions avait une portée politique, dans la mesure où remettre en cause des principes, des conceptions, des habitudes traditionnellement admises devenaient « dangereux » pour les institutions. Ainsi en 1974, j'avais composé deux chants « dits engagés », qui dénonçaient les injustices sociales, l'hypocrisie de notre société. Ils avaient été intégrés dans un spectacle intitulé « Gospel Kréyol » que nous avions réalisé à la Maison des Jeunes de Floréal, avec les jeunes des paroisses de Fort-de-France et du Lamentin. L'un était intitulé « Homme de Galilée », « Comment voir ton visage, Homme de Galilée, là où l'homme n'a même plus de visage humain », « Sur les murs de mairies et sur nos monuments, on affiche partout des mots sans contenu », « oh ! envoie ta lumière, Homme ressuscité, à tous ceux qui oppriment, à tous les opprimés ». Ce texte a disparu des sélections de chants liturgiques depuis longtemps.

L'autre avait pour titre « Manmay'fok' nou lévé » (Réveillons-nous tous). Certains ont l'interprété comme un appel à l'insurrection ! Pourtant, dans bien des paroisses, on le chante encore (en prenant bien garde à ne pas faire mention de l'auteur) « Manmay' fok' nou lévé, fok' nou résisité,... Résisité pa ni koulè la po, londjè péyi, wotè lajan, si nou moli, nou fini wè soley' lévé » (Réveillons-nous tous, quelles que soient notre couleur de peau, l'importance d'un pays, notre fortune... si l'on baisse les bras, on ne verra jamais le soleil se lever).

Ces deux chants pour ne donner qu'eux, dont l'un est en français, l'autre en créole en rythme biguine, accompagnés au tambour ou à la batterie, parlaient beaucoup plus aux fidèles qu'au clergé dont la majorité des membres considéraient qu'ils n'avaient pas leur place dans le cadre d'une célébration eucharistique, parce que « trop engagés ». Les catholiques « bon ton » considéraient que le prêtre n'avait pas à tenir ces propos ou à encourager des chants à connotation « révolutionnaire ». De nos jours, « Manmay' fok nous lévé » fait encore partie des classiques de la fête de fête de Pâques dans certaines paroisses. Mais il risque de disparaître quand on voit les orientations actuelles du diocèse. D'autres compositions en créole sont venues enrichir le répertoire des chants liturgiques. Souhaitons qu'elles ne cèdent pas la place aux chants en latin et aux cantiques anciens qui me rappellent ceux de mon enfance « Chez nous, soyez Reine... » ou « Au ciel, j'irai la voir un jour » qui reviennent à la mode. Ce qui peut être un indicateur permettant de voir qui pratique encore aujourd'hui...

Jusque dans l'art sacré

Le Concile Vatican II avait ouvert les vannes comme disaient certains, y compris dans le domaine de l'art sacré. Jusqu'alors dans les églises il y avait la partie réservée aux fidèles, le chœur de l'église. Cette partie était jusque-là séparée par la table de communion. N'entraient dans le chœur que les célébrants, entourés des servants de messe lors des célébrations. Les sacristains, eux, préparaient tout le nécessaire pour le bon déroulement de celles-ci.

Dans le diocèse avait été mise en place une commission formée entre autres par le père Robiar, spiritain, curé de Case-Pilote, un Martiniquais séculier Jean Julien, professeur au Séminaire-Collège, et d'autres confrères et laïcs que je n'ai pas en mémoire. Cette Commission d'Art sacré devait adapter les chœurs des églises, de telle sorte que, toujours selon les orientations conciliaires, le célébrant soit face (et non dos) au peuple ; que les fidèles voient, entendent et comprennent ce qui est fait et dit, et participent pleinement aux célébrations, singulièrement à la messe.

C'est ainsi que les chœurs des églises furent réaménagés. Des autels se voyaient parfois déplacés, dépouillés, pour qu'ils soient face au peuple. Ou alors on faisait réaliser par des artisans locaux des autels en bois stylisés qui faisaient face aux fidèles. Dans certains cas, on a pu utiliser certaines parties d'autels en marbre ou des tables de communion, ou de chaires (d'où les anciens faisaient leurs prêches ou mieux leurs « discours » comme disent certains), pour les intégrer dans le chœur et qu'ils servent à la proclamation de la parole. Parfois, des tabernacles furent mis sur le bas-côté, comme on le constate dans bien des églises aujourd'hui, alors qu'auparavant ils étaient intégrés au maître-autel. Les tables de communion où les fidèles s'agenouillaient pour recevoir l'hostie consacrée n'avaient plus le même usage : car la communion se donnait désormais debout dans la main ou sur la langue !

C'est à cette époque, donc dans les années 1970, que des artistes tels que René Corail ont pu s'exprimer comme à Bellevue et dans la toute nouvelle et moderne église de Bellefontaine, en réalisant des personnages (Christ, saints) en fer forgé.

Même ces réformes pouvaient apparaître tendancieuses à certains. Car faire intervenir un artiste connu pour ses positions politiques (de gauche) n'était pas bien vu par tout le monde. Certains y voyaient un risque : celui de voir l'Église catholique privilégier la « démocratisation » « la désacralisation », là où d'autres tenaient tant à ce que le langage artistique reproduise celui des grandes cathédrales et basiliques classiques, que l'on sépare clairement le sacré du profane et que le personnage sacerdotal garde tout son mystère, avec son langage ésotérique réservé aux « initiés et privilégiés ». Cela avait pour certains un relent de « société sans classes et sans privilèges ». Et donc l'*aggionamento* de Vatican II pouvait avoir chez nous, pour une catégorie de la population, dans la période des années 60-70, un écho politique à connotation marxiste. C'est « après coup » que je l'exprime ainsi.

Le nouvel évêque à l'épreuve

Notre évêque Marie-Sainte a donc été élu en 1969. Mais l'évêché de la Martinique étant archevêché depuis 1967, il se trouvait placé à la tête de la province ecclésiastique comprenant Martinique, Guadeloupe et Guyane, il hérita du titre d'archevêque de Martinique, lorsque Mgr de la Brunelière prit sa retraite, pour se réfugier au quartier Régal.

Il lui fallait gérer un clergé très disparate en âge, en formation, en exigences, d'origine martiniquaise, Sainte-Lucienne (comme Destang et Cathy), devenu plus nombreux que les pères spiritains provenant surtout de Bretagne, de Normandie et autres provinces de France.

Il s'agissait pour lui, nouvel évêque, de poursuivre le travail qu'il avait initié en tant que vicaire général : à savoir faire travailler l'ensemble des prêtres (le presbyterium), responsables de la même mission d'évangélisation qui devait s'inscrire dans les orientations du Concile Vatican II et dans tous les domaines : pastoral, catéchétique, liturgique, action catholique.

À l'époque, le laïcat en était encore à ses balbutiements. Il était urgent de décléricaliser l'apostolat. Il fallait composer avec ceux qui (clercs et laïcs) ne voulaient rien changer de leurs conceptions et pratiques ; ceux qui au contraire poussaient dans le sens opposé, à savoir bousculer ces dernières en s'inspirant des orientations conciliaires ; mais aussi être attentif à ce nouveau courant qui se développait, singulièrement en Amérique latine, dénommé « la théologie de la libération ».

Dans *Aujourd'hui Dimanche* du 21 février 1971, à propos de son engagement dans le Conseil municipal de Fort-de-France, dans un article intitulé « prêtre et conseiller municipal », Georges Zaïre annonçait : « la fidélité à l'Évangile entraîne des exigences... L'Église peut être appelée à vivre des heures difficiles de la part des puissants et des riches ».

Il y aurait beaucoup à dire et à écrire au sujet des combats menés, des conflits, des tensions de tous ordres existant au sein du clergé. Cela s'expliquait par les différences d'âge, de formation, d'origine, mais aussi d'idéologie ; même si nous prétendions nous référer au même Évangile, à la même Église, « une même foi, un seul baptême ».

Sans être historien ou sociologue, j'ai déjà apporté des exemples concrets plus haut, mais je vais tenter d'illustrer tout cela, en prenant comme « analyseur » l'équipe de Ste Thérèse des années 1965-75.

14

La paroisse de Ste Thérèse

Ste Thérèse est une de ces paroisses populaires de l'agglomération de Fort-de-France qui mérite une attention toute particulière dans l'histoire du diocèse de la Martinique des années 70.

Son église a été inaugurée en 1934 pour accueillir près d'un millier de personnes. Comme dans toutes les paroisses, il faut assurer le côté administratif et financier, les célébrations des sacrements, le catéchisme, compter avec les dévotions traditionnelles comme l'adoration au Saint-Sacrement, le mois de Marie, la fête patronale, les pèlerinages, les bénédictions de toutes sortes, etc.

Dans cette paroisse, il y avait des mouvements tels que les enfants de Marie, scouts et guides de France, les cœurs vaillants et âmes vaillantes, les louveteaux (devenus par la suite les rangers, les pionniers), les dames du Rosaire, la légion de Marie, les hommes du Saint-Sacrement, etc. Je me permets de citer quelques noms de militants qui ont marqué l'action catholique dans la paroisse : M. Arsata, M. et Mme Simoneau, Mlle Anneville, Simone Charlery, Pierrette Holsin.

Les anciens se souviennent bien de ce dynamique père Arostéguy, peintre à ses heures, qui fut curé de la paroisse pendant de nombreuses années et créa entre autres deux associations d'éducation populaire sur la paroisse. Il avait fondé, contigu au presbytère, le Foyer des jeunes filles, centre d'hébergement pour des filles en difficulté, un cinéma paroissial et un Foyer pour des jeunes en recherche d'emploi.

Après le départ du père Arostéguy, le père Ménoret devint curé de la paroisse. Il eut comme vicaires, trois prêtres de la Mission de France : l'abbé Georges Zaïre, le père Angot et le père Dambricourt. Ce dernier, très entreprenant, travaillait à mi-temps comme menuisier et consacrait le reste de son temps aux activités paroissiales : catéchèse, JOC (aumônier), scouts. Dambricourt et Zaïre sont à l'origine de la création d'un centre pour jeunes chômeurs.

Avec des laïcs de la paroisse, soucieux d'apporter un soutien à des jeunes en échec scolaire mais aussi en difficulté sociale, pour qu'ils ne versent pas dans la délinquance et apprennent à s'en sortir, l'abbé Zaïre créa le centre St Justin avant de partir à Paris prendre la direction de la FAGEC.

Pour toutes ces activités sociales, principalement les foyers, il fallait obtenir des subventions du Conseil général. On peut dire que le clergé de cette paroisse faisait du social et de l'insertion avant l'heure. Bien des jeunes et adultes ont gardé d'excellents souvenirs de cette période. Le clergé considérait qu'en l'absence de Maisons de jeunes, et devant les problèmes concrets de la société martiniquaise, il fallait des réponses concrètes. C'était pour eux le rôle de l'Église que de contribuer à les trouver. Cela rejoignait des initiatives comme celles de l'abbé Morlan et du père Triclot.

Vers 1958, grâce au dynamisme de l'abbé Zaïre, de Paul Quémeneur, de Dambricourt, va se mettre en place ce qui deviendra le COPES (Centre d'orientation, de promotion éducative et sociale), qui a permis à tant de jeunes de trouver une qualification professionnelle, de s'insérer dans la société, de devenir des hommes et des femmes responsables.

Dans ces années 1960-70, Pierre Yokessa est l'un de ces militants laïcs incontournables de la paroisse, d'abord en tant que chef de troupe (Scouts) pendant des années. Puis très proche du père Dambricourt, de l'abbé Zaïre et de Quémeneur, il put poursuivre leurs initiatives avec courage et ténacité, en récupérant les locaux du Foyer laissés à l'abandon pour en faire le premier Foyer des jeunes travailleurs. Il a aussi joué un rôle clé dans le conseil paroissial de la paroisse et le développement des « Camps travail » dont je parlerai plus loin.

Ste Thérèse est une paroisse populaire. À la fin des années 1960, l'évêque nomme comme curé de la Paroisse un prêtre martiniquais sensibilisé à l'Action catholique, à savoir Marcel Potiéris, entouré de prêtres de la Mission de France tels que Jean Chouin, Christian Dumont, auxquels s'adjoint le Frère Frantz Degras. La pastorale devait tenir compte d'une population, faite en grande partie d'ouvriers travaillant « à la Compagnie » d'artisans et de petits commerçants, par exemple du Morne Pichevin. L'entrée du Port était réputée pour ses bars bien fréquentés par les marins de passage et toutes les personnes qui, pour vivre, se livraient à la prostitution. Le clergé catholique était conscient que ce « monde ouvrier », surtout les hommes, comme en France et par le monde, lui « échappait » comme on disait à l'époque. Pour « atteindre » cette réalité ouvrière, il fallait repenser l'organisation du « presbyterium » (l'ensemble des prêtres). Et c'est à M. Marie-Sainte, évêque auxiliaire, que l'archevêque de la Brunelière avait confié cette mission.

J'ai parlé plus haut de ces équipes sacerdotales mises en place dans différentes paroisses, par exemple : la Cathédrale de Fort-de-France, Terres Sainville, Lamentin, Ste Thérèse : la plupart desservies par des prêtres martiniquais (sauf la Cathédrale : équipe mixte : spiritains et prêtres diocésains martiniquais). Ces équipes devaient prendre l'habitude de se réunir régulièrement par secteurs (doyennés) pour penser leur action pastorale et s'entraider mutuellement. Chaque équipe avait ainsi sa caractéristique selon les personnalités qui la constituaient et la conception qu'elles avaient de la mission, de l'évangélisation, ou de l'Église tout court. L'équipe de Ste Thérèse était déjà connue pour ses orientations pastorales. Mais, dans les années 70, elle allait connaître un nouvel élan. C'est ainsi par exemple, qu'elle se retrouve avec à sa tête Germain Beaubrun, entouré de Michel Méranville, de Victor Permal, de Frère Frantz Degras, puis par la suite de Jean de Coulanges et d'Emmanuel Jos. Cette équipe avait comme singularité d'être composée de prêtres qui, en plus des charges pastorales, travaillaient à l'extérieur ou étudiaient avec en perspective une qualification professionnelle.

Une équipe paroissiale à sa tête

La notion d'équipe paroissiale à l'époque venait bousculer la conception traditionnelle que l'on avait jusque-là de la paroisse : à savoir une communauté chrétienne dans un secteur donné confiée à un curé qui avait sous son autorité un ou des vicaires, des religieuses, des laïcs. L'équipe de Ste Thérèse avait bien à sa tête un curé mais était composée de prêtres, d'un Frère, de religieuses de la congrégation du Saint-Esprit (Sr Annick par exemple), mais aussi de laïcs adultes et jeunes. Et c'est ensemble que cette équipe prenait en mains les destinées de la paroisse. À ce propos, comme au Lamentin par exemple où j'exerçais, il ne s'agissait plus d'assurer simplement le catéchisme, le culte, la gestion mais surtout de réfléchir, de décider en commun, de se concerter, d'apprendre à trouver ensemble de nouvelles manières d'évangéliser la population en axant la pastorale prioritairement sur la jeunesse, le monde ouvrier ici, agricole là.

Il ne s'agissait plus pour les responsables de la paroisse de faire venir des fidèles en nombre à l'église bâtiment pour des célébrations cultuelles, mais d'aller dans les quartiers à la rencontre des personnes, des familles, pour mieux connaître leurs besoins, leurs préoccupations ; les aider à découvrir comment leur vie pouvait être animée par leur foi et comment les célébrations pouvaient dynamiser leur vie quotidienne.

Lorsque, par exemple, émerge dans un quartier l'idée de construire une chapelle pour les rencontres y compris cultuelles, ce projet conçu et mené par les gens du quartier devient celui de la paroisse. À Volga par exemple s'est mis en place la Boutique solidaire surnommée « Zatrap' », permettant aux familles modestes de se ravitailler à moindre frais. Cette opération se faisait grâce à certaines épiceries sensibilisées au projet. Toute la paroisse était partie prenante d'une telle action.

Ce qui remettait en question le mode de vie traditionnel du prêtre considéré comme un fonctionnaire du culte, spécialiste du sacré habitant dans son presbytère, coupé de la vie des gens et qui était là pour répondre à différentes demandes des fidèles moyennant paiement. Quelque chose était en train de changer dans les rapports entre le prêtre et la population, qui n'avait rien à voir avec un modèle basé sur des relations paternalistes entre les membres du clergé et les gens.

Par ailleurs, il y avait de la part du clergé « nouvelle manière » une volonté de rompre avec l'aspect magico-religieux lié à la fonction et au personnage du prêtre. En effet, celui-ci était considéré (je l'ai signalé plus haut), comme détenteur du « pouvoir » de chasser les démons. Rien d'étonnant pour cet homme du sacré, capable de transformer le pain et le vin, de pardonner, de « donner » la vie divine, de distribuer des bénédictions, de promettre la vie éternelle au nom de Jésus après la mort. Comment dès lors, être avant tout « un homme parmi les hommes » comme Jésus ? Chargé de favoriser le lien entre les personnes, les groupes ; d'être plus un révélateur de sens au cœur de la vie quotidienne, éclairée par l'Évangile, que d'être un « mis à part » ? Le prêtre avait donc son rôle dans l'équipe paroissiale.

Cette équipe remettait aussi en question le lien entre l'argent et le culte : pourquoi fallait-il faire payer pour célébrer, pour prier ? Et ceux qui n'avaient pas les moyens, avaient-ils leur place dans les célébrations de la foi ? Il fallait que l'équipe entende et prenne en compte cette question des tarifs qui semblaient aller de soi jusqu'ici dans le diocèse. Un membre de l'équipe va nous en parler.

Un pavé dans la marre

Frère Frantz fait partie de l'équipe de Ste Thérèse. Il partage son temps entre les cours de moniteur d'auto-école qu'il donne et les tâches paroissiales, dont la permanence d'accueil. C'est lui qui me raconte ce « passage à l'acte » qui vint bousculer les habitudes cléricales. Au cours de ses permanences, il est abordé un jour au presbytère par un homme qui lui dit « Je viens de perdre ma femme, et je voudrais savoir combien ça coûte pour faire son enterrement ». Frantz lui répond (je résume) :

> « Monsieur. Vous venez de perdre votre femme, vous devez être malheureux. Ce qui m'intéresse, c'est vous. Comment vous vivez ce moment difficile. L'argent n'a rien à voir avec cela... Nous, dans notre communauté, ce n'est pas l'argent qui est premier, mais ce que vivent les personnes. Avez-vous fait les démarches nécessaires ? ... Si vous avez un don à faire, vous allez le faire quand vous voudrez ».

À la fin de l'échange, Frantz lui dit : « Ne vous inquiétez pas. Votre femme sera enterrée comme il se doit ! ». Puis, il va trouver la secrétaire du presbytère et lui dit tout simplement : « Mr untel a perdu sa femme. Je veux pour cette dame un enterrement « de première classe ». Ce qui fut fait en bonne et due forme. Il faut se rappeler qu'à l'époque, il existait des tarifs ; on disait des « classes » aussi bien pour les enterrements que pour les mariages (1er, 2e, 3e avec chacun un tarif !).

Quelque temps après, ce même homme revient voir Frantz et lui dit : « Ou pa ka sonjé'mwen ! » (tu te souviens de moi ?). Frantz avoue qu'il ne retient pas tous les visages qu'il rencontre. Le paroissien reprend : « En tout cas, man pé ké janmen oubilié'w ! » (en tout cas, je ne t'oublierai jamais). Il lui rappelle ce qui s'est passé. Puis il sort une enveloppe et lui remet 200 frs, somme qui à l'époque était énorme pour une famille modeste. Frantz se rend compte de la portée de son action qui en réalité remettait en cause toute une conception de la pastorale, singulièrement lorsque l'argent dans le culte devient un obstacle à la rencontre entre les personnes et donne une connotation mercantile à la mission d'évangélisation dont les pasteurs sont chargés.

Quelques semaines plus tard, lors d'une réunion de doyenné au presbytère de la Cathédrale, Frantz fait part aux autres confrères de ce qu'il a vécu. Et ce fut un tollé général ! « Vous venez révolutionner les habitudes de l'Église ! » Et Frantz de rappeler que la mission de l'Église ce n'est pas de conserver des habitudes même ancestrales, mais de chercher à évangéliser. On voit là deux conceptions très différentes de l'Église qui s'affrontent. Et cet acte d'un membre de l'équipe de Ste Thérèse venait de les mettre en présence[1].

Il faut souligner que la position de Frantz n'était pas un acte isolé et individuel. C'est toute l'équipe (je pourrais dire les équipes) qui, dans la ligne du Concile Vatican II en matière d'évangélisation, s'était fixée ces orientations pastorales. Dans le diocèse, on avançait à petits pas ou à grands pas, en ce qui concernait la question argent-culte.

L'équipe de Ste Thérèse, elle, (comme au Lamentin où j'exerçais et dans d'autres paroisses) prenait des positions radicales :

- Suppression de tous les tarifs de classes pour les célébrations cultuelles.
- Expliquer aux fidèles qu'une communauté paroissiale a sans doute besoin d'argent. Mais que l'Équipe, ou mieux le conseil paroissial, ferait connaître aux fidèles les besoins matériels et financiers de la paroisse, ou mieux de la communauté paroissiale, pour que chacun puisse contribuer librement aux dépenses de la paroisse.
- Que l'important c'est que les personnes connaissent le sens des démarches qu'elles font en demandant telles ou telles célébrations (baptêmes, mariages, enterrements et autres). Et que chacun reste libre à ces occasions de faire un don, en espèces ou en nature.
- Les prêtres, eux, travaillant pour la plupart à l'extérieur, ne demandaient pas à l'évêché de leur verser un salaire. Ils avaient constitué une caisse commune pour leur nourriture, leurs besoins quotidiens. La communauté spontanément les aidait d'ailleurs par des dons en nature ou en espèces, sans qu'ils aient à demander quoique ce soit. L'évêché les prenait en charge pour le logement, les moyens de transport néces-

---

1. Voir plus haut des actions analogues au Lamentin.

saires pour la pastorale, comme d'ailleurs pour ce qui regardait les bâtiments, le mobilier de l'église et du presbytère, grâce entre autres à la contribution financière de la communauté paroissiale.

Cette expérience n'a malheureusement jamais été analysée et évaluée.

Prêtres au travail à l'extérieur, mais...

L'expérience de prêtres qui partageaient leur temps entre un travail à l'extérieur et les tâches paroissiales existait déjà. Le père Dambricourt de la Mission de France par exemple, dans les années 50, travaillait à mi-temps comme ébéniste dans le secteur. Dans les années 70, l'abbé René Baudin, qui n'était ni martiniquais, ni spiritain, ni de la Mission de France mais appartenait à l'organisation « Fidei Donum », avait obtenu le droit de travailler à la Compagnie, tout en étant chargé de la paroisse de St Christophe.

Christian Ranguin, séminariste en formation, faisait partie de l'équipe de St Christophe et travaillait lui aussi à l'Imprimerie Absalon tout en participant à certaines activités pastorales et liturgiques. En 1973-74, j'ai rejoint cette équipe pour une année. Et j'ai refusé de recevoir de salaire, me débrouillant pour travailler avec le CEDIF.

D'autres prêtres comme Barbe Gédio, membre de l'équipe des Terres Sainville, était manœuvre maçon. Il était le seul de l'équipe à travailler à l'extérieur, réservant les week-ends aux tâches ministérielles paroissiales. En 1981, il dut cesser ce travail pour désormais s'y livrer entièrement.

À Ste Thérèse, Germain Beaubrun travaillait comme psycho-sociologue au CEDIF, Frantz Desgras comme moniteur d'auto-école, Jean de Coulanges comme électricien, Victor Permal se préparait à devenir sociologue. Emmanuel Jos faisait des études de droit tout en participant aux activités paroissiales avant de quitter la paroisse pour l'aumônerie des Lycées et le Foyer de la JEC.

Lorsque les prêtres travaillaient à l'extérieur, à mi-temps ou pas, comment pouvaient-ils faire face aux demandes ordinaires des fidèles ? Il y avait à assurer les sacrements tels que l'eucharistie, les baptêmes, les mariages, sans compter les « sacramentaux » (tels les enterrements), les demandes de bénédictions de tous genres (de la médaille jusqu'à la maison en passant par les voitures). Pour les gens, il s'agissait de se mettre sous la protection de Dieu, des saints et des anges.

Pour l'équipe, il s'agissait « d'éduquer la foi des fidèles », de les aider à démystifier certaines de leurs démarches ainsi que le personnage et le rôle du prêtre. Mais en même temps les membres de l'équipe s'organisaient pour faire face aux tâches paroissiales incontournables (l'eucharistie, les autres sacrements, les enterrements).

Privilégier le collectif, l'exemple des « Camps travail » (1967-1977)

À l'époque, certaines décisions de l'évêque étaient les bienvenues. Un exemple : pour faire face à la forte demande en matière de confessions, avait été instaurées, pendant le Carêmc, des « célébrations pénitentielles » avec absolution collective, qui se substituaient en partie à la confession où les fidèles défilaient pendant des heures pour débiter leurs péchés réels ou « arrangés pour la circonstance », et recevoir l'absolution individuelle.

En ce qui concerne les baptêmes, on organisait des réunions de préparation destinées aux parents, parrains, marraines. Et les célébrations de baptême rassemblaient parfois une trentaine d'enfants entourés de tout ce beau monde. On avait du mal à faire accepter, à Ste Thérèse comme ailleurs, les mariages collectifs (trois maximum). Quant aux enterrements, il n'en était pas question à l'époque pour les fidèles.

L'équipe réorganisait les tâches cultuelles pour passer plus de temps dans les quartiers ou dans des réunions de tous genres ayant pour but d'échanger sur la vie quotidienne, d'éduquer, de former, d'éclairer, de favoriser des actions collectives ; tout cela entrant dans notre mission d'évangélisation. Je dis « nous », parce que les différentes équipes sacerdotales travaillaient dans le même sens.

Il faut se rappeler qu'à cette époque le laïcat en était dans l'Église à ses balbutiements et l'on s'interrogeait dans le diocèse sur l'ordination des diacres et des pères de famille[2].

L'équipe de Ste Thérèse avait la réputation d'être « révolutionnaire », non seulement parce qu'elle avait une manière de vivre en équipe ; qu'elle avait constitué un véritable conseil paroissial qui faisait l'interface entre les fidèles et l'autorité épiscopale, mais parce qu'elle prenait position sur certains problèmes d'actualité. Sur le plan de la pastorale auprès des jeunes, l'organisation des Camps travail représentait une initiative type qui tranchait sur ce qui existait dans le diocèse jusque-là. Il est bon de s'y arrêter.

C'est à l'initiative de Jean Galap et de Victor Permal qu'est née l'idée des « Camps travail » qui regroupaient de jeunes adolescents (garçons et filles) de différentes paroisses (Ste Thérèse, Lamentin, Terres Sainville, St Christophe, Rivière-Salée, Robert) se réunissant pendant trois semaines dans une commune, pour vivre et travailler ensemble sur des chantiers divers. Mais il faut s'entendre sur le concept. Il ne s'agissait évidemment pas de camps de travail forcé qui auraient rappelé d'autres camps allemands ou russes de triste mémoire. Les kibboutz l'ont-ils inspiré ? En tout cas, c'est à la suite d'un camp à l'étranger avec les « compagnons bâtisseurs » que Jean Galap eut l'idée de lancer les Camps travail à la Martinique. Ceux-ci avaient pour but de revaloriser le travail manuel aux yeux de la jeunesse, dans le cadre d'une vie en collectivité où les jeunes apprendraient à vivre ensemble, animés de valeurs telles que le respect mutuel, la responsabilisation dans tous les domaines, l'ouverture sur leur pays, leur histoire passée et présente.

---

2. *Église en Martinique* n° 7.

Au départ, le chantier était choisi par les pionniers Jean Galap et Suzanne Damazie. Mais parfois comme au Saint-Esprit, c'est M. Fitte-Duval qui procurait le chantier en mettant à notre disposition du personnel de la mairie pour des activités de réfection d'une rue dans un quartier pauvre. Les campeurs se souviennent des sandwichs offerts le matin devant la mairie du Saint-Esprit, avant de partir sur le chantier. Au Morne-Rouge, c'est M. Nestoret qui sollicita le Camp travail pour aider une famille pauvre à re-construire et/ou consolider sa maison. Nous étions donc sollicités pour différents types de coups de main à des personnes en difficulté, ici dans la commune, là dans une paroisse. Ce qui aujourd'hui serait inimaginable. L'idée d'un camp pouvait venir d'une initiative personnelle. Ainsi, E. Jos organisa un chantier autour des fouilles du Château Dubuc à Tartane. Ou alors, suite à une catastrophe comme Dorothy (1970), près de 200 jeunes répondirent à l'appel lancé par les responsables du « Camp travail » et par Paul Quémeneur au COPES. Le souci de créer et de renforcer les liens entre des jeunes qui se rencontraient pour diverses activités dans une paroisse (Le Lamentin avec V. Valère) fut à l'origine du camp de Croix Rivail. L'ouverture sur nos voisins donna lieu à l'organisation d'un camp en Dominique avec Christian Ranguin et Suzanne Damazie.

Les « campeurs » se rappellent des Camps travail : du Robert (67), des Anses d'Arlet (68), de Rivière-Salée (69), du Lamentin (70), de Tartane Dubuc (70), du Saint-Esprit (?), suivi, à l'occasion de Dorothy, du camp de Moutte (70-200 jeunes) avec la participation du COPES (Paul Quémeneur), de Bellefontaine (71), du Morne-Rouge (73), du Gros-Morne (74), à la Montagne du Vauclin, et d'un camp à la Dominique (75).

Nous devons la conception et l'organisation de ces différents Camps travail aux pionniers Jean Galap, Victor Permal, Suzanne Damazie, relayés par Antoine Maxime (71) Victor Valère pour Le Lamentin (70), Emmanuel Jos (pour Tartane-70), Christian Ranguin pour les camps des années 72-75.

> « Pour le camp de la Dominique, nous avions le père Alexander qui nous envoyait les jeunes de Roseau pour un des deux camps du St Esprit, et celui du Gros-Morne. Avec sa collaboration, des jeunes du CT ont participé à un chantier de rénovation d'une école à Portsmouth avec une trentaine de jeunes Dominiquais. Nous avions grâce à lui sur place le contact d'une assistante sociale, Lise Cofee. J'avais aussi eu le contact d'un Dominiquais qui m'avait emmené visiter sa Coopérative agricole dans le Nord », rappelle Christian Ranguin ».

Ces camps ont été possibles parce que tout le monde y mettait la main, aussi bien pour leur préparation que pour leur animation. Il est arrivé qu'une personne, Madame Son, mette sa maison à notre disposition pour le camp du Gros-Morne. Nous sollicitions les radios (comme RCI, lors de Dorothy avec Mano).

L'une des originalités de ces camps résidait dans le fait que c'étaient des aînés de la trentaine qui prenaient en charge des adolescents des deux sexes de 17 à 20 ans ; que les familles nous faisaient confiance et étaient partie prenante de l'initiative sans oublier que, parmi les responsables des camps, il y avait des couples et que, grâce à ces camps, il y eut des jeunes qui se sont rencontrés et ont formé des familles par la suite.

Jusque-là, c'étaient les mouvements d'Action catholique qui prenaient en charge une bonne partie de la jeunesse dans les paroisses, à travers les mouvements, mais aussi dans le cadre du catéchisme et du culte. Les mouvements traditionnels (Scouts, Cœurs vaillants Âmes vaillantes, Enfants de Marie) ne captivaient plus beaucoup les adolescents. Il fallait innover. On avait constaté qu'ils se trouvaient souvent désœuvrés pendant la période des grandes vacances. Il n'était pas question pour nous d'organiser des loisirs, des colonies pour des adolescents. Le projet consistait à permettre à ces jeunes adolescents, garçons et filles que nous rencontrions dans les différentes paroisses, de vivre et de travailler ensemble pendant trois semaines, entourés d'aînés. Une manière de revaloriser à leurs yeux le travail manuel ; de s'ouvrir sur les problèmes de leur pays ; d'apprendre à réfléchir, à programmer, à évaluer les actions entreprises ensemble ; de participer à des opérations de solidarité comme celle de Dorothy. Christian nous a fait remarquer à ce propos que Jenny Dulys, aujourd'hui mairesse de la commune du Morne-Rouge, grande sœur des Âmes vaillantes à l'époque, participa au camp de Dorothy.

Le Camp travail représentait une véritable école de formation pour les jeunes, propre à les aider à se préparer, à travers cette expérience de vie commune et mixte, à devenir des femmes et des hommes de demain, responsables et ouverts sur leur environnement social, politique, économique et culturel. D'où l'organisation des journées.

Le matin, après le petit déjeuner, les campeurs partaient sur les chantiers. Une équipe se chargeait de préparer les repas ; puis il y avait temps libre l'après-midi ; une autre était chargée d'organiser des rencontres en soirées sous forme de conférences-débats, portant sur des sujets concernant notre pays sur les plans culturel, historique, économique, politique et religieux, en faisant venir au camp des intervenants compétents. Le week-end, tout le monde se reposait.

Pour préparer ces camps et obtenir des moyens nécessaires, il fallait imaginer des actions telles que des « punchs en musique » ou autres spectacles animés par les jeunes eux-mêmes (comme à Rivière-Salée, Lamentin) ; activer ses réseaux familiaux et amicaux pour sensibiliser les personnes physiques ou morales à cette action ; solliciter la participation de parents, amis, organismes divers ; intéresser et intégrer les municipalités qui mettaient à notre disposition des écoles ou autres moyens. C'est ainsi que l'on obtenait de partout ici des légumes, là un cochon, un mouton, des fruits, chacun contribuant à une action jugée très utile pour notre jeunesse.

Le dimanche, c'étaient les jeunes eux-mêmes qui préparaient et animaient les célébrations cultuelles, restées libres, avec la valorisation de notre langage à nous, de ce travail en équipe, tout cela dans une réelle camaraderie et amitié. Le souci des prêtres et des adultes qui encadraient les jeunes était de rendre ces célébrations vivantes parce qu'elles partaient de la vie et des préoccupations de tous, pour y trouver du sens éclairé par l'Évangile :

sens du travail en équipe, de la solidarité, de l'ouverture sur les problèmes de l'environnement martiniquais, des responsabilités partagées, des difficultés rencontrées, des échecs et des réussites. Une manière de faire en sorte que la foi ne soit pas coupée de la vie.

Tous ceux qui ont connu de près ou de loin les Camps travail et qui y ont participé en voyaient la portée à une époque où les Maisons de jeunes en étaient à leurs balbutiements (la deuxième MJC datait de 1967 (Floréal). Il n'existait pas d'initiative de ce type en faveur de la tranche d'âge des 17-20 ans dans la région. C'était une tout autre manière de concevoir et de mettre en œuvre la pastorale des jeunes. Certaines personnalités catholiques, comme le Dr Etifier, s'inquiétaient même de nous voir, jeunes du clergé, prendre de tels risques, par exemple avec la question de la mixité. Nous avions un règlement auquel tous les campeurs devaient adhérer. C'était un moyen d'aider les jeunes à se mettre devant leur responsabilité de faire réussir le camp. Et ceux qui ne pouvaient y adhérer devaient quitter le camp. Pour nous, comme disait Christian Ranguin, le Camp travail fut une véritable école de formation pour la jeunesse.

Tout un travail de réflexion reste à faire sur cette expérience qui aura marqué la vie de bon nombre de Martiniquaises et Martiniquais qui occupent ou ont occupé des places importante[3], jouent ou ont joué un rôle à des postes à responsabilité dans des domaines divers et variés. Il faudra un écrit plus détaillé qui rectifiera, précisera et enrichira ce que j'ai rapporté ici.

« Les taxés de révolutionnaires »

Ce n'est pas étonnant que ce type d'initiative mené par des prêtres ait été considéré comme « révolutionnaire ». Cela signifie que les bouleversements ne se limitaient pas aux réformes

---

3. Je pense spécialement à Pierre Yokessa et Robert Joseph Alexandre qui ont mis en place et présidé les Foyers de jeunes travailleurs et le Centre International de Séjour.

liturgiques. Les activités telles que les chorales et les Camps travail voulaient se démarquer des mouvements traditionnels. Il ne s'agissait pas de « d'attirer, de ramener et de garder des jeunes dans un mouvement catholique sous la houlette du le clergé. Mais de former des jeunes à vivre ensemble, à organiser ensemble, à régler les problèmes de vie de groupe qui se posaient à eux, à prendre conscience qu'ils faisaient partie d'un peuple dont ils avaient à découvrir l'histoire qui est la nôtre.

Si j'ai tenu à parler ici du Camp travail, c'est parce que les deux pionniers faisaient partie de l'équipe du Lamentin et de celle de Ste Thérèse. Je me souviens de certaines rencontres dans les murs de la paroisse de Ste Thérèse, surtout lorsqu'il s'est agi de déclarer le « CT » comme association. Si certains y voyaient des intérêts, l'ensemble n'adhérait pas à cette proposition qui comportait un risque : celui de casser une dynamique et de faire perdre son âme au projet de départ. Là encore, il n'était pas question d'entrer dans le moule !

En ce qui me concerne personnellement, je me souviens d'une position qui aurait pu être taxée de vraiment révolutionnaire, si elle était parvenue aux oreilles de la hiérarchie et des paroissiens. Nous sommes en 1968, je suis donc membre de l'équipe sacerdotale du Lamentin. Mon responsable me demande d'être aumônier des Guides de France. Un mouvement qui a marqué tant de jeunes de notre pays. Et voilà qu'un dimanche matin, après la messe, je me trouve, lors d'un rassemblement du mouvement dans la cour du presbytère du Lamentin, devant des jeunes Guides en uniforme, obligés de faire le salut au drapeau bleu blanc rouge. Et là, non seulement je n'ai pas adhéré à ce geste, mais j'ai donné ma démission en tant qu'aumônier. Les responsables du mouvement m'en ont voulu longtemps, n'ayant pas compris le sens de mon attitude.

En réalité, en refusant de faire le salut au drapeau, je remettais en cause ce bon ménage que le mouvement faisait entre « la Croix et le drapeau ». E. Jos[4] nous a rappelé combien ils étaient

4. Article « Nos églises et la question politique », page 3. Archives diocésaines.

« associées à la même œuvre de civilisation, de progrès social, d'instruction civique, d'éducation morale, d'ascension religieuse » (l'évêque, 1935, lors du Tricentenaire du rattachement de la Martinique à la France).

Je pense que les responsables de ce mouvement, malgré le travail de formation des jeunes qu'ils visaient également, adhéraient sans se poser de question à cette association. Qu'un prêtre vienne bousculer cet ordre des choses devenait insupportable et incompréhensible. Surtout qu'il n'y avait eu aucune explication de ma part ! C'était « un passage à l'acte » individuel. En revanche, j'étais tout à fait à l'aise avec la philosophie et le fonctionnement des Camps travail qui se démarquaient et des colonies de vacances et de ces mouvements traditionnels. Continuons de suivre l'évolution de cette équipe de Ste Thérèse.

15

Une équipe qui interroge

L'équipe de Ste Thérèse des années 1973-1975 ou le temps des rébellions

Il faut situer les choses dans le contexte de l'époque. Les événements de Mai 68 nous avaient tous marqués sur le plan idéologique. Par exemple, la contestation des institutions traditionnelles et d'une conception de l'autorité de type pyramidal, celle des privilèges. La revendication était faite d'une société plus juste, que l'équité et la fraternité ne soient pas que des inscriptions sur les frontons des mairies et sur l'entête des courriers officiels. Mais avant 68, il y avait eu ces années 60 où, pour tous les peuples colonisés, le vent du droit des peuples à disposer d'eux-mêmes, l'effondrement de l'Empire colonial français, les idées d'autonomie et d'indépendance, soufflaient de plus en plus fort sur la Martinique par la voix de certains intellectuels, étudiants, mouvements et partis. Il y eut la revendication de l'autonomie par les partis traditionnels en 60 (PC), puis en 67 (PPM), l'affaire de l'OJAM (1963-64).

Certains prêtres s'intéressaient de loin à ces mouvements, aux partis et syndicats de gauche, qui dénonçaient la violence coloniale en se référant aux événements de 61 et 65. Si l'on décidait de s'y intéresser, ce n'était ni le diocèse, ni le séminaire qui nous encourageaient à le faire. Par exemple, à suivre les conséquences de l'éclatement du PC qui donna naissance aux partis et mouvements tels que le GRS, Combat ouvrier.

Pendant nos études, nous avions connu des camarades de l'AGEM, de l'AGEG, des patriotes indépendantistes, marxistes léninistes, trotskistes ou maoïstes, qui nous regardaient d'ailleurs comme des partisans de la réaction. La FAGEC que nous fréquentions était mise dans le même sac avec son étiquette de chrétien catholique.

Comme je l'ai dit plus haut, de retour au pays dans les années 1960, en tant que prêtres, nous étions très investis dans les réformes liturgiques et pastorales menant un combat contre certaines pratiques et dévotions que nous trouvions « aliénantes » et qui n'avaient rien à voir avec le message évangélique que nous voulions faire découvrir. On se rendait compte que le clergé avait un rôle à jouer dans la « désaliénation » de notre peuple. Mais ce terme semblait réservé aux partis de gauche ou d'extrême gauche.

J'entendais parler ou voyais passer les journaux de l'UTAM, du GAP, puis ASEPLERE, Parole au Peuple, du Rassemblement de septembre 1870 (j'ai encore en ma possession quelques exemplaires bien abîmés par les moisissures). Je fréquentais des amis, parents ou paroissiens qui faisaient partie de ces mouvements et qui travaillaient dans la clandestinité, sans que je ne le sache. J'avais fait la connaissance de ce drapeau rouge vert noir qui à l'époque n'avait pas droit de cité.

Quoi qu'il en soit, tout le travail qui se faisait à travers les chorales, les groupes, les Camps travail, les équipes ouvrières, allait dans le sens du savoir vivre ensemble, d'apprendre à travailler en groupe, de se responsabiliser à travers les actions sociales que l'on mettait en place, de développer des valeurs telles que défendre notre identité, notre culture, notre personnalité ; de favoriser le respect mutuel et l'acceptation de nos différences dans nos activités ; de s'intéresser à notre pays, à son histoire, à sa situation socio-économique, etc.

J'étais convaincu pour ma part que ce travail avait du sens pour moi, pour mon pays et pour l'Église dont je faisais partie.

Et donc je n'avais aucun complexe lorsque des compatriotes engagés dans la lutte anticolonialiste me regardaient de haut, du simple fait que je sois un membre du clergé jugé réactionnaire. J'étais conscient qu'au sein des activités pastorales, les prêtres avaient un rôle à jouer, des positions à prendre.

Prendre position au nom de l'Évangile

Soutenue par d'autres confrères tels que Antoine Desgrottes et Georges Zaïre, nos aînés, l'équipe de Ste Thérèse considérait que l'Église devait prendre position lors des grèves de février 1974 à Chalvet, qui débouchèrent une fois de plus sur la mort de deux hommes (Ilmany et Marie-Louise). Les chefs d'habitation refusaient d'augmenter des ouvriers agricoles déjà très mal payés. À des revendications tout à fait justifiées, la réponse des forces de l'ordre fut tout à fait traditionnelle : à savoir tirer sur les gens et tuer des humains comme par le passé ! Cela était inacceptable et rappelait les événements du Lamentin, mon ancienne paroisse, qui en 1961 avaient fait trois morts et de nombreux blessés. Pour nous, il fallait que l'évêque ait un langage différent de celui des autorités officielles et ce au nom des principes évangéliques : être aux côtés des ouvriers et non de leurs exploitants. C'est pourquoi Victor et moi nous nous étions rendus au Lorrain dans la famille d'Ilmany pour manifester notre solidarité. L'équipe de Ste Thérèse, élargie à des confrères tels que Christian Ranguin et moi à St Christophe, a tenu une réunion avec notre évêque. Elle avait pour visée de faire un lien explicite entre ce qui se passait sur le terrain et les exigences de l'Évangile.

Si mes souvenirs sont bons, l'évêque, sous les pressions liées à sa fonction, n'a pu tenir compte des suggestions que nous lui avions faites. Cependant, il fallait prendre position lors des messes du dimanche suivant le drame de Chalvet. Nous l'avons fait au cours de nos homélies aussi bien à St Christophe qu'à Ste Thérèse. Ce qui a soulevé de violentes réactions, singulièrement de la part de partisans de la droite. Par exemple, j'ai été harcelé toute la matinée du dimanche par des coups de téléphone anonymes avec menaces à l'appui.

Par ailleurs, des articles dans la presse de droite de l'époque (*Le Combat* et *La Vague*) dénonçaient ces prêtres qualifiés de « poissons rouges », parce qu'étant sous l'influence de l'idéologie marxiste-léniniste révolutionnaire. Pour eux, être solidaire de tous ceux qui luttaient contre l'exploitation des ouvriers par leurs employeurs (les syndicats, tous de gauche), défendre des revendications qui réclamaient plus d'équité et de justice, dénoncer les interventions militaires qui n'hésitaient pas à tuer des travailleurs agricoles en grève, ... tout cela ne devait pas faire partie des prérogatives et de la mission du prêtre, surtout lorsqu'il prêchait dans les églises lors d'une célébration eucharistique. Il est vrai que le clergé avait donné jusque-là une image de soi-disant neutralité sur le plan politique, faisant partie des institutions bien pensantes, qui se rangeaient du côté des défenseurs d'une société où devaient régner à tout prix la paix et l'ordre. Pour eux, lorsqu'il y avait des événements tels que ceux de Chalvet, l'autorité civile du préfet devait être relayée par celle de l'évêque et donc du clergé, avant tout pour ramener l'ordre.

Voir de nouveaux prêtres se ranger ouvertement du côté des syndicats, des partis de gauche et d'extrême gauche pour défendre les ouvriers agricoles en grève, et cela au nom de l'Évangile, ne pouvait que choquer et provoquer des réactions les plus violentes de la part des courants et des partis de droite. Ils étaient traités de contestataires de l'ordre établi, de faire partie de ceux qui troublaient l'ordre social, et donc de révolutionnaires, de communistes, d'indépendantistes ou d'autonomistes.

Victor Permal, membre de l'équipe de Ste Thérèse, allait devenir le bouc émissaire idéal des partis de droite, d'une part parce qu'il avait déjà pris ouvertement des positions politiques en faveur du changement de statut ; d'autre part parce qu'il faisait partie de l'équipe de Ste Thérèse dont les orientations pastorales privilégiaient sans exclusion le monde ouvrier, les défavorisés de la paroisse, comme on l'a vu plus haut. Par ailleurs, lors des événements du Lorrain, en plus de la visite à la famille d'Ilmany, il s'était rendu aux obsèques et avait tenté vainement d'obtenir du curé de la paroisse, le père Le Quéré, prêtre breton, de faire l'homélie. Ce qui lui fut refusé. Il dut se résigner à dire un mot au cimetière. Il faut signaler que ce même confrère curé fut celui qui ouvrit son presbytère aux syndicats à la suite du drame, pour leur permettre de trouver une issue à cette crise. Personne ne lui demanda de quoi il se mêlait. On ne lui a pas reproché, à lui, d'avoir de mauvaises fréquentations.

Dans les années 1940, il y avait des prêtres qui ne cachaient pas leurs opinions en faveur du Maréchal Pétain et de son représentant chez nous l'Amiral Robert. Le journal *La Paix* s'en est fait l'écho.

Dans les années 1960 et plus tard, le clivage se fit dans le clergé entre les partisans du *statu quo* et ceux qui étaient en faveur du changement : les autonomistes et indépendantistes. Le clergé était majoritairement conservateur. Car, toute idée de changement de statut est sous-tendue par l'idée de révoltes, de révolution et, partant, s'inspire de l'idéologie marxiste, communiste, qui prône l'athéisme, premier ennemi de l'Église.

Dans les années 1970 après quelques années de ministère, je commençais à prendre conscience que la neutralité politique du clergé était un mythe. Je ne connaissais pas l'histoire de notre clergé et je découvrais sur le terrain et grâce à mes lectures des exemples qui illustraient le contraire. Par ailleurs, je faisais partie de ces « jeunes prêtres » de l'époque qui se faisaient mal voir par la plupart des aînés aussi bien martiniquais séculiers (ex. : l'illustre abbé Morlan) que religieux spiritains tel que le fameux père Michel Triclot, ami de l'évêque de la Brunelière. Il y avait sans doute des questions de génération, d'époque, de formation, car, il faut le reconnaître, Vatican II était passé par là. Mais je me suis rendu compte que les prêtres (et les laïcs), qui défendaient le *statu quo* de la Martinique, étaient les mêmes qui refusaient les changements dans l'Église qu'ils voyaient influencées par des idées subversives sur le plan politique.

Par exemple, s'engager dans des réformes sur le plan liturgique, catéchétique, ou dans le domaine de l'art sacré : c'était nécessairement prendre en compte notre environnement, notre identité, notre langage à nous, nos rythmes, nos manières de concevoir la vie, le monde, en somme notre culture. Ce qui correspondait bien aux orientations du Concile Vatican II.

Mais pour un certain nombre de Martiniquais, pratiquants ou pas mais partisans du *statu quo* politique, ces changements comportaient un risque : celui de voir le clergé emboîter le pas aux autonomistes, aux indépendantistes. Pour eux, ces courants contestataires au sein du clergé, remettant en cause des traditions ancestrales de l'Église, avaient donc un caractère « révolutionnaire » que certains attribuaient à l'idéologie marxiste. Donc les réformes de l'Église prenaient d'emblée une tournure politique. Et ces prêtres jeunes et remuants devenaient des dangers à surveiller de près.

Il m'a fallu du temps pour prendre en compte la dimension politique de ce qui se passait, pour comprendre toute la signification de certaines réactions populaires comme celle de fidèles qui s'étaient attaqués à la crèche du Lamentin dans laquelle nous avions remplacé les personnages classiques (blancs) par des personnages en argile sous une case en bambou. Il m'a fallu du temps pour comprendre la mesure de certains de nos choix ou de certaines réactions de la part des fidèles à notre endroit, par rapport aux changements que nous apportions dans le domaine liturgique. Pour moi, tous ces changements intervenant dans le culte, la pastorale, la catéchèse ne devraient concerner que l'Église. Or des faits, comme celui que je viens de narrer, me prouvaient qu'ils avaient une portée politique. Et ce n'étaient pas les pratiquants seulement qui le soulignaient mais tous ceux qui tenaient au *statu quo*.

La notion de la mission en question (1971)

Chez nous, le clergé a toujours eu un problème avec les gens qui vivent en ménage. C'est pour cela que le diocèse organisait par périodes ce que l'on appelait des « Missions » comme celle que j'ai connue tout petit en 1950, lorsque j'avais 11 ans. L'évêque faisait venir des prédicateurs pendant le Carême (des dominicains entre autres) qui intervenaient dans les paroisses et rassemblaient beaucoup de fidèles. Dans bien des communes, les « Croix Mission » sont là pour nous rappeler ces événements.

Je me souviens des grandes envolées d'un de ces prédicateurs. J'entendais des adultes autour de moi le comparer à Bossuet. Je ne comprenais rien, compte tenu de mon âge. Mais certains adultes de mon entourage (je devrais dire plutôt certaines pratiquantes ferventes) retenaient la forme plutôt que le fond des prédications. J'ai seulement le souvenir d'un prédicateur qui passait son temps tout au long de son discours à s'éponger sans arrêt du haut de la chaire de Saint-Pierre, s'efforçant de secouer les fidèles, de les menacer de la colère divine et du feu de l'enfer, s'ils ne se convertissaient pas.

Une des Missions (je ne sais laquelle) portait précisément sur le mariage. Il s'agissait de faire comprendre aux gens qu'ils étaient dans le péché et qu'ils devaient se convertir. À la suite de cette Mission, bon nombre de « gens vivant en ménage » se marièrent. On parlait de « béni konmès » : mariages faits le samedi matin à 7 heures, discrètement, en catimini, sans cloches, sans voiles. Pour les femmes de ces couples, se marier était une manière de se mettre au même niveau que les autres femmes pratiquantes, qui se rendaient « à la Sainte Table » lors de la messe du dimanche. J'ai su par la suite qu'il y eut beaucoup de couples qui ont sauté pour des raisons que les sociologues pourraient expliquer. Par exemple, des femmes sortaient d'une situation de dépendance de l'homme pour s'affirmer en tant que « madame unetelle » et non plus « celle qui a fait des enfants pour monsieur untel ».

Jusque dans les années 60, ces Missions, qui avaient pour but de « ramener les âmes vers Dieu, de culpabiliser les récalcitrants, de convertir les couples qui « vivaient dans le péché » en les encourageant à se marier, faisaient venir des prêtres étrangers, considérées sans doute comme des électrochocs. Mais peu à peu, le diocèse changea sa méthode. Déjà en faisant venir des pères de la Mission de France.

Ce sont ces prêtres qui étaient rattachés à la paroisse de Ste Thérèse, axaient leur action et leur apostolat sur le monde ouvrier reconnu comme « éloigné sinon coupé de l'Église ». Les pratiquants étaient composés à l'époque en majorité d'enfants, de femmes, de personnes âgées. Il y avait peu d'hommes dans les églises. Jusque-là les prêtres attendaient que les gens viennent à l'église. Désormais, il fallait aller à la rencontre des gens dans leur milieu, singulièrement le milieu ouvrier.

En 1971, l'Église en Martinique a voulu organiser une Mission qui se voulait novatrice. Il ne s'agissait pas de faire passer des missionnaires de paroisse en paroisse pour faire de brillantes prédications, mais d'aider le clergé martiniquais à mettre en place une pastorale axée sur l'évangélisation des personnes, en tenant compte de leur appartenance (monde ouvrier, agricole, indépendant, de la pêche...), et en fonction de l'âge, du niveau social, intellectuel, etc.

Les Missionnaires choisis avaient fait rédiger et diffuser une rapide étude sociologique permettant au clergé de tenir compte de notre histoire et de cerner le contexte socio-économique du moment. Un document qui m'a été utile en ce qui me concerne.

Cependant, certains d'entre nous, dont les membres de l'équipe de Ste Thérèse, du Lamentin, de Terres Sainville, ont perçu cette initiative comme faisant partie d'une politique diocésaine traditionnelle, s'inscrivant dans la ligne de ce que l'on avait l'habitude de constater par ailleurs : à savoir que la vérité, le savoir-faire venaient d'ailleurs, de « là-bas ».

Nous nous posions la question de savoir si notre hiérarchie nous considérait, nous prêtres martiniquais, comme incapables de trouver nous-mêmes, chez nous, les moyens d'évangéliser notre peuple, sans passer par des missionnaires débarquant de France avec en mains les outils adaptés. Eux qui ne connaissaient ni notre histoire, ni notre culture, ni notre mentalité. Poser le problème en ces termes rejoignait ce qui se pensait et se disait dans notre environnement, tant sur le plan culturel que politique ou commercial, etc.

Là encore, une Mission diocésaine religieuse prenait une dimension politique. Et cela surprit aussi bien le clergé dans son ensemble que la hiérarchie qui avait commandé cette Mission. Je me souviens particulièrement de la réaction d'un des responsables de cette Mission au Lamentin qui avait confié à un jeune missionnaire le soin de faire des propositions pour le monde de la jeunesse. Il se trouve que, sans attendre de commande de quiconque, j'avais fait, en collaboration avec les jeunes de la paroisse et au nom de notre équipe, un rapport de quelques pages à ce sujet, avant même que ce jeune confrère missionnaire n'ait commencé la première ligne du sien. Il s'était fait presque remonter les bretelles par son chef : « voilà ce que l'on attendait de toi ! ». Autrement dit, comment as-tu pu te faire doubler par un Martiniquais qui n'est même pas « un missionnaire payé pour ».

Il y eut aussi d'autres tensions ici et là, singulièrement entre certains missionnaires et d'autres membres du clergé martiniquais ou pas. Pour la même raison : pourquoi fallait-il que ce soit des gens venus d'ailleurs qui viennent nous montrer ce que nous devions et savions faire chez nous ? Oui, quelque chose de valable pouvait sortir de la tête et des mains d'un Martiniquais, sans avoir à passer par celles d'un missionnaire.

Nous n'étions pas fermés aux prêtres venus d'autres pays mais quelque chose était en train de changer dans les rapports d'une partie du clergé avec ceux qui venaient d'ailleurs. Il n'était pas question de racisme ou d'ostracisme, comme certains le disaient alors. Pour ceux qui remettaient en question cette conception de la Mission, il s'agissait plutôt d'inverser la manière de faire : ceux qui venaient d'ailleurs avaient plutôt à se mettre à l'école des « natif natal » pour travailler chez nous, avec nous, la main dans la main. L'équipe de Ste Thérèse, malgré certaines tensions, avait établi des liens fraternels et une collaboration juste avec certains missionnaires qui avaient compris cela. Bref, même dans le domaine pastoral missionnaire, nous revendiquions notre capacité à gérer nos propres affaires. Et donc voilà qu'une Mission prenait, elle aussi, une couleur politique !

16

De remises en question en remises en question

Comme je l'ai développé plus haut, les années fin 1960 et 1970 ont vu toute une remise en question de notre mode de vie. On abandonnait de plus en plus ce statut qui faisait de nous « un personnage « mis à part », un homme du sacré, habitant un presbytère, vivant du culte, réputé avoir certains « pouvoirs », y compris celui de parler de tout en faisant la morale aux fidèles, tout en étant hors du monde du travail parce que précisément « mis à part » par sa consécration. On se dépouillait de cette image traditionnelle, pour vivre auprès des autres comme un homme que l'on pouvait appeler par son nom et son prénom, dans le respect mutuel et dans l'amitié. Nous étions au service des autres pour les accompagner dans leur démarche de foi vécue individuellement et en Église, pour les aider à découvrir comment faire en sorte que leur vie soit éclairée par le message évangélique et que cela puisse se célébrer.

Ce qui fait que nous animions des rencontres entre jeunes, entre adultes dans les quartiers ou au presbytère. Nous abordions avec les gens tous les sujets liés au travail, à la famille, à la vie du quartier et de la commune ; des problèmes concernant l'éducation des enfants et adolescents, la sexualité, l'amour, la vie conjugale, la contraception. Mais quelle formation avions-nous pour ce faire ? Nous ressentions tous un manque. Un célibataire qui s'autorise à parler de tout ! Et des fidèles qui considèrent que ce qu'il dit est parole d'Évangile ! De plus en plus, nous avions la confiance des fidèles. Mais certains jeunes ne me faisaient pas de cadeau ! « Ki sa'w Konnet' Tatane ? » (Que connais-tu Tatane [mon petit nom]), pour me renvoyer à mes insuffisances. C'est d'ailleurs pour cela que je m'étais rapproché comme d'autres confères d'un organisme (le CEDIF) pour m'informer et accepter de me former.

Mais cela ne nous empêchait pas d'être appréciés des fidèles. Et les prêtres étaient de plus en plus sollicités non seulement pour les messes, les autres sacrements, les enterrements, mais aussi en tant que conseillers. Nous devenions tantôt des conseillers conjugaux, tantôt des psychologues ou des sociologues. Mais avec quels outils ? Des lectures, des conférences, l'expérience des autres qui se livraient à nous. « J'ai reçu beaucoup de couples qui... » mais par ailleurs « les konséyè pa lé péyè » (ceux qui conseillent ne sont pas ceux qui payent).

En ce qui me concerne, il me fallait répondre aux questions qui se précisaient chaque jour d'avantage au cours de mes années de ministère, avec ce sentiment d'être effectivement dans le monde tout en étant en dehors sur le plan professionnel et affectif ; avec la prise de conscience que mes formations au Séminaire ne m'avaient pas permis d'aborder mon rapport à mon corps, à ma santé, à mon équilibre affectif, à mes sensations, à mes émotions, à mes sentiments. Comme je l'ai écrit dans DMVL : chap. 8, nos relations avec les femmes étaient souvent teintées d'ambivalence.

Ce questionnement était celui de bien de mes copains. J'en parlais avec certains amis. Cela nous amena à la remise en question du statut du célibat ecclésiastique. Y consentir était d'autant plus difficile que depuis toujours, comme je l'ai déjà écrit, le célibat du prêtre était quelque chose de sacré ! C'était présenté presque comme un dogme. C'est peu à peu que je l'ai découvert sous l'angle de « discipline ecclésiastique ». On nous avait appris que s'engager le jour de l'ordination signifiait « donner sa vie à Dieu ». Cela voulait dire : choisir le Christ plutôt qu'une femme, une famille ; refuser toute relation amoureuse avec une femme et encore moins une quelconque vie commune officieuse et parallèle. Mais comment faire ? À tel point que, durant toutes mes années de formation, je n'avais jamais pensé faire de recherches sur l'histoire de cette discipline.

Notre formation nous mettait devant un défi à relever, pour lequel sur le plan humain nous n'avions aucune formation, aucun outil : comment gérer nos émotions, nos pulsions ? Comment développer des relations avec les femmes si nombreuses autour de nous au cours de notre ministère ? Parler de l'amour de Dieu était notre pain quotidien, mais pourquoi l'Église mettait-elle en concurrence Dieu et l'amour d'une personne précise ? Était-ce pour des raisons pratiques de disponibilité ou autres ? Bref, si pendant des années, j'avais embrassé cette voie sacerdotale avec beaucoup de générosité, de sincérité en même temps que de naïveté, après quelques années de ministère, disons « sur le terrain », nous nous posions une série de questions auxquelles il fallait répondre un jour ou l'autre.

Des ruptures avec l'Institution

C'est ainsi qu'au cours des années 70-80, nous avons été une dizaine de prêtres du diocèse à choisir de quitter le ministère presbytéral pour nous réorienter sur le plan professionnel. Et en cela il ne fallait pas compter sur le clergé pour avoir du soutien. En ce qui me concerne, je suis parti sans rien en mains à 37 ans. Pour la plupart d'entre nous, il nous a fallu partir en France pendant plusieurs années. Un seul d'entre nous est resté en Martinique et s'est marié à la mairie de Fort-de-France pour recevoir, quinze ans après, une « Bulle du Pape » qui l'autorisait à se marier religieusement sous des conditions que je n'ose même pas rappeler ici : il s'agissait de notre ami Germain Beaubrun.

J'ai souligné dans mon premier ouvrage cité plus haut tout ce qu'il a fallu subir comme rejet, jugement, de la part des catholiques pratiquants, de certains proches et amis qui n'ont ni compris, ni accepté les choix que nous avions faits dans des conditions difficiles. Comment pouvait-il en être autrement ? Même si nous comprenions tout à fait que les fidèles se sentent privés à juste titre de « leurs » prêtres appréciés pour les services rendus, mais aussi pour le faire-valoir qu'ils représentaient pour des parents et amis. C'était violent et frustrant pour eux, douloureux pour tout le monde. Et planait partout l'idée que « ces » prêtres avaient été « détournés » de leur mission par l'action habile du Malin, utilisant la femme comme appât. Je n'exagère rien. J'ai pu constater *in vivo* une fois de plus le fruit de cette éducation religieuse qui fait porter à la femme tentatrice la responsabilité du choix de prêtres influençables !!!

Je n'oublierai pas ce courrier et la réaction de certaines religieuses qui m'étaient proches et que je reprends ici : « Je prie tous les jours pour toi, pour que tu abandonnes la voie que tu as prise et reviennes au bercail continuer ton ministère de prêtre ; ma prière sera exaucée, car Dieu est grand » !... « Tu comprendras un jour qu'il faut laisser cette famille que tu as créée pour reprendre du service et t'occuper de la famille de Dieu ». On voit là l'impact du religieux sur des « âmes consacrées » ou sur ces croyantes convaincues qui, avec un grand sourire et une grande sincérité, souhaitaient du mal à leur prochain qu'elles disaient aimer et vouloir sauver, en prétendant servir les intérêts du « Royaume » (« des cieux » sans doute). Prier de tout son cœur un Dieu d'amour, en lui demandant de faire échouer un projet de vie d'un de ses frères considéré comme égaré : voilà un bel exemple de la contradiction entre le religieux et la foi...

Heureusement que mes autres frères, sœurs et tous ceux que je considère comme des amis sincères, ne m'ont ni jugé ni rejeté, mais m'ont accueilli à bras ouverts en respectant mon courage et mon choix.

Il m'est arrivé de rencontrer des pratiquants qui me demandaient « si je ne regrettais » pas d'avoir quitté le clergé. Je me suis posé la question de savoir s'ils n'espéraient pas dans le secret de leur cœur que je leur dise oui, comme pour leur donner raison d'avoir cru que j'avais fait fausse route.

Non, jamais je n'ai regretté, Dieu merci, d'avoir fait un premier choix en 1966, et d'en avoir fait un autre en 76, à savoir le choix de fonder une famille, et de revenir vivre dans mon pays avec un métier et même plusieurs métiers au service de mes compatriotes jusqu'à ce jour.

Au risque de me répéter, je n'ai pas hésité à revenir sur ce questionnement et les choix difficiles que j'ai faits en toute conscience dans un domaine où le sacré tend à vous enfermer dans des schémas préétablis. Au dire de l'archevêque actuel, lors d'un débat autour du célibat ecclésiastique (« Cénacle de juillet 2019 »), les prêtres ayant quitté le ministère seraient désormais accompagnés pendant quelque temps pour leur faciliter une insertion socioprofessionnelle. De fait, ce serait un grand progrès de l'institution cléricale par rapport à ce que j'ai connu moi-même. Car lorsqu'un de ses membres quitte le ministère presbytéral, non seulement il doit rebondir quant à une orientation, à une qualification professionnelle, mais il doit faire face au poids du qu'en-dira-t-on et aux jugements de ceux que l'on qualifie de « fidèles », en commençant par certains membres du clergé lui-même. Si par ailleurs le prêtre démissionnaire s'engage dans une relation (avec une femme, par exemple) et projette de se marier, et de créer une famille, le clergé, qui d'ordinaire prône le respect des personnes, des différences, « la liberté des enfants de Dieu », l'amour fraternel et la bienveillance, se voit alors confronté à ses propres contradictions. Car, ce confrère-là se verra considéré par l'institution (clercs et fidèles, pratiquants ou pas) comme un renégat, un infidèle, un paria. On lui fera sentir qu'il ne fait plus partie de la même famille, pour ne pas dire du même clan. Et on sait bien qu'un membre qui n'observe plus la loi du clan doit être rejeté ou se retirer de lui-même du clan. On se demande alors si, du moins pour certains, dans la pratique il n'y a pas confusion entre être « membre de l'Église » et « membre d'un clan ». Ce qui n'a rien à voir, ni avec ce que l'on a appris en théorie, ni avec les valeurs liées au message évangélique.

Je souhaite seulement que, dans l'avenir, les prêtres qui seront amenés à faire de nouveaux choix dans leur vie, soient respectés, traités comme des frères et accompagnés réellement par ceux qui ont pour mission de prêcher et de pratiquer l'amour fraternel !

Élargir le champ visuel

Au cours de ces dix années de ministère, comme je l'ai souligné, je découvrais de nouveaux aspects de ce « corps ecclésiastique catholique » auquel j'appartenais.

J'ai appris à connaître notre histoire, et celle du clergé catholique. Il y eut des propos tenus par certains membres de la hiérarchie du début du XXe siècle que j'ai lus ou entendus également de la bouche de prêtres, de personnes pratiquantes ou pas, à commencer par mes proches (mon père adoptif était un ancien de Verdun !), et que j'ai gardés en moi longtemps avant de prendre position moi-même.

Tous ceux de ma génération ont entendu de la bouche du clergé, missionnaire ou local, des anciens combattants mais aussi de parents, d'enseignants, d'hommes politiques ce langage du « devoir de reconnaissance à l'endroit de la Mère Patrie », grâce à qui nous avons pu « évoluer ». C'était le langage du clergé local en 1939 (date de ma naissance) : « coloniser c'est éduquer, civiliser, élever finalement le colonisé au niveau du colonisateur » (*op. cit.*).

En réfléchissant à mon attitude face à certains confrères de l'ancienne génération (comme les De Jaham, Rohart, Beys, Morlan, Triclot, Feval, Salinière, Lavigne, etc., pour n'en citer que quelques-uns), il y avait sans doute des questions liées aux conflits de génération. Ils nous regardaient (les jeunes prêtres) de haut, avec un sourire narquois, une attitude du genre paternaliste, nous considérant comme des jeunes sans expérience de la vie. Eux au moins, ils avaient « les pieds sur terre », ne se posaient guère de questions quant au fonctionnement du clergé et aux traditions de l'Église qu'ils adoptaient sans difficulté et reproduisaient aisément. Par ailleurs, qu'ils fussent considérés comme des notables ne les gênait pas. Ils savaient entretenir des réseaux relationnels utiles dans « le monde des possédants » comme on disait, pour réaliser et faire prospérer leurs œuvres. Ils étaient pour la plupart de bons vivants et savaient fréquenter le beau monde ; ils aimaient la bonne table tout en faisant leur travail de curé, chacun à sa manière.

De notre côté, nous les considérions comme étant « dépassés » quant à leur position face aux orientations du Concile Vatican II. Ils s'inscrivaient dans le courant de la résistance, défenseurs farouches de la Tradition, de la messe en latin, du chant grégorien, du port de la soutane et du col romain. Il y avait donc des questions de formation et d'idéologie. Ainsi sur le plan politique, ils défendaient le *statu quo* et se revendiquaient « catholiques et français » pour toujours. Alors que nous faisions partie des prêtres qui considéraient que, nous Martiniquais, nous avions notre histoire et notre culture à nous. D'autant plus que nous nous sentions dans la ligne de Vatican II. Tout cela créait une certaine distance entre eux et nous, parfois un rejet mutuel. Ainsi, dans le clergé, pour des questions idéologiques, nous ne prenions pas le temps de valoriser ce que faisaient les uns et les autres. Cela dit, même entre prêtres de même génération, les questions politiques étaient rarement abordées. Nous étions plutôt axés sur les questions pastorales et liturgiques qui devaient tenir compte de notre culture propre, avec le souci d'innover, quitte à bousculer les habitudes des pratiquants.

Après coup, je me suis aperçu que cela valait la peine de m'arrêter sur certains membres du clergé, de loin mes aînés, martiniquais ou pas, que j'ai eu l'occasion de fréquenter parfois depuis ma plus tendre enfance. En me libérant de certains préjugés, je rapporte simplement ce que je sais d'eux pour les avoir connus personnellement, quelques souvenirs précis qui m'ont particulièrement marqué, en m'aidant parfois d'écrits personnels que j'ai gardés précieusement sans savoir si un jour ils m'auraient été utiles ; et en rapportant ce que certaines personnes m'ont confié spontanément et que j'ai parfois filtré.

Ce que j'écris là prend en compte un clergé fréquenté de près ou de loin, jusqu'aux années 1980, mais qui fait partie de notre histoire. C'est ma rétrovision, mon point de vue, que chacun pourra rectifier, compléter. Je souhaite qu'un jour des personnes plus compétentes fassent œuvre d'historien(ne) ou de sociologue pour effectuer un travail plus scientifique et plus approfondi sur le clergé catholique de chez nous.

17

De l'Institution aux personnes en chair et en os

J'ai fait référence à certains anciens du clergé que j'ai rencontrés depuis ma plus tendre enfance, soit au Morne-Rouge, soit à Saint-Pierre.

Au Séminaire-Collège, j'ai beaucoup entendu parler des missionnaires du Saint-Esprit tels le père Didier que le père Beys, directeur de l'époque, avait fait venir pour y enseigner dans les années 1947-48. Il était chargé des « séminaristes créoles ». C'est avec lui, encouragé par Mgr Varin de la Brunelière, que les séminaristes ont été séparés des collégiens. Personne ne saura le pourquoi de cette séparation. Il mourut en 1949, dix ans après son ordination.

C'est grâce à l'une de ses paroissiennes des Terres Sainville, âgée aujourd'hui de 90 ans, que j'ai appris l'existence d'un fameux père Second. Elle n'a retenu qu'une chose de ce curé : « il marchait toujours avec sa cravache. Il m'appelait "Ti négress !" et n'était pas gentil du tout ! ».

Lors de mon arrivée dans la paroisse de St Laurent du Lamentin en 1967, j'ai beaucoup entendu parler du réputé abbé François Soubi ou mieux de « Monseigneur Soubi » (titre honorifique), qui fut curé de la paroisse pendant près de vingt ans. Il mena à son terme avec le maire de l'époque, Fernand Guilon, la restauration de cette magnifique église en béton, avec ses vitraux classés (en 1995) comme monuments historiques, et les deux peintures du père Arostéguy (1955) à l'entrée. Il repose dans cette église depuis juillet 1954. L'un des grands commerçants de la commune de l'époque, que je connaissais bien, ne tarissait pas d'éloges à son égard. Il rapportait plein d'anecdotes à son sujet concernant ses rapports avec le maire, qui me renvoyaient à Don Camillo et Peppone. L'abbé Soubi a été directeur du journal catholique *La Paix* dans les années 1930. Emmanuel Jos[1] (« le journal *La Paix : 1913-1964* ») souligne que son passage à ce journal, après le père le Gallois, n'est pas passé inaperçu, au point que les autorités exigeaient des droits de réponse après certains articles.

Je prends le temps de revenir sur deux grandes figures du clergé que j'ai bien connues et qui ont marqué des générations entières : un spiritain, le père Michel Triclot, et un séculier martiniquais, l'abbé Morlan, curé du Robert. Deux complices, capables de prendre des initiatives étonnantes pour des curés et de mener des projets sociaux ambitieux. Ce n'est ni la philosophie thomiste, ni la théologie dogmatique ou apologétique qui leur avaient appris à faire ce qu'ils ont fait. Ils ont été attentifs aux besoins sociaux de leur époque. Ils ont puisé en eux des talents qu'ils ont su exploiter à bon escient, pour résoudre des problèmes rencontrés sur le terrain et y apporter des réponses concrètes, en s'entourant non de « techniciens » mais de personnes qui n'avaient rien à voir directement avec « les mouvements » de l'Église.

J'étais pourtant de ceux qui qualifiaient ces curés de « réactionnaires », de « traditionalistes ». Car, comme dit plus haut, ils faisaient partie des opposants aux réformes impulsées par Vatican II et se voulaient les défenseurs farouches du *statu quo* religieux et politique. Mais dans cet ouvrage, je vais au-delà de ces étiquettes, pour retenir et souligner ce que ces hommes prêtres ont apporté à de jeunes délinquants et à des familles défavorisées de notre pays. À l'époque, je faisais partie de ceux qui considéraient que ces « œuvres » relevaient avant

1. *Mémoire en Sciences de l'Information*, 1979, Université de Paris.

tout de l'État, du Département et non du clergé. Ce qui est juste. Aujourd'hui je me dis que, malgré tout, pour faire ce qu'ils ont fait, ils devaient être animés par la conviction profonde que « leur mission d'évangélisation » allait au-delà de la sphère du sacré !

– *Michel Triclot* (car ils étaient deux frères, René et lui) a été responsable du centre de la Tracée de 1937 à 1948, qui accueillait de jeunes « repris de justice ». J'ai en ma possession un document où il fait l'histoire de cette œuvre au moment où, suite à la départementalisation, le domaine de la Tracée changea de statut et fut désormais affecté au ministère de la Justice. Pendant vingt ans, la « Congrégation religieuse » grâce « à la générosité martiniquaise et chrétienne », dans le cadre de « l'œuvre de la protection de l'enfance malheureuse », avait pris en charge ce Centre. Il fut d'abord dirigé par le père Leretraite (1934-36), puis par le fameux père historien Delawarde (1936-38), puis par le Frère Damien et le père Rudler (« beau vieillard nommé le Père éternel à cause de sa barbe blanche »). Le père Triclot, par son dynamisme et son esprit d'entreprise, donna un nouvel élan à la Tracée. Dans le rapport déjà cité, il raconte, avec l'humour qu'on lui connaissait, une série d'anecdotes où il joue tantôt le rôle de gendarme, tantôt celui de père, d'éducateur, d'administrateur, de gestionnaire, d'animateur social. Pour donner à manger un peu de viande aux enfants de la Tracée, il allait chasser à la Caravelle le bœuf sauvage avec le père de la Brunelière (alors curé du Lorrain). Il dit, avec une amertume compréhensible, s'être battu pour faire vivre une œuvre « au service de l'enfance abandonnée » avant de s'en voir dépossédé au motif « d'en finir avec des méthodes moyenâgeuses »...

Je le considère comme un directeur d'établissement à caractère social (ECS) pour adultes avec des méthodes de son époque, avant de succéder au père de la Brunelière nommé alors évêque, en devenant le très estimé et populaire curé du Lorrain, puis de Redoute.

Le père Michel Triclot faisait partie de ces rares spiritains qui parlaient couramment créole avec les jeunes de la Tracée et avec n'importe qui. Non seulement il maîtrisait notre langue créole parlée, mais il tenait dans l'hebdomadaire catholique *Aujourd'hui Dimanche* de l'époque la fameuse rubrique « compè Zizi et Popol » en créole : ce qu'aucun Martiniquais n'aurait alors osé faire, tant dans le milieu clérical que civil. Voici un extrait du document écrit de ses mains qui me semble particulièrement éloquent.

> « Et s'il n'y avait pas les usines et les gros commerçants ; s'il n'y avait pas le sucre des Hayot, Aubéry, de la Guarrigue, Despointes, les bœufs de Courville, de Gallion, de Bassignac, le fer et le matériel de Seri, les sacs de riz, de haricots, les miettes de morue, les fonds d'huile de la ville, les attelages et charrues des propriétés voisines, et les offrandes des visiteurs ? Et dire qu'on accuse l'Eglise de ne pas s'occuper d'œuvres sociales et que les usines n'ont pas conscience des misères du Peuple ! Pendant 20 ans, cette œuvre au service de ce malheureux peuple n'a subsisté et ne s'est développée que grâce à la générosité aimable, continuelle et substantielle de ceux que certains appellent les 200 familles. Il fallait que cela soit dit avant que la page ne soit complètement tournée » (p. 8).

Lorsque, quarante ans plus tard, de jeunes prêtres (comme ceux du Lamentin, de Ste Thérèse, St Christophe) se permettaient d'enlever les plaques de ces grandes familles des bancs de l'église, ou de supprimer les troncs qui se trouvaient sous les statues, on peut imaginer ce que cela a pu provoquer comme réactions chez tous ceux qui, comme le père Triclot, se battaient pour avoir de l'argent pour leur institution, en sollicitant et en encensant justement ces « grandes familles ». Ces dernières, les œuvres sociales et les affaires cultuelles faisaient donc bon ménage. Le principe étant : « je t'aide pour tes œuvres, mais quand je te demande des avantages, des services dans ton domaine, à savoir le culte, ne l'oublie pas ! C'était donnant-donnant » ! Les fidèles emboîtaient le pas au clergé pour prier à l'intention « des bienfaiteurs de l'Église » à l'égard desquels il y avait un « devoir de reconnaissance ». En voyant l'admiration et l'attachement des paroissiens du Lorrain et de Redoute puis de Coridon à leur curé, dont ils aimaient le langage cru et direct, qui parlait parfaitement le créole en fumant sa pipe et appréciait comme tout bon Martiniquais le traditionnel punch, je me dis qu'effectivement nous n'étions pas de la même génération, que nous n'avions pas la même conception de la mission d'évangélisation. Il me rappelait plutôt le modèle du missionnaire traditionnel, qui ménageait volontiers les grands et les riches si utiles pour les œuvres éducatives et sociales, quitte à fermer les yeux et à mettre en parenthèse certaines valeurs telles que la justice, l'équité, le refus des discriminations, surtout dans le domaine du culte. Tout en réalisant une œuvre sociale difficile et si utile, le père Triclot faisait partie des adversaires farouches de tout mouvement inspiré par le « socialisme » et le « communisme » qui pour lui étaient opposés à la foi catholique et prônaient l'athéisme, dans la mesure où selon leurs principes l'Église était « l'opium du peuple ».

Rappelons à nouveau qu'avec son frère René il a fait partie de ces prêtres taxés de « fondamentalistes et réactionnaires » qui s'opposaient farouchement aux changements, tant sur le plan de l'Église que sur le plan politique. Avec d'autres spiritains et certains prêtres diocésains martiniquais (et pas les moindres), il a mené campagne contre l'élection du premier Martiniquais, Maurice Marie-Sainte, comme évêque. Ils défendaient ainsi les intérêts de la Congrégation du Saint-Esprit, avec tous les avantages que cela entraînait. Mais je préfère retenir aujourd'hui son œuvre à la Tracée.

– *L'abbé Morlan*, fondateur de « l'Association de la Sainte-Famille ». Il était de ces prêtres martiniquais les plus populaires et célèbres de sa génération. Dès son entrée dans le ministère, il fut très sensible à la petite enfance abandonnée ou en grande difficulté. On lui doit la création de trois structures d'accueil (à Sainte-Anne, au Robert) qui répondaient à l'époque à des besoins réels de la population de la région. Il y aurait beaucoup à dire sur tous les combats qu'il a menés au cours de décennies pour faire vivre ses œuvres.

Je le considère comme un travailleur social, pionnier en la matière. Pendant des décennies, cette structure a eu du mal à se départir de la marque de cet homme à l'allure de « grand seigneur » quand il était en fonction, mais qui en réalité était un curé proche des réalités de son pays, singulièrement des mamans qui avaient énormément de problèmes pour faire garder leurs enfants quand elles travaillaient. Il fallait trouver une solution de garde pour les tout-petits. D'où son engagement pour la sauvegarde de l'enfance, en sollicitant souvent vainement le Département qui, à l'époque, ne jouait pas pleinement son rôle dans ce domaine. Les crèches n'existaient pas. Les anciens collaborateurs et les jeunes qui ont connu cette Association se souviennent de ses manifestations, les fameuses kermesses de la Sainte-Famille, avec les célèbres tombolas ! Elles regroupaient des centaines de personnes qui venaient en « taxipéy » participer aux activités de la journée.

À la radio RCI en 2021, j'ai été sollicité par « Jéro et Philippe » pour rappeler à la population qui était l'abbé Morlan et pour souligner l'ampleur de l'action qu'il a menée. J'ai été surpris par le nombre de témoignages en sa faveur. Mais il n'aurait sans doute pas pu mener ces actions sociales sans ses collaboratrices bien connues. D'abord Mlle Hortense Guy qui a mis en place la première crèche de Barrières La Croix à Sainte-Anne. L'abbé s'est entouré pendant des années d'une secrétaire qui vivait d'ailleurs au Presbytère, la très connue Mlle Alice Mathurin. Mais un autre bras droit de l'abbé Morlan c'était Mlle Julie Guillaume, secrétaire de mairie du Robert, sous la mandature de M. Symphor ; une militante acharnée qui accompagna l'abbé jusqu'à sa mort, suite à un accident au carrefour qui mène justement à Gaschet où elle se rendait. Paule Permal Ferdinand, une de ses amies qui faisait partie de la Légion de Marie de l'époque, me disait combien ces femmes parcouraient les quartiers de Four à Chaux, de Duchesne, pour ramasser des fonds pour l'Association. Nous sommes dans les années 1950. Même si le terrain de Gaschet constituait par exemple un don, il fallait mener un combat sans relâche pour faire fonctionner les crèches.

Ce prêtre d'avant-garde était en même temps un bon vivant, plein d'humour mais qui savait se faire respecter. C'est sans doute pour cela que les Robertins sont venus le chercher pour lui demander de prendre la présidence d'un club de football, l'US Robert. Et on le voyait toujours en soutane à l'époque, lors des assemblées générales et régulièrement au match ! À tous ces titres, il demeure un prêtre atypique, inoubliable, singulièrement pour les Robertins et les Saintannais puisqu'une place à Sainte-Anne porte désormais son nom.

– *L'abbé Le Roy*. Je me souviens de ce prêtre que j'ai aperçu une fois à l'évêché. Il était venu voir l'évêque Henri Varin de la Brunelière. Je n'étais pas au courant de son histoire. Mais je le revois descendre les marches de l'escalier, après son entretien avec l'évêque et surtout je suivais ce regard de tristesse et de pitié, ponctué d'un « tjiiip » de dépit, de la secrétaire de l'époque, Madame B. C'est elle qui me donna le nom de ce prêtre qui n'exerçait plus, « parce qu'il avait eu des enfants ». Mais ces enfants-là, il avait eu le courage de les reconnaître. Certains sont d'ailleurs devenus par la suite des personnes célèbres, fort utiles pour la Martinique. Je n'ai jamais cherché à m'informer sur cette personnalité qui à l'époque a eu à affronter l'exclusion, le qu'en-dira-t-on, les invectives de toutes sortes, les condamnations du clergé, des chrétiens pratiquants ou pas. Il a toujours représenté pour moi l'exemple d'un homme cohérent et courageux pour l'époque. Bien plus tard, j'ai connu moi-même les condamnations et le rejet de bon nombre de chrétiens, du fait d'avoir choisi de quitter le clergé pour fonder une famille et exercer un métier. Mais c'était 25 ans après ! L'abbé Le Roy, c'était dans les années 50. J'étais au Petit Séminaire.

– J'ai parlé du *père Arostéguy* qui fut curé au Lorrain avant de devenir curé de Ste Thérèse. (voir plus haut). Sans l'avoir connu, j'ai découvert certains de ses tableaux qui tapissaient les murs du presbytère de Ste Thérèse, ainsi que les deux peintures de l'Église du Lamentin.

– *Les pères Dambricourt et Angot.* Deux prêtres qui auront marqué la jeunesse de la paroisse de Ste Thérèse. Je les ai peu connus. Mais les échos d'eux que j'ai pu avoir de la part de certains militants font état de leur grande simplicité, de leur présence au monde ouvrier et de leur engagement sur le plan de la pastorale, sensibles qu'ils étaient aux problèmes du chômage, du désœuvrement des jeunes, et soucieux de leur trouver des réponses concrètes. J'en parlerai plus loin lorsque je reviendrai sur l'équipe de Ste Thérèse.

– *L'abbé Gaston Jean-Michel.* « militant dans l'âme », très préoccupé par la présence de l'Église dans le monde rural. Il parlait avec fierté des hommes et femmes de ce monde qu'il avait « formés » à travers la JAC puis le MRJC, dont le premier responsable de la SAFER, Nelide Francinet. Je l'ai connu déjà lorsqu'il était à la paroisse des Terres Sainville, puis dans celle du Vauclin, de même quand il fut directeur des Œuvres à la rue Lecornu à Fort-de-France. Il semblait de santé fragile, toujours entouré de ses deux sœurs. Et pourtant, il nous a tous étonnées : Il fut l'un des rares centenaires du clergé, mort à 104 ans ! Chargé de l'apostolat des laïcs, il fut nommé par son archevêque, vicaire épiscopal, en poursuivant son activité auprès des jeunes du monde rural. La fameuse Assemblée générale du monde rural de juin 1973 a été sans doute le résultat des années de travail qu'il a accomplies dans le cadre du MRJC. Connaissant mon implication dans le domaine liturgique et le travail que nous avions entrepris auprès de la jeunesse, il me disait avec la conviction qu'on lui connaît : « C'est bien beau les cérémonies liturgiques, le tambour à l'église ! Mais vu l'importance du monde agricole chez nous, l'Action catholique dans le monde rural est une priorité ! L'évêque n'a pas compris ça ». Un homme courageux, franc, dynamique et disponible. Nous lui devons la création en 1982 de Radio Saint-Louis, la Radio catholique de la Martinique. Homme de conviction, marqué sans doute par la théologie apologétique, grand défenseur de sa foi, il eut parfois, des interventions qui m'ont personnellement choqué, quand il s'en prenait aux « sectes » sur la radio.

J'ai eu l'occasion de l'interviewer avec Germain Beaubrun à la Maison de retraite de Redoute dans les années 1990. J'avais confié les documents quelques années plus tard à un prêtre de St Christophe. J'ai vu avec plaisir, quelque temps après, paraître le livre sur le père Jean-Michel[2]. Notre initiative avait donc du sens. Notre travail a sans doute servi aux auteurs de cet ouvrage qui n'ont pas jugé bon de le mentionner. Mais qu'importe ! L'ouvrage existe. L'abbé Jean-Michel fut nommé prélat de sa Sainteté dans ses dernières années. Une manière pour l'Église de le remercier de son dévouement. Pour moi, qu'il ait accepté ce titre de « monseigneur » ne lui ressemblait pas. Quoi qu'il en soit, il nous aura tous marqués d'une manière ou d'une autre par son dynamisme, sa capacité à regrouper des personnes autour d'objectifs liés à leur vie quotidienne (dans le monde rural en particulier), et autour du projet qui a donné naissance à la Radio Saint-Louis.

– *L'abbé Jean de Lavigne*, dont j'ai parlé plus haut mais que je n'ai jamais rencontré personnellement, avait la réputation de « grand seigneur » respecté et aimé de tous. Les anciens se souviennent de ses obsèques grandioses aux Terres Sainville. Il avait une personnalité et une aura dont j'entendais parler : l'art de prêcher revenait souvent dans la bouche des gens qui l'admiraient. La rumeur veut que le très célèbre quimboiseur « Granzong » venait tous les jours à la messe avec son « bâton magique » Il craignait l'abbé Lavigne. Voilà un témoignage d'une de ses paroissiennes âgée de 90 ans : « Quand "Granzong" est mort, son cercueil s'est retourné au niveau du carrefour de la Brasserie Lorraine. Lorsque je lui demandai ce que cela pouvait bien signifier, elle ajouta tout simplement : « Il se trouve que l'abbé Lavigne est décédé à peine une semaine après ». Elle ne m'a pas donné d'explication ni logique, ni magique. L'abbé

2. David Macaire et Gilles Danroc (dir.), *Le père Gaston Jean-Michel, témoin de l'Évangile, mémoire martiniquaise et histoire ecclésiale*, Marseille, Éditions La Thune, 2013.

Lavigne était un curé très populaire et respecté. Une des rue de la paroisse porte son nom.

– *L'abbé Anderson,* Canadien. Venu en Martinique comme séminariste, il est reparti dans son pays pour être ordonné. Puis de retour en Martinique, il a été longtemps aumônier de la JEC.

– *L'abbé Chênevert*, Canadien réputé dans le diocèse. Il a été longtemps curé de la commune de Rivière-Salée dont une des rues porte son nom. Il a construit l'église lors de son passage[3]. Il avait aussi la réputation d'être un grand voyant, ou mieux « un grand sorcier ». J'en ai eu l'expérience au Séminaire-Collège où il était venu prêcher une retraite et confesser les enfants. Il m'avait dit des choses sur moi et avait suscité en moi une grande admiration. Mais les autres copains à qui je faisais part de mon étonnement m'ont avoué que le père confesseur leur avait dit à peu près les mêmes choses. Il était juste plus psychologue que d'autres confesseurs. F. E. me confirmait que, dans la paroisse, il avait l'art dans ses prédications de se faire passer pour celui qui savait tout, utilisant toutes sortes de subterfuges pour agir sur les consciences. On raconte aussi à son sujet que sur la route de la Trace, un taxi étant tombé en panne, il sortit son bâton, frappa trois fois sur le capot et demanda au chauffeur de mettre le contact : et le moteur repartit... Allez savoir ! Il mourut dramatiquement, emporté dit-on par une vague, lors d'un de ses voyages en bateau.

– *Le père Alain* a été mon curé à Saint-Pierre avant d'être nommé au Marigot. Les souvenirs que j'ai datent des années de Petit Séminaire. Pendant les vacances, avec d'autres copains séminaristes, nous allions faire des travaux de maintenance (peinture, etc.) au presbytère. Ce qui nous permettait de passer de belles journées avec de petits repas et goûters succulents comme récompense.

3. Infos de F. E.

– *Le père Galopeau*, curé du Carbet, m'avait impressionné par sa stature et sa démarche, à tel point que je me souviens de l'avoir choisi comme sujet de rédaction en 5e : « un souvenir de vacances ». Et le père Mao, alors mon professeur, avait noté en marge : « c'est un peu rapide comme description ». Je suis resté longtemps sur mes impressions. Je sais peu de choses de cet homme. Il a été à la direction du journal catholique *La Paix* (dans les années 1940 : voir le mémoire d'E. Jos, « Le journal *La Paix : témoin...* »)[4].

– *Le père Pinchon* : J'ai mis des années à découvrir le scientifique qui se cachait derrière ce prêtre professeur. Et pourtant nous avions en vitrine au Séminaire-Collège sa série de papillons, de coléoptères et nous avions aussi quelques pièces de la période précolombienne que l'on retrouve aujourd'hui ici ou là dans nos musées (Fort-de-France, Rivière-Pilote, Didier, au Musée Père Pinchon). Je le revois dans la cour des petits manier avec habileté et précaution les serpents jaunes autant que les trigonocéphales. Il avait été piqué une fois et l'un de ses deux pouces avait été déformé. J'ai compris longtemps après le fait que l'enseignement n'était pas sa priorité et que ce qui l'intéressait, c'était la recherche... C'était avant tout un scientifique. Et la Martinique lui est reconnaissante.

– *Le père Robin* : certains copains l'ont connu au Séminaire-Collège. Il a ensuite été longtemps curé du Morne-Rouge. Puis aumônier de la Ruche. Les séminaristes de La Croix-Valmer l'ont bien apprécié comme Supérieur du Grand Séminaire.

– *Le père Dionisi* : après une période passée à la JEC comme aumônier, il fut nommé curé dans la paroisse du Carbet. Un homme sympathique et entreprenant. Il avait monté une entreprise d'imprimerie dans son presbytère qui marchait bien et

---

4. « Le journal *La Paix : 1913-1964 : témoin et acteur de 50 ans d'histoire de la Martinique* », mémoire en Sciences de l'Information, 1979, Université de Paris.

rendait de gros services au diocèse. Avec sa collaboratrice dont je ne me souviens pas du nom, il formait un couple inséparable. Il avait aussi conçu et réalisé un Catamaran en bois qui est resté longtemps dans la baie du Carbet. Je ne sais ce qu'il est devenu ou même s'il a servi à quelque chose.

– *Le père Rucher* : supérieur principal des pères du Saint-Esprit. Il faisait partie du conseil épiscopal. Je n'ai guère eu de contact avec lui.

– *Le père Gauthier* : une personnalité respectée du clergé, disons de la Martinique. Il a été très longtemps le Référent responsable de tout ce qui concernait les terrains et bâtiments appartenant au diocèse. Il a exercé dans la paroisse de Ste Thérèse avant de devenir curé du Marigot (dans les années 50) où il réalisa la construction de l'église et de la salle paroissiale. À Bellevue, on lui doit l'achèvement de l'église et de son clocher original avec sur la façade une œuvre en fer forgé de notre célèbre « Koko », de la salle dite du « CMAC » et du presbytère. J'ai appris, lors d'une retransmission d'une interview de l'abbé Jean-Michel sur RLDM (septembre ou octobre 2021), que la construction de cette église avait commencé en partie grâce à l'argent ramassé lors de la fameuse histoire du « Grand retour ».

Je me souviens par ailleurs d'une anecdote bien connue des « Marigotins » et de bien des Martiniquais. Lors de son passage au Marigot, il voulut organiser une procession qui emprunterait la rue principale de la commune. Il se trouve que cette commune avait à sa tête le maire Michel Renard, figure incontournable et emblématique du monde politique, singulièrement de la droite martiniquaise. Celui-ci s'opposa à la décision du curé, au nom je suppose de la laïcité. Le curé voulut passer outre. Le jour dit, le Maire enfila son écharpe et se mit en travers de la route. Et de procession, il n'y en eut point. Peppone avait marqué un point. Je n'ai jamais eu cependant d'écho de ce fait de la part du clergé, voire de l'intéressé.

Ce prêtre bâtisseur était un homme bourru et expéditif dans le quotidien comme lors des célébrations liturgiques. Je ne me souviens pas l'avoir vraiment rencontré seul à seul, ni avoir cherché à le faire sans doute pour cette raison.

Je veux citer maintenant quatre prêtres qui font partie de cette nouvelle génération, que l'on considère être le fruit de la politique de Mgr Lequien, et avant lui de Mgr Maller, consistant à promouvoir des vocations autochtones[5].

Ces nouveaux prêtres devaient prouver qu'ils étaient, dans leur mission, aussi capables que leurs aînés et que les spiritains de prêcher, de catéchiser, de célébrer les sacrements et de devenir curé. Car ils ont pendant des années été considérés comme des vicaires, faits pour assurer des remplacements selon les besoins du moment. Je me souviens très bien de certaines réactions de spiritains autour de moi qui considéraient que les Martiniquais n'étaient ni doués, ni suffisamment mûrs, sauf exception, pour gérer une paroisse.

– *L'abbé Zabulon* faisait partie des quatre prêtres martiniquais ordonnés à la Cathédrale en 1950, à savoir avec lui : les abbés Goma, Despointes, Palcy. L'abbé Zabulon, motard respecté, était réputé pour avoir « tourné » dans bon nombre de paroisses du diocèse. Après avoir été longtemps curé du Vauclin, il assuma la charge de curé à Basse-Pointe, sa dernière paroisse. Ceux qui l'ont fréquenté reconnaissent en lui le prêtre dynamique qui a beaucoup contribué à la promotion de la culture locale. La rumeur dit que, dans la paroisse du Vauclin, de singulière réputation, une bonne âme vint prévenir l'abbé qu'on cherchait à l'éliminer on ne sait pour quelle raison. Il aurait fui en moto sans autre forme de procès.

– *Le père Despointes* a été aumônier des étudiants de la rue Thibaud à Paris. La FAGEC n'existait pas encore. C'était

5. Ce n'était pas le cas, dans les années 1911, de Mgr Le Cormont qui se méfiait « des créoles qui pour lui avaient le sang chaud ».

l'époque des Etifier, Edda Pierre, Valère, Marcel Lucien Adèle, jeunes étudiant(e)s catholiques, Paule Landy, etc. Il a été curé de Ste Thérèse également. Il s'est battu pour obtenir le terrain et les locaux du « Foyer de Charité » dont il est le fondateur en Martinique.

– *L'abbé Palcy*, je ne l'ai pas beaucoup fréquenté. Je sais seulement qu'il a été longtemps curé du Saint-Esprit.

– *L'abbé Goma* a toujours été très personnel et indépendant. Il n'avait pas sa langue dans sa poche. Et par conséquent il était aimé par des paroissiens mais craint par d'autres. J'ai souligné plus haut l'immense travail qu'il a fait avec des personnes telles que Jenny Pamphile, Paule Permal Ferdinand, Georges Modeste et autres qui ont su créer et développer les « Équipes enseignantes » sur toute la Martinique. Après un travail de sensibilisation et de formation des enseignants sur le plan des écritures saintes et de la liturgie, il les envoyait en mission dans leur milieu familial, professionnel et social. Pour lui, chaque chrétien devait chercher à s'engager dans un domaine ou dans un autre (associatif, syndical, politique). Cela faisait partie de leur mission. Il était, dit P. F. qui a beaucoup travaillé avec lui, « un homme de "Doctrine". Il nous donnait des devoirs à faire, des textes à étudier. Il avait l'art de transmettre ses connaissances mais aussi d'imposer avec "férocité" ses points de vue ». Il avait des prises de bec très passionnés avec le père Théon qui faisait partie des « prêtres traditionalistes ». Il avait l'art de responsabiliser les membres des équipes enseignantes. Par exemple, il était question d'acheter un terrain pour l'Association. Il demanda alors aux membres de se débrouiller pour apporter leur participation mensuelle en vue de l'acquisition. Avec la collaboration du SMA de l'époque, Julien Ferdinand s'est occupé de l'aménagement des locaux. Il avait les pieds sur terre. Il était jaloux de son autonomie et de son indépendance, y compris par rapport à la politique diocésaine. Il me confia à Ste Marie un jour qu'il recevait son *Osservatore Romano* et qu'il le parcourait régulièrement. Et que cela lui suffisait.

L'abbé Goma est sans doute le premier prêtre séculier à avoir fait construire sa propre maison sur les Hauts de Terreville, puis à Ste Marie. Je ne connais que quatre prêtres martiniquais à avoir pris cette décision en pensant sans doute à leur retraite.

– *L'abbé Jean Florentiny* : un autre compatriote que j'ai connu au Séminaire-Collège où il enseignait pendant son service militaire. Excellent footballeur et joueur de ping-pong. Il anima des mouvements de jeunes et de colonies de vacances. Un homme mystérieux qui avait la réputation d'être « un prêtre de Ste Marie conscient de ses pouvoirs » et capable de rivaliser avec les quimboiseurs de son pays pour guérir et protéger du Malin. On dit qu'il n'hésitait pas à tirer la nuit des coups de fusil « en l'air » pour chasser les esprits maléfiques qui rôdaient dans les environs de son presbytère à l'époque. Il utilisait un « pendule » pour découvrir, sur les vieilles cartes de la Martinique, la présence de trésors cachés... Quand il m'en parlait, il le faisait comme à son habitude, en susurrant à mes oreilles, comme pour me faire des confidences sur ses travaux de recherche en cours. Je me souviens de son passage dans la paroisse de Josseau. Il me semble qu'il termina comme aumônier des hôpitaux, si mes souvenirs sont bons (je le revois à la clinique Ste Marie).

– *L'abbé Julien Daniel*. Formé au Séminaire de Lyon, il fut aumônier des étudiants de la JEC pendant des années. Ceux qui l'ont connu comme aumônier ont décidé en 2021 de lui rendre un hommage en apposant une plaque sur les murs des locaux de la JEC dans l'enceinte du presbytère de la Cathédrale. Personnellement je l'ai rencontré durant la période où il était vicaire général de Maurice Marie-Sainte, l'évêque de l'époque. Ce dernier connaissait ses capacités intellectuelles, son franc-parler, sa rigueur, sa redoutable franchise et sa fidélité. Il ne craignait personne et n'allait pas par quatre chemins pour dire en bon français ou en bon créole ce qu'il pensait. Et nous l'appelions à l'époque « le bouclier de l'évêque ». Il était respectueux de la hiérarchie, des lois de l'Église, tout en restant ouvert aux réformes et en se montrant parfois plus souple qu'il ne le laissait paraître, avec d'ailleurs un humour et un rire qui ne passaient pas inaperçus. Ses articles dans *Église en Martinique* étaient remarquables. Je me souviens personnellement de celui qui traita de la question de l'inculturation et Barbe Gédio me confiait combien il avait apprécié « les principes qui devaient guider les petits groupes de quartier » afin de permettre aux personnes de découvrir et de mieux connaître leur voisinage.

Un homme intelligent, rigoureux, direct, franc, respecté, mais très accueillant malgré les apparences. Il a ensuite passé des années au Gros-Morne comme curé avant de prendre sa retraite. Actuellement, il est accueilli dans un Ehpad de la région foyalaise.

– René Baudin et Jacques Bossard : 2 prêtres « Fidei Donum »

Pourquoi ces deux prêtres sont-ils venus dans le diocèse de la Martinique ? Pour moi, les raisons demeurent secrètes et on motive tout simplement leur venue « par le manque de prêtres ». En tout cas, si je n'ai guère fréquenté Jacques lorsqu'il était aumônier de la JEC, j'ai mieux connu René pendant l'année que j'ai passé dans la paroisse de St Christophe. Ceux qui ont travaillé avec lui, de près ou de loin, reconnaissent en lui un prêtre dynamique, un homme joyeux, bon vivant, qui apporta un souffle nouveau à la paroisse dans le domaine liturgique, rendant vivantes et chantantes les célébrations ; lui-même étant un excellent chanteur. Grâce à lui, la paroisse s'est dotée d'une chorale qui animait les célébrations et que l'on venait simplement écouter. Il fut à l'origine d'un mouvement appelé l'ACE, destiné à regrouper des enfants après leur confirmation. L'évêque devait l'apprécier car il était un excellent gestionnaire de la paroisse ; il était très proche des gens qui n'hésitaient pas à l'inviter chez eux. René travaillait aussi à temps partiel dans le port, « à la Compagnie »...

René Baudin était très attaché à la Martinique où il s'était fait de nombreux amis. Je ne sais s'il a été rappelé en France par l'association *Fidei donum* dont il dépendait. J'ai su par la suite, par un de ses congénères, qu'il s'est retrouvé les dernières années isolé dans la région parisienne, sans doute rongé par une dépression larvée, avant de mourir dans des conditions que j'ignore. Il faut le reconnaître, et c'est triste à dire, dans le clergé également les fins de vie sont parfois difficiles. Lorsque l'institution a extirpé tout votre jus et vous ignore par la suite parce que vous ne lui êtes plus utile, la vie perd de son sens et de son goût. S'il était resté en Martinique, il aurait sans doute été plus entouré : car il faisait partie de ces prêtres qui, sans être martiniquais, ont mis tout leur dynamisme au service de la communauté de St Christophe et se sont créés des liens inestimables. Ceux qui ont bien connu René le regrettent.

– *Christian Ranguin*. J'ai bien connu Christian lors de mon passage à St Christophe en 1974. Il avait fait ses études de philosophie dans un séminaire géré par les pères Lazaristes à Montpellier dans les années 66-67. Il se souvenait bien du père Veyssières, aumônier que l'on rencontrait lors des assemblées générales de la FAGEC. C'est à Toulouse qu'il fit deux années de théologie avant de revenir en Martinique accomplir son service militaire comme « VAT ». Christian est un chrétien soucieux de s'engager auprès des personnes défavorisées, singulièrement celles du quartier Dillon, et de la jeunesse. C'est ainsi qu'il prit la relève des pionniers du « Camp travail » et en organisa plusieurs. Avec l'équipe de Ste Thérèse, nous n'avons pas hésité à prendre position lors des événements du Lorrain en février 1974.

De prise de consciences en prises de consciences, après son service militaire, il décida d'interrompre ses études de théologie pour choisir d'entrer dans le monde du travail. Il devint salarié d'une imprimerie où il travailla jusqu'à sa retraite. Toujours soucieux de vivre les dures réalités du monde du travail. Il fut d'ailleurs délégué syndical de l'entreprise pendant des années et même secrétaire confédéral au sein de son syndicat, la CGTM. Ce qui explique aussi l'intervention qu'il a faite, sans vouloir en revendiquer la paternité, auprès du curé de la paroisse, pour que la servante du presbytère de St Christophe de l'époque obtienne au moins une journée de congé par semaine. Il s'engagea par la suite dans un parti politique car « ensemble, dit-il, on est plus fort ». Avec Christian, nous organisions des messes « chez l'habitant » en petit groupe à Dillon : une manière d'être proches des personnes, des familles et de faire en sorte que leur vie personnelle, familiale, professionnelle soit éclairée, animée par l'Évangile. Pendant six bonnes années, on le retrouve administrateur à la CAF, membre de deux commissions : la Commission de « recours » et une autre de « secours ». Pendant douze ans, il fit partie de l'OPCALIA et de l'AGEFMA (organismes qui s'occupent de la formation des salariés des entreprises). Christian a fondé une famille avec Jenny et ils ont eu une fille, Raïssa. Aujourd'hui, son plaisir est de se retirer dans sa maison du Morne-Rouge où il continue à faire de la photo, son loisir préféré.

– *Germain Beaubrun* : je l'ai connu au Petit Séminaire quand il faisait son service militaire adapté. Un prêtre en soutane mais avec un violon dans sa chambre. Puis nous nous sommes rencontrés au Séminaire français de Rome dans les années 1960. Il possède une solide formation classique et maîtrise le latin et le grec. Ce qui lui a permis de faire ses études philosophiques et théologiques sans aucune difficulté. Après un bref passage dans la paroisse des Terres Sainville, il fut envoyé en formation à l'Institut catéchétique de Paris. Après les deux années d'études, Il devint le directeur de la catéchèse dans le diocèse, fin des années 1960 et vicaire épiscopal dans les années 70 jusqu'à 75. Son « job » consistait à former des catéchistes référents de différentes paroisses, qui se chargeaient à leur tour d'encadrer les catéchistes qui prenaient en charge les enfants. La formation des formateurs, « appendre à transmettre la foi », c'était son challenge.

Germain a créé un outil original adapté à notre environnement : un catéchisme de première année destiné aux parents qui devaient prendre en charge leur enfant à domicile.

Depuis la création du CEDIF en 1965, Germain n'a cessé de se former en suivant une série de stages axés sur la personne, la connaissance de soi, la relation interpersonnelle, la conduite de réunion. C'est ainsi qu'il devint l'un des permanents de cet organisme avant d'en prendre la direction jusqu'en l'an 2000. Il a toujours mis ses compétences au service de ses compatriotes, singulièrement dans la formation des catéchistes du diocèse. À la demande de son archevêque, il fut nommé responsable de l'équipe de Ste Thérèse pendant cinq années. Tout en assurant des tâches paroissiales, de formation dans le domaine de la catéchèse, il travailla comme psychosociologue au nom du CEDIF, en animant des formations diverses et variées destinées aux personnels de l'Éducation nationale, au personnel social (assistants de service social), paramédical (écoles d'infirmières, de sages-femmes et à diverses associations (enfance inadaptée).

En 1976, il demanda à son évêque de transmettre sa demande d'être relevé de l'engagement du célibat tout en continuant « à exercer au moins en partie le ministère presbytéral », refusant d'être réduit à l'état laïc. C'était sa demande. Mais les instances du Vatican ne connaissaient pas ce langage. Après dix-sept ans de mariage, il finira par recevoir une « Bulle du Pape » l'autorisant à se marier religieusement dans des conditions inimaginables, qui ne furent d'ailleurs pas observées.

Il décida en effet en 1976 de quitter le ministère sacerdotal pour créer une famille avec Louise Permal. Il est bon de souligner qu'il est le seul membre du clergé martiniquais à s'être marié dans sa commune, à la Mairie de Fort-de-France. Dix-sept ans plus tard, Germain et Louise se marièrent « religieusement » à l'église St Christophe, entourés de leur fils Guy Bernard, de leurs nombreux parents, amis, prêtres mariés ou en exercice. Le célébrant du mariage était le père Chérubin Céleste, venu de Guadeloupe et bien connu pour avoir fait la grève de la faim en 1974, en solidarité avec des ouvriers en grève. Ce ne fut pas un mariage « anba fèy » (en catimini), comme l'aurait voulu le Vatican. Germain, fidèle à lui-même, a continué à pratiquer et à mettre ses compétences au service de la catéchèse dans cette même paroisse. Après le décès tragique de Louise son épouse en Tunisie, Germain a dû affronter cette solitude qu'il rendit fertile, en continuant ses cours de musique, en ouvrant sa maison aux répétitions avec le groupe de Roland Jolet, son ami, et en inventant ce que l'on appelle « le migan du lundi » (plat traditionnel à base de fruit à pain et de viande de cochon salé). Tous les lundis, il accueillait amis et parents disponibles autour du « migan », précédé du punch traditionnel, accompagné du chant composé par « Tatane » pour la circonstance, ou de l'hymne à la Création. Des moments de partage inoubliables : « Là où il y a de l'amour, de la fraternité, de la joie, Dieu est présent ».

Germain était un excellent musicien, joueur de violon recherché, ayant été avec Marcel Remillon à l'origine du groupe « Fratres ». Il était aussi un membre incontournable du groupe symphonique de Roland Jolet.

Germain était un bon joueur aussi bien de « ping-pong », comme on disait autrefois, que de tennis. Il a même été champion dans sa catégorie et nous a représentés à Roland-Garros. À 80 ans, il jouait encore au tennis plusieurs fois par semaine.

Germain est un de mes amis fidèles dont l'humour a toujours apporté autour de lui de la bonne humeur et de la sérénité. Il nous a quittés le 3 mars 2021. Ses obsèques se sont déroulées là même où fut célébré son mariage : à St Christophe. Germain n'a jamais rien fait comme les autres !

– *Louis Élie* : Louis Élie est originaire de la commune du Gros-Morne comme son cousin Jean de Coulanges et d'autres prêtres et religieuses du diocèse. Signalons que cette paroisse est considérée comme le grenier des vocations religieuses et sacerdotales chez nous. Louis se révéla un leader-né dès le Petit Séminaire, où on lui confia des responsabilités comme celle d'auxiliaire du directeur des séminaristes, le père Théon. C'est ainsi qu'il me prit vite en charge dès mon arrivée. C'est lui qui m'aida à faire mes premiers pas dans la langue latine. Il se montra très vite comme un animateur, un leader sportif (tennis de table, basket-ball) et un excellent chanteur. Il est d'un milieu social aisé, ses deux parents étant fonctionnaires. Son père, militaire, est mort très tôt.

Il partit au Séminaire d'Alex (dans la Drôme) pour terminer ses études secondaires. Comme plusieurs d'entre nous, il accomplit son service militaire au Séminaire-Collège de Fort-de-France avant d'être envoyé à Rome, au séminaire de la

Propaganda Fide, avec Jean de Coulanges rejoindre les aînés : Marie-Sainte, Méranville et d'autres qui n'ont pas continué. Après ses études de philosophie et de théologie, il est ordonné prêtre à Rome, en présence de sa mère et de ses sœurs.

Au cours de ses années de Grand Séminaire, il eut l'occasion de développer ses talents d'artiste. Il se forma au chant choral, à la polyphonie, à la musique classique, et mit en valeur la voix de ténor qu'on lui connaît et son talent de pianiste. Il revient en Martinique dans les années 60. C'est lui qui prend en mains La JEC. Bien des artistes tels que Simone Zamord, Paulo Rosine, pour ne citer que ces deux-là, l'ont rencontré dans ce cadre-là.

Il avait l'art de s'entourer de personnes ressources. Il le prouvera tout au long de son ministère. Ainsi, dans les années 60, il se rapprocha de Madame Paulette Nardale qui avait fondé la chorale portant son nom. Il fut l'un des dirigeants de cette chorale qui par la suite est devenue « La Joie de chanter », dirigée jusqu'à ce jour par Jacques Catayée.

C'est à partir de 64-65 que je me suis intéressé à la fête de la Ste Cécile à la Cathédrale avec sa chorale, dirigée par le père Huré qui tenait l'orgue et nous gratifiait, lui et ses élèves, de magnifiques concerts d'orgue. Lors d'un de ces concerts de la Ste Cécile, j'ai été surpris de trouver à l'orgue l'un de mes élèves, Chico Géhelman, dont j'ignorais les talents, interpréter à l'orgue un morceau classique (de Bach, si mes souvenirs sont exacts). Il avait 14 ans. C'était en 1965.

Louis Élie est à l'origine des Rallyes-chorales célèbres qui réunirent pendant des années des chorales paroissiales dans différentes églises du diocèse. J'ai découvert et apprécié alors les chorales de Gaby Paulo, de la Colombe, Chanteclerc, celles de la Cathédrale, des Terres Sainville.

Louis fut vicaire du père Pulvar. Et l'on se souvient de cette fameuse messe de la nuit de Noël de décembre 1966 où, pour la première fois en Martinique, furent chantés « la messe tam-tam » et les psaumes créoles. Il avait également tenté de « tropicaliser » la crèche.

Grâce à lui, les rallyes ont pris de plus en plus d'ampleur dans le diocèse : avec la participation de chorales telles que celles de Sainte-Marie, du Lamentin, du Couvent de Cluny, du François, Ste Thérèse, du Robert, des Chœurs du Morne-des-Esses, de Saint-Christophe, de « Voix nouvelles » (chorale adventiste). J'y ai participé jusqu'en 1973 avec la chorale que j'animais : celle du Lamentin.

Louis Élie fut vicaire au François avec comme curé l'abbé Vérin. Lorsque l'Église de la paroisse fut réduite en cendres en 1973, les mauvaises langues interprétèrent cet incendie comme une punition divine due à deux raisons : la première liée au fait que l'abbé Élie et sa chorale se permettaient de faire entrer la langue créole, le tambour (qui sent le nègre), nos rythmes locaux qui n'ont rien à voir avec le monde du sacré. Ce qui s'apparentait pour les catholiques à une sorte de sacrilège. En second lieu, le pèlerinage de St Michel (qui terrasse le démon, représenté par un dragon... noir bien entendu) était connu de toute la Martinique pour colporter certaines pratiques superstitieuses (ex. : contre les ennemis) dénoncées par ailleurs par des croyants d'autres religions. L'incendie venait donc comme un châtiment divin qui purifiait la paroisse et en même temps le pays par le feu.

Dans les années 70, Louis Élie fut nommé curé de la paroisse de Ste Thérèse dont j'ai parlé plus haut. Avec lui, la pastorale prit une toute autre orientation. Il continua à développer le chant choral. Désormais, c'est à Ste Thérèse que la fête de la Ste Cécile prit une dimension non seulement paroissiale mais diocésaine, disons martiniquaise.

Partout où Louis Élie est passé, il a dirigé ou créé une chorale : à Fort-de-France avec P. Nardale, à Sainte-Marie, aux Terres Sainville, au François, à Ste Thérèse. Il a créé « les Îles du Vent », « chœurs lyriques », « Chœur de Ste Thérèse », etc. Sans lui, la « messe tam-tam et les psaumes créoles » que j'ai composés n'auraient peut-être pas eu l'écho dont j'ai parlé plus haut.

Il avait l'art de s'entourer de compétences comme Ronnie Aul pour la création des tenues des choristes ou pour des créations artistiques, avec mises en scène ; dans le cadre des fêtes de la Ste Cécile ou à l'occasion d'événements marquants tels que la mort d'un artiste (ex. : Paulo Rosine, Eugène Mona, M. Naboulet, etc.) ou des hommages à des personnalités marquantes de notre histoire, de notre monde d'ici et d'ailleurs. Ainsi ce magnifique spectacle (en 1972) à la cathédrale de Fort-de-France avec la Chorale du François : « le Mémorial Martin Luther King » puis à Fonds Saint-Jacques sur une idée d'Emmanuel Jos.

Dans les années 80, j'ai eu la chance et le bonheur de diriger de temps en temps la chorale de Ste Thérèse le dimanche et à l'occasion des fêtes. Pendant une dizaine d'année, j'ai aussi apporté ma contribution à l'organisation des concerts de la Ste Cécile à Ste Thérèse.

> « Toujours en 1972 (fin juillet) avec sa jeune chorale du François, le père Élie participa au premier festival culturel "Carifesta" au Guyana. Les choristes ont en mémoire ces deux fameux chants qui l'ont clôturé, à savoir : "Hear Lord" interprété par la soliste Marie-Georges Baudy et "Lan misè ka bat'mwen", création du groupe sur le thème du pardon, magnifiquement mis en scène par le chorégraphe Ronny Aul. Cette chorale du François s'est produite au Théâtre et à la Cathédrale de Versailles, au Palais des congrès de Paris, à Nice pour le festival de la francophonie, où elle remporta la Palme d'or. On la retrouve dans les ruines du Théâtre de St Pierre, pour un spectacle "son et lumière" lors de la première édition du "Mai de St Pierre". On peut citer, entre autres, trois événements qui, avec la contribution du père Élie et de ses collaborateurs choristes, ont marqué l'histoire de la musique classique chez nous ; le Requiem de Verdi, le Requiem de Mozart, la Messe de Haendel avec Christiane Edda Pierre, à la cathédrale de Fort-de-France » (*Extraits d'un témoignage d'un des plus anciens choristes, Michel Henry*).

Lors des concerts organisés dans l'église paroissiale, la musique classique occupait la première partie. Louis Élie faisait venir pour la circonstance, des groupes symphoniques de France, ou sollicitait l'ensemble instrumental de M. Naboulet ou alors celui du 33e RIMA. La deuxième partie des concerts était réservée à nos artistes locaux et aux chorales de chez nous.

J'ai quelques souvenirs des fêtes de la Ste Cécile à Ste Thérèse où j'ai vu passer des groupes et des personnalités de la musique et de la poésie du pays. Ainsi : l'ensemble instrumental de Serge Naboulet – des artistes tels que Laurence Goron – Joby Valente – Gertrude Seinen – Max Cilla – tels que Joby Bernabé avec Félix Clarion-Alfred Fantome – Eugène Mona accompagné de Alfred Varasse en 1989 – Gisèle Baka-Barrel Coppet et ses deux filles – Jacqueline Charpentier – Annick Lemon-Willy John (1990). Il y a eu les célèbres hommages à : Eugène Mona (avec texte d'Antoine Maxime interprété par Jean-Claude Duverger) en 1991 ; Serge Naboulet (en 1992) avec la harpe de Marie-Claire Lefur ; Paulo Rosine (1993) : interprétation par le chœur de la Ste Thérèse de « Mi jou a ka rouvè » (voilà que le jour se lève), l'un des chefs-d'œuvre de notre célèbre musicien, auteur, compositeur, interprète, arrangeur parti lui aussi trop tôt.

Je peux dire que c'est grâce à Louis Élie que j'ai pu faire graver la « Messe tam-tam » et les « Psaumes créoles », et que j'ai participé à l'album « Missa antilla » avec Guy de Fatto (1971) et à « van dan vwel tanbouyé la vi lévé » (Les vents dans les voiles. Vive la vie) avec Michel Vuylstèke (1993).

J'espère que ceux qui connaissent Louis Élie mieux que moi pourront transmettre, plus longuement et plus complètement, ce qu'ils ont envie de laisser aux générations futures concernant cet homme prêtre, meneur d'hommes, créateur de chorales et d'événements marquants dans l'histoire de la musique sacrée en Martinique.

Louis est un esthète, un épicurien, un père dans l'âme. Il n'a sans doute pas eu d'enfant, mais il a bravé l'opinion publique en « adoptant » Jean-Philippe et son fils. Il a toujours été indépendant au point de faire l'acquisition de sa maison individuelle au François, comme d'ailleurs l'abbé Marcel Potiéris, notre ami commun. À l'exemple encore de certains aînés déjà cités, à savoir les abbés Morlan et Goma.

En ce qui me concerne, j'ai une vraie reconnaissance à son égard, car il a été là pour moi, à une période difficile de mon histoire. Il fait partie de ces hommes prêtres qui ont beaucoup apporté à la Martinique sur le plan artistique.

– *Jean-Marie Yang Ting*. Après ses études en France, il fut nommé à la Cathédrale pendant trois ans avec les pères Meier, Théon, Crécia, le frère Aubert et Barbieu. Puis, il suivit à la Sorbonne des études de philosophie et de psychologie. En 1981, il exerce son ministère dans la paroisse du Lamentin. On le retrouve par la suite aumônier au Séminaire et à Cluny. Puis le voilà à Josseau, émerveillé de « voir les colibris dans les fleurs de l'église ». « Un soir j'entends un drôle de bruit dans le plafond du presbytère : c'était un serpent... ». En 1998, il est fondateur et responsable des « Eaux Jaillissantes » fondée en 1996 : un « Centre catholique d'écoute, de compassion et de prière ». Avec une équipe d'écoutants qu'il a formés, il travaille à aider les personnes qui viennent au centre faire « l'expérience de Dieu ». Sa manière à lui, à 80 ans, de continuer son œuvre d'évangélisation.

– *Pierre Alex Zonzon*. Je l'ai rencontré au Séminaire-Collège. « Plutôt matheux », il dut y entrer en quatrième à cause du latin obligatoire dans l'établissement. De 1956 à 1961, il y poursuit ses études jusqu'à la première avant de faire sa terminale au Lycée Schœlcher en « Math-élem ». Il part à Lyon au Prado où il fait deux années de philosophie. Le voilà à Fontenay pour six mois de formation SMA, puis dix-huit mois en Martinique au camp de Balata. Il repart pour trois années de théologie à Coutances. Ce Séminaire regroupait alors les séminaristes antillais après que La Croix-Valmer eût fermé. C'est Mgr Henri Varin de la Brunelière qui, étant de Coutances, avait pu obtenir que nos séminaristes y soient orientés. De retour en Martinique, il fit trois années dans la paroisse des Terres Sainville, puis de 1971 à 1982, il assura l'aumônerie des lycées (Schœlcher, Bellevue Technique et Trinité) dans le cadre de la JEC. L'évêque le nomma alors en 1982 responsable diocésain de la Jeunesse tout en étant chargé des vocations au Foyer « Dominique Savio » à Cluny (à ne pas confondre avec l'École du même nom, de courant traditionnaliste, qui se trouve en face du Séminaire-Collège : ce n'est sans doute pas un hasard). En 2002 le voilà dans le Grand Nord curé de Basse-Pointe, Macouba, Grand-Rivière avec son ami Barbe Gédio, avant de prendre la cure de Tartane en 2011. Aujourd'hui « au sein d'une Communauté dynamique qui entoure ses prêtres » dit-il, il continue à rendre service tout en étant « prêtre habitué » en retraite. Il fait partie des prêtres du Prado (comme R. Miron, Barbe Gédio, Chérubin Céleste et autres de Guadeloupe). Discret, simple et disponible, il fut actif pendant un temps à la rédaction d'*Église en Martinique* dans les années 1970.

18

Les trois évêques que j'ai connus

– *Mgr Henri Varin de la Brunelière*. J'en ai déjà parlé à plusieurs occasions. On disait de lui qu'il était un « bon Normand », manœuvrant à souhait la chèvre et le choux. Un homme simple et proche de la nature. Pour moi, il n'avait rien d'un autoritaire. On pouvait tout lui dire.

Je veux rappeler ici ma démarche que je fis auprès de lui en 2006, après mes deux années passées en Martinique et avant que je reparte finir mes études de théologie. Je suis allé le voir pour le convaincre de la nécessité de nous libérer du port de cette soutane noire ou blanche que l'on nous obligeait à garder dans un pays chaud comme le nôtre, alors qu'en France, et ailleurs dans des pays froids, les prêtres avaient adopté la tenue civile (couleur grise ou sombre avec une croix). La seconde : je me fis le porte-parole des jeunes de la paroisse de Fort-de-France (le fameux groupe Vincentien) auprès de mon évêque pour lui faire part du sentiment du groupe, choqué de voir leur évêque rouler en « Mercedes ». Je me souviens de son air surpris de voir ce jeune futur prêtre (il m'appelait « mon petit bonhomme ») prendre le risque de lui dire en face et sans vergogne ce qu'il pensait. Il ne se fâcha pas mais justifia l'acquisition de cette voiture dont l'achat à des conditions très favorables était dû à la générosité de bienfaiteurs riches. En ce qui me concerne, je voyais dans ma démarche une preuve de courage et de franchise à l'endroit de mon évêque que je considérais comme un « père ». À ce propos, dans la mouvance conciliaire, la dénomination « monseigneur » laissa la place peu à peu à celle de « père évêque ». Pour les nouvelles générations, c'était une manière de rompre avec un langage princier qui n'avait rien d'évangélique.

Je crois que la charge d'archevêque lui devenant trop lourde, il lui fallait passer la main. Je traiterai plus loin cette question de la succession d'un évêque chez nous. Et il a eu sans doute plaisir à prendre sa retraite à Régale, dans une paroisse rurale, retirée, avec sa fidèle servante que l'on appelait « Mama » et que j'ai connue à l'évêché depuis mon enfance.

La question que je me pose est celle-ci : quelle signification peut avoir le fait qu'il ait choisi le quartier « Régale » pour se retirer jusqu'à sa mort avec « le privilège » d'être enterré dans l'église ? Tout le monde n'a pas cet « honneur », si c'en est un. Deux poids deux mesures selon son rang ! Par ailleurs, n'oublions pas que cette paroisse est réputée pour être la plus fréquentée des familles « béké ». Pendant tout son épiscopat, en tant que fin Normand et aussi compte tenu de son rang, il a toujours su ménager les puissances d'argent si précieuses pour le diocèse, sans pour cela que l'évangélisation y retrouve nécessairement son compte !

Deux archevêques martiniquais

Sans vouloir faire une biographie des deux prêtres martiniquais devenus évêques par la suite, je prends plaisir à rapporter quelques souvenirs, quelques anecdotes et quelques réflexions à leur sujet.

– *Mgr Maurice Marie-Sainte*. J'avais entendu parler depuis le Petit Séminaire de Maurice Marie-Sainte et de Michel Méranville comme d'étudiants brillants. C'est à Rome, à la fin des années 1950, que j'ai eu l'occasion de faire leur connaissance. Étant dans deux séminaires différents, nous organisions des sorties entre Martiniquais dans les jardins de la périphérie de Rome. L'un et l'autre ont passé brillamment leurs licences en théologie. Le premier a poursuivi des études en droit canonique. Il est revenu en Martinique alors que je poursuivais encore mes études philosophiques à la Grégorienne, tenue par les Jésuites.

C'est lors de mon retour au pays pour mon service militaire que j'ai fréquenté le premier, Maurice, celui qui avait créé le Foyer des petits séminaristes « Dominique Savio » au niveau du Rond-point du Vietnam Héroïque, à Cluny (où se trouvent aujourd'hui un garage et un établissement commercial bien connu). Je découvrais en lui un animateur spirituel qui savait s'entourer de gens compétents, un bricoleur hors-pair passionné de technologie (radio-télé), amoureux de la mer et qui nous faisait découvrir les constellations du firmament. C'est moi qui fis l'acquisition de sa fameuse Volkswagen noire (20 FD), ma première voiture. Il était notre référent pour ceux qui faisaient leurs premiers pas dans le ministère sacerdotal. C'est ainsi que, pendant mon service militaire (VAT), j'étais avec Gérard Burgos de ceux qui fréquentaient le Foyer. Mais par la suite, il y a eu Emmanuel Jos, Gabriel Valard qui en ont pris la direction, lorsque Maurice fut nommé évêque, puis Pierre-Alex Zonzon. Nous savions tous que Maurice était « épiscopable ». Et c'est pour cela que nous nous sommes mobilisés pour qu'il devienne notre évêque. J'ai développé plus haut tout ce qui gravita autour de sa nomination.

Il n'a pas eu la tâche facile avec notre génération marquée par les réformes de Vatican II. Mais je me souviens de ces années où nous prenions part activement à faire avancer son projet de réforme du « presbyterium » ; ou celui de mettre en place et de faire aboutir les fameuses journées des 5 et 6 mars 1973, intitulées « l'Assemblée du Peuple de Dieu » à Cluny, animées par les membres du CEDIF (tels que Thérèse et Michel Yoyo, Justin Etifier, Max Caristan, Frantz Prudent, Germain Beaubrun, entre autres). Le conseil diocésain était chargé de rédiger un rapport sur cette assemblée qui semblait représenter un tournant dans le mouvement du renouveau de l'Église en Martinique[1]. Mais, à ma connaissance, ce rapport n'a jamais paru. Les questions soulevées, les pistes proposées étaient-elles par trop ambitieuses ou trop gênantes pour l'ensemble du presbyterium, sinon par trop « révolutionnaires » ? Les raisons, on ne les connaîtra jamais.

Nous avons vu plus haut les questions et problèmes soulevés par une partie du clergé comme : l'Église et le politique, le culte et l'argent, la question du célibat ecclésiastique, le prêtre au travail, les réformes diverses impulsées par Vatican II.

Il a eu à affronter au cours de son épiscopat le fait qu'une dizaine de prêtres (dont j'étais) aient décidé de quitter le ministère, de s'engager dans une profession et de fonder une famille ; certains choisissant de vivre en France, d'autres revenant vivre au pays. On peut dire que le dialogue entre certains d'entre nous et la Hiérarchie qu'il représentait, n'a pas toujours été facile. Car nous avions de l'Église, de l'exercice de l'autorité, de la discipline ecclésiastique du célibat, de l'engagement dans le monde, de l'avenir du pays, etc., des perceptions diamétralement opposées. Sans compter certaines de nos divergences sur les plans théologique et scripturaire. Cela ne nous a pas empêchés de maintenir par la suite des relations d'amitié et de respect mutuel.

Il demeurait l'évêque mais aussi le copain et/ou ami avec qui nous avions passé de belles années. Après les périodes de crise, de tempête, de ruptures, nous avions plaisir à nous revoir et à passer des journées ensemble soit chez Victor Permal au Morne-Rouge, soit chez lui à Sainte-Anne. C'est lui qui venait nous chercher avec sa barque au Cap Chevalier, où il s'était retiré, passionné qu'il était de la mer et de la navigation. Il échappa à un drame lorsqu'un jour le feu se déclara dans sa villa. C'est grâce à la vigilance de sa servante, qui veillait sur lui, qu'il n'en fut pas victime.

De mes années dans le clergé, je me souviendrai toujours de Maurice lors d'une célébration à St Christophe en 1974, où je m'étais mis au tambour (rythme biguine) devant l'autel pour

1. *Église en Martinique*, 1973, n° 8.

accompagner un chant que j'avais composé, intitulé « Chemin d'Emmaüs », chanté par près de 200 enfants qu'il était venu confirmer. Je le revois figé, les yeux baissés, très mal à l'aise. Tout en étant bien enraciné dans sa culture, parlant créole comme tout bon Martiniquais, il n'était pas à l'aise avec la langue créole et le tambour au sein de la liturgie, comme d'ailleurs bon nombre de nos compatriotes. Cependant, il n'a jamais fait obstacle aux initiatives que nous prenions dans le domaine du chant liturgique.

Au Lamentin, je me souviens aussi avoir retraduit certains textes bibliques pour les mettre à la portée des jeunes lors d'une « Messe des jeunes » du Jeudi saint. Mgr Marie-Sainte considérait qu'il ne fallait pas toucher aux textes liturgiques. Il me l'a exprimé clairement et amicalement.

À la suite de son décès, une veillée fut organisée à la cathédrale de Fort-de-France. RCI a couvert l'événement et m'a demandé d'accompagner l'animateur pour commenter la veillée. Mais cela n'a pas plus à l'un des membres du clergé qui m'a dit : « Qu'est-ce que tu fais là ? ». Je lui ai répondu simplement de prendre contact avec les responsables de RCI.

Tous ceux qui l'ont fréquenté de près ont pu apprécier sa grande simplicité et son amour des étoiles. Le diocèse lui doit la réorganisation du « presbyterium », avec les doyennés, les différentes commissions diocésaines. C'est sous son épiscopat que se développa le laïcat : chaque chrétien devant se sentir appelé à s'engager dans son milieu familial, professionnel, familial, social, politique, associatif. C'est au « cœur de la cité » que se vit la mission du chrétien, chacun jouant son rôle dans le développement de son pays et non pas seulement en fréquentant le monde clérical, ou en se limitant à participer aux activités paroissiales, singulièrement dans le domaine liturgique. La mission de 1971, parfois contestée comme dit plus haut, devait aider le diocèse à réussir toutes ces missions.

– *Michel Méranville*. Originaire du Vauclin, il est né le 4 février 1936 à la caserne Gerbaud et fut baptisé le 22 mars à la Chapelle de l'Hôpital militaire. « Mon père, militaire de carrière, a-t-il écrit, était durant cette période en permission avec sa famille à la Martinique ». Il est le 2e de la fratrie. Il poursuit : « Mon frère aîné, Marcel, est né à Hanoï au Vietnam en 1932 et mon petit frère Maurice en 1939 à Libourne... La guerre déclarée, notre père est envoyé au front laissant sa famille en zone occupée à Libourne. Survient l'Armistice et nous sommes rapatriés en Martinique en 1941 en plein *tan Robè* ».

C'est au Vauclin qu'il passe son certificat d'études avant d'être « dirigé vers le Séminaire-Collège de Fort-de-France en sixième°». Après le décès de son père en 1949, il part pour « la Maison des petits clercs à Allex dans la Drôme, où il passe son baccalauréat. « Avant de partir, à 14 ans et demi, écrit-il encore, j'ai eu le courage de demander une audience au Maire de Fort-de-France, Mr Aimé Césaire ». Après son bac, il formule son désir de devenir prêtre à son évêque, Mgr Varin de la Brunelière. Et le voilà à Rome au Séminaire de la « Propaganda Fide » sous le pontificat du pape Pie XII. Il revient dans son pays pour y effectuer son service militaire adapté en 1958. Tout en étant rattaché à la paroisse des Terres Sainville, le voilà professeur remplaçant de mathématiques et de latin, et surveillant au Séminaire-Collège. Il est touché par le deuil de son petit frère Maurice. En cette période douloureuse, il dit avoir été « accompagné par Mgr Loris Capovilla, secrétaire particulier du pape Jean XXIII (puis de Paul VI) « que j'ai eu l'honneur de rencontrer ». Une photo en ma possession montre que Michel Méranville fit partie des séminaristes de la Propaganda Fide choisis pour le rite du « lavement des pieds » du Jeudi saint, à Saint-Pierre de Rome, où le pape Jean XXIII reprit, en 1960, le geste de Jésus d'embrasser les pieds de ses disciples. Là où le rite parle d'humilité, je considérais cela à l'époque comme un honneur. Mais depuis, j'ai revu mes classiques.

Il est ordonné prêtre à Rome par le fameux cardinal arménien Agagianian le 20 décembre 1959. Cette même année, il se souvient d'avoir rencontré à nouveau par deux fois Aimé Césaire. « C'est aussi à cette époque que j'ai mieux fait la connaissance d'Antoine Maxime et de Germain Beaubrun qui étaient au Séminaire français ». En 1960, il regagne la Martinique. Il est nommé d'abord dans la paroisse des Terres Sainville, avec le chanoine Lavigne comme curé et Myrta et Potiéris comme vicaires ; puis au Lamentin avec le curé Rungoat et Germain Beaubrun comme vicaire. Il devient Aumônier de la JEC, des lycées des Jeunes Filles de Schœlcher. On le retrouve à Sainte Thérèse avec l'équipe de la Mission de France (Christian Dumont, Jean Chouin) et son responsable, Marcel Potiéris. Il demande à partir pour Migennes, comme prêtre-ouvrier, pendant trois mois. Un compte rendu lui sera demandé par Mgr Capovilla de Rome. De retour en Martinique, il fait un remplacement à Schœlcher ; puis toujours Aumônier des Jeunes devient directeur du journal *Les Jeunes de la Martinique* avec Luc Laventure, Roland Couffe, etc. Le voilà au Canada en 1970 pendant six mois, à *Apollo 13*. Il assure un intérim dans deux paroisses des Laurentines (Ste Thérèse de Blainville et la Chute). Il collabore avec le père Marc Lafleur (qui avait résidé en Martinique) dans le cadre des échanges Martinique/Canada, « avec nos jeunes en recherche d'ouverture ».

De 1971 à 1974, il collabore avec le CADEC (Christian Action for Development in the Eastern Caribbean), ce qui lui permit tout en étant aumônier de voyager dans la Caraïbe. C'est en 1974 qu'il prépare un diplôme d'application et de programmation informatique, tout en travaillant à la Maison Nicolas Flamel qui recevait les sans-abris, les migrants et les personnes en difficulté, « expérience très riche pour moi d'aller à la rencontre des personnes et d'accompagner ceux qui étaient en grande difficulté ». De retour en Martinique, en tant qu'aide comptable, il met au point au Séminaire-Collège un système informatique.

Michel Méranville a été pendant onze ans aumônier de la prison qui se trouvait au 118 rue Victor Hugo, et ce jusqu'au transfert de cette Maison à Ducos. C. Anglio prendra sa succession. « Les prisonniers de chez nous et des Îles voisines n'avaient à l'époque aucun accompagnement. Il fallait mettre en place un noyau de personnes, des proches, pour venir en aide à ces personnes en grande difficulté. « Je n'oublierai pas qu'aux funérailles de ma maman, trois hommes, anciens détenus, sont venus m'apporter du réconfort car disaient-ils "on ne pouvait pas vous laisser sans venir en ce jour de tristesse" ! Ce fut pour moi une immense joie ! ».

Dans cette même période, tout en assurant l'aumônerie des prisons, il prépare un « brevet de pilote privé d'aviation et, au Campus de Schœlcher le diplôme d'études comptables supérieures que j'ai obtenu avec succès ».

En 1981, il est le deuxième Martiniquais à être affecté à la paroisse de la Cathédrale Saint-Louis de Fort-de-France, suite au départ à la retraite du curé, le père Lucien Vérin, avec comme vicaires Anglio, Barbieux, Matin, Ardin. Alain Ransay était alors diacre. « Nous avions une bonne et très active équipe composée de prêtres, de religieuses, de laïcs ».

Le 14 novembre 2003, il fut nommé archevêque de Saint-Pierre et Fort-de-France et son ordination eut lieu le 18 avril 2004. « J'ai choisi pour m'accompagner Jean de Coulanges et Gabriel Valard ». Sans être dans les secrets des dieux, je ne suis pas certain qu'il s'attendait à devoir occuper cette fonction-là.

Lorsque j'ai appris que Michel Méranville avait donné son accord pour être notre nouvel archevêque, je lui ai écrit pour l'encourager, en lui souhaitant d'être « sourcier » : celui qui grâce au don reçu sait trouver l'eau même en terrain aride, en lui disant que, malgré ma position de marginal par rapport aux institutions ecclésiastiques, « un lien fondamental nous maintenait en communion ».

Il n'a pas tardé à me remercier par écrit. Quelques semaines après, j'ai été surpris par la demande qu'il me disait de prendre en charge la chorale à l'occasion de son ordination épiscopale. Après quelques instants d'hésitation, ma réponse fut positive et sans condition. Sans chercher à cacher son émotion, il me remercia très chaleureusement.

À première vue, cet épisode peut paraître banal. Cependant, il faut le situer dans un contexte plus large. D'une part, par rapport au presbyterium et, de l'autre, par rapport aux chrétiens eux-mêmes, pratiquants ou pas.

Tout le monde lui reconnaît sa grande intelligence, le don de la parole. Et en dehors des problèmes de santé qu'il a affrontés courageusement, heureusement accompagné de son amie infirmière, nous avons tous reconnu que, dans l'exercice de sa fonction, Rome l'avait marqué profondément.

Je suis de ceux qui, au-delà de nos différences, lui reconnaissent d'être un homme particulièrement polyvalent, avec une vie d'une surprenante richesse sur le plan humain, comme on peut le constater ; un homme capable d'être aussi à l'aise chez « les grands de ce monde que chez les humbles et les petits » ; un homme très ouvert, sensible, simple et suffisamment libre pour d'une part représenter l'Institution officielle dans tous ses apparats, mais en même temps suffisamment libre et indépendant dans un certain nombre de ses choix.

> « Ma mission, a-t-il encore écrit, a été riche, parce qu'elle m'a permis d'aller à la rencontre des personnes, de découvrir et d'accompagner ceux qui étaient en souffrance et avaient soif de respect... J'ai eu cette joie de pouvoir aider et d'apporter l'essentiel ».

19

D'autres aînés et ceux de ma génération qui nous ont quittés

Ernest Auguste Virginie est un de ces copains que j'ai très peu connus. Je sais qu'il a été à Coutances. Après un bref passage aux Terres Sainville, il nous a quittés trop tôt, emporté par la maladie.

Louis Fonan : Trinitéen. Je l'ai connu au Séminaire-Collège dans les années 50. En 1967, on le retrouve également à Coutances. Revenu dans son pays et après quelques années de ministère, il a exercé à la cathédrale avec le père Meier avant d'être emporté lui aussi par une longue maladie qui ne lui a pas fait de cadeaux. Ceux qui l'ont fréquenté de près parlent de sa discrétion et de sa simplicité. « Il aimait la présence des "grandes personnes" », me confiait Barbe Gédio.

L'abbé Mirta : un confrère que nous taquinions, parce qu'il dormait facilement lors des réunions, alors que peut-être il souffrait sans le savoir de narcolepsie. On le comparait à un certain maire du Sud à qui l'on faisait le même reproche. Il a longtemps exercé aux Terres Sainville où il fut aumônier des mouvements de jeunesse. Il a marqué toute une génération de jeunes de la paroisse, particulièrement ceux des quartiers Citron et Trénelle qui se souviennent des fameux « camps organisés par “leur abbé Mirta” ». Pour permettre aux enfants défavorisés d'y participer, il avait son bras droit Georges Lugo, employé à la CAF, sur qui il comptait pour faire bénéficier ces enfants d'une prise en charge. Ce militant nous a laissés trop tôt après avoir animé la chorale du Lamentin pendant des années. Il suffit d'interroger aujourd'hui ceux qui ont participé à ces camps et qui aujourd'hui occupent des postes importants dans notre pays, ou les paroissiens du Morne-des-Esses où on le retrouve déjà en 1979 : tous sont unanimes pour reconnaître le dynamisme, la rigueur, la bonté et la simplicité souriante, la discrétion, la gentillesse de l'homme, de l'aumônier et du curé « abordable et très proche de sa population et de sa Terre ». D'ailleurs, lors de son passage dans un Ehpad à Clairière, comme me l'a confié un de ses confrères, il avait son petit coin de jardin qu'il cultivait avec soin. Après tant d'années passées au service de son Peuple, dans le cadre du diocèse, il s'est éteint dans le silence de l'Ehpad sur la route de Balata, en mars 2022.

Gérard Burgos : un de mes amis d'enfance depuis la 7e comme on disait à l'époque et jusqu'au bac. Il faisait partie de ces amis avec Serge Bélon, à qui j'écrivais pendant les grandes vacances ; chez qui je passais parfois quelques jours de vacances à Tartane, et surtout avec qui j'ai beaucoup joué au foot. Nous nous sommes séparés en 1958 lorsqu'il est partie pour le Grand Séminaire d'abord à La Croix-Valmer puis à Coutances. Il a connu aussi la Guerre d'Algérie. Il a été traumatisé par ce qu'il a pu y voir pendant cette période. Puis nous nous sommes retrouvés en paroisse de 1964 à 1966. Il était alors vicaire à la cathédrale de Fort-de-France, chargé entre autres des jeunes de la paroisse, pendant que j'effectuais mon « service militaire adapté » comme enseignant au Séminaire-Collège. Avec lui, j'animais le groupe de jeunes « Vincentiens » (St Vincent de Paul) auxquels se joignaient des élèves du Séminaire. Il organisait dans les locaux du presbytère de la cathédrale, à la rue Lecornu, à côté des locaux de la JEC, des réunions de réflexions, des sorties, des rencontres liturgiques (la réforme était en cours) ; ou alors pour le fameux « Camp Bible » qui eut lieu au

« COPES » (Centre d'orientation, de promotion éducative et sociale), animé par le père Perrot et Cécile Gerlier, avec qui j'avais fait le voyage en Terre Sainte en 1962, responsables tous les deux du mouvement des Guides de France à Paris.

Après ses débuts à la Cathédrale, Gérard fait un rapide passage dans la paroisse des Terres Sainville. Puis il décide très vite de quitter le ministère pour se marier, fonder une famille et préparer à Paris un diplôme d'éducateur spécialisé. De son mariage avec Simone Charlery, il a eu deux filles, Sandrine et Sara. J'ai accepté en tant qu'ami d'être le parrain de son aînée. Ce qui à l'époque n'était pas bien perçu par « certains chrétiens bien-pensants » !

Il revint ensuite en Martinique et travailla dans plusieurs services dont l'AEMO (Action éducative en milieu ouvert) pendant des années, avant de devenir directeur de la Myriam (Foyer qui accueille des personnes atteintes de maladie mentale), puis de la MAS (Maison d'accueil spécialisée) de Rivière-Salée, établissement pour déficients mentaux géré par l'ADAPEI). Il a été militant syndical pendant tout son parcours. Gérard est parti hélas trop tôt, emporté par une « longue maladie » en janvier 2005. Simone, son épouse, l'a rejoint en octobre 2019.

Claude Anglio : Après ses études secondaires, il entre au Séminaire d'Issy-les-Moulineaux. Revenu au pays, il fut un temps aumônier de la JEC. Il fait partie de ces prêtres qui ne refusaient rien à leur évêque, par obéissance. C'est ainsi qu'on le rencontre dans une dizaine de paroisses au cours de son ministère : Le Lorrain (avec le père Le Quéré), Terres Sainville (avec le fameux père Paul), St Christophe, Case-Pilote, Bellefontaine, Les Trois-Îlets, De Briant (à la suite du père Loustalot), Le Diamant (10 ans) et enfin Le Vauclin, sa dernière paroisse où, avoua-t-il aux paroissiens : « Mgr m'a envoyé mourir au Vauclin ». Pendant longtemps il fut chargé par l'évêque du ministère de la communication du diocèse. Avec sa voix singulière, c'est lui qui intervenait sur les radios et télévisions, lors des événements religieux catholiques. Il a été également le bras droit du père Jean-Michel à Radio Saint-

Louis. Il allait avoir 70 ans lorsque qu'il fut emporté par « la maladie » (février 2018). Claude était un homme attachant et à l'écoute des autres.

Manès Filopon : On faisait un jeu de mot avec son prénom en nous inspirant d'un passage de Daniel, 5-25 (Méne, Tekel, Phares...) que je vous fais grâce de traduire ! Manès était reconnaissable partout grâce à son chapeau « cassé devant ». Il a été souvent charrié pour les « n'est-ce pas, voyez-vous » qui revenaient après toutes ses phrases. Pour nous, ses copains, il s'était approprié tout un langage hérité de l'un de ses professeurs alsacien du Séminaire-Collège que nous qualifions de « play boy », le « père Beyler ».

Curé très populaire dans les paroisses de La Trinité, des Trois-Îlets (dans les années 1980), il fut par la suite à Saint-Pierre, puis au Prêcheur. Plus tard, on le retrouve vicaire dans une paroisse tenue par les spiritains (on se demande pourquoi) au Lorrain avec le père spiritain Le Quéré et le fameux frère Roland, tristement célèbre, dont tous les collégiens du Séminaire-Collège se souviennent. Manès commence alors sa retraite au Plateau Fabre avec ses confrères Julien-Daniel, Gabriel Valard et Jean de Coulanges. Dans les années 2000, il est accueilli dans un Ehpad à la Clairière avec ses confrères Mirta et Julien Daniel. Notre dernière rencontre fortuite au centre commercial le « Rond-Point » quelques mois avant sa mort, nous a permis d'échanger en toute amitié. Il me faisait part de sa déception devant l'orientation « droitière » du clergé actuel.

Georges Zaïre : J'en ai parlé plus haut mais il est bon de rappeler ce que cet homme, prêtre apprécié et aimé de tant de Martiniquais, a représenté pour nous. Il avait une qualité de présence aux gens, le sens de l'accueil, le respect des personnes, une très grande gentillesse. Il était connu pour sa rigueur et son engagement dans tout ce qu'il entreprenait. Et ceci aussi bien à Ste Thérèse qu'à la FAGEC auprès du monde étudiant, qu'en paroisse. Revenu en Martinique, on n'oubliera pas son courage de s'engager auprès d'Aimé Césaire au Conseil municipal de

Fort-de-France. Dans un courrier adressé à « ses collègues prêtres et à des groupes de réflexion », il tenait à préciser que c'était une « décision personnelle » ; qu'il voulait « participer à la vie municipale et sociale » dans son pays, « avec des hommes de bonne volonté » ; « en fidélité à l'Esprit de l'Église » exprimée dans Vatican II (*Constitution Église dans le monde de ce temps*) ; sans « s'étonner des tensions que cela pouvait provoquer ».

J'étais de ceux qui applaudissaient à quatre mains cet engagement politique où il a su braver les « qu'en-dira-t-on », les critiques de toutes sortes. Cela ne l'a pas empêché d'assurer ses responsabilités dans les paroisses telles que Schœlcher, Case-Pilote. Il a vécu ses dernières années au Plateau Fabre où il mourut hélas trop tôt, lui aussi ! On avait plaisir à le rencontrer. Il disait ce qu'il pensait et défendait fermement ses positions sans pour cela se fermer à l'échange de points de vue différents. Il savait apprécier les bons petits plats, son petit punch et son inséparable cigarette. Je n'oublierai jamais sa voix de baryton, son rire caractéristique, sa joie de vivre. Mais surtout lorsque j'ai quitté le clergé, il m'a toujours accueilli sans porter le moindre jugement sur mes choix de vie ; accueillant mon épouse avec affection même s'il lui riait au nez, lorsque en tant qu'infirmière elle lui disait que peut être la cigarette n'allait pas avec son état... « Ay' lè man mo, man mo ! » (Qu'importe ? je mourrai bien un jour !). Il y aurait tant à dire de Georges !

Gabriel Valard a fait une partie de ses études au Canada, puis en France, et a exercé dans plusieurs paroisses (le François, la Cathédrale, surtout Schœlcher, Coridon). Il a été chargé des séminaristes, aumônier des Guides de France, avant de devenir responsable de la pastorale familiale du diocèse. Sa santé s'est hélas dégradée très rapidement après qu'il eut quitté la Maison Fabre où il vivait avec Jean de Coulanges et Julien Daniel. Depuis plusieurs années, il ne pouvait plus communiquer avec nous et fut donc placé dans un Ehpad au Lamentin. Et c'est en juin 2022 qu'il nous a quittés. Il allait avoir 86 ans.

Ceux qui sont « en retraite » à l'heure où j'écris

Jean de Coulanges. Jean fait partie de ces amis que j'ai connus au Séminaire-Collège de Fort-de-France dans les années 1950. Puis nous nous sommes rencontrés à Rome dans les années 1960. Son parcours est sans doute unique dans le diocèse. Car il obtint d'interrompre ses études théologiques, à la veille de son ordination (comme diacre), pour s'engager chez les Petits Frères de Faucault. Après sa période de probation en France, à Saint-Maximin en Provence, on l'envoya aux États-Unis. Il y passa deux années à Détroit, où il travailla en usine chez Ford. Après ces années d'immersion, qui furent dit-il très éprouvantes en termes de solitude, il quitta Détroit à la veille d'une révolte raciste dont il aurait pu être une des victimes, pour revenir chez les Petits Frères en France. Un nouveau choix s'impose : il va quitter la Fraternité, après des années d'expérience inoubliables pour lui. Il reprend son projet initial, à savoir devenir prêtre-ouvrier. Pour cela, il décide d'acquérir une qualification professionnelle. Il devient électricien. C'est alors qu'après avoir terminé ses études théologiques (d'abord chez les « Petits Frères » puis à l'Institut catholique de Paris), il obtient de son évêque de revenir en Martinique pour être ordonné prêtre. Ce qui fut fait en 1971 en la Cathédrale de Fort-de-France avec Emmanuel Jos et Barbe Gédio.

Jean fut nommé à Ste Thérèse et a fait partie de l'équipe paroissiale : il était de ces prêtres-ouvriers qui partageaient leur vie entre le travail (lui électricien) et certaines tâches paroissiales en fonction de ses disponibilités. Il participa à la mise en place des portiques du Port et travailla à l'aéroport du Lamentin comme électricien chargé d'entretien. Responsable du quartier Volga, il a aussi contribué à la construction de la chapelle avec les gens du quartier. Il a été chargé du mouvement de la Jeunesse ouvrière dans le diocèse. Jean se retrouva quelques années dans cette paroisse de Ste Thérèse avec Louis Élie comme curé.

Nommé par la suite curé dans la paroisse de Balata, en remplacement du père Virnot, il y passe vingt et une années.

C'est au cours de son passage qu'a été construite entre autres cette magnifique salle paroissiale qui sert aux différentes activités de la paroisse, et accueille les pèlerins lors de la fête du Sacré-Cœur. Il raconte avec humour comment il s'est trouvé curé de son patron, qui était paroissien de Balata.

Jean quitte cette paroisse à la demande de son archevêque pour remplacer pour quelque temps Julien Daniel, jusque-là vicaire général du Diocèse. Il faisait partie des épiscopables en remplacement de Maurice Marie-Sainte. Il a préféré, malgré les pressions, se retirer et prendre une retraite bien méritée, d'abord au Plateau Fabre, puis comme pensionnaire chez les pères spiritains à Didier. J'aime la disponibilité, la gentillesse et la sérénité de mon ami Jean ! Comme le disait Emmanuel Jos qui le connaît bien : c'est un « homme de prière, de méditation mais aussi d'action ».

Joseph Calaber : Carbétien – copain de classe. Il a exercé à St Christophe, au Marin, à La Trinité. Il est pensionnaire dans le Foyer des pères spiritains à Didier. Depuis que je le connais, c'est son sérieux et son courage face à ses tâches, malgré ses crampes d'estomac qui ne l'ont jamais quitté. Est-ce une des raisons pour lesquelles on voit Joseph choisir souvent de se réfugier dans son coin, sans trop chercher à communiquer avec les autres ?

Barbe Gédio. Barbe est né « an ba pié légliz sent'Térez la » (juste en contrebas de l'église Sainte-Thérèse). Son père, transporteur de métier, vend sa maison de Ste Thérèse pour la racheter quelques années plus tard des mains de l'acquéreur. Mais entre-temps, il habite Schœlcher où il est scolarisé. Il en profite pour rafler les prix d'excellence en passant. Revenu dans sa paroisse, il est enfant de chœur avec l'équipe des prêtres : Dambricourt, Angot, Zaïre. Il m'a raconté plein d'anecdotes qui montrent qu'il se débrouillait avec ses copains pour bénéficier des pourboires lors des baptêmes et mariages, en trompant la vigilance du curé. Débouya pa péché ! (Se débrouiller, n'est pas un péché). Il a fait partie du mouvement des Cœurs Vaillants / Âmes

Vaillantes dirigé par Mme Anneville, surnommée « Grande sœur » et M. Rosaulin...

C'est le père Ménoret qui le repère et l'oriente vers le Séminaire-Collège dans les années 50. En 1960, le voilà au Canada avec des amis tels que Désirliste, Lamon, pendant cinq années. Il part en France et effectue son service militaire. Puis il est envoyé pendant deux années au Grand Séminaire de Coutances avec des aînés tels que Galap, Burgos, Permal et son copain Louis Fonan. Avec ce dernier, le jeudi après-midi, grâce à son fameux magnétophone Grundig il se souvient avoir appris des danses russes et martiniquaises ! Il demande à son évêque Mgr Marie-Sainte de faire une formation professionnelle de huit mois à Caen, car il veut être prêtre-ouvrier. D'ailleurs, il travaille deux mois avant de revenir en Martinique.

C'est à la Cathédrale de Fort-de-France qu'il est ordonné prêtre avec E. Jos et J. de Coulanges. Prêtre-ouvrier comme Jean de Coulanges, il assure les activités paroissiales à Ste Thérèse, aux Terres Sainville avec comme curé le Guadeloupéen Praxelles. Il travaille notamment à la construction de la Tour de Dillon, chez Santi-Bally sur un chantier au Méridien et à Sainte-Anne. Mais le samedi il s'occupe des mouvements Cœurs-Vaillants et des affaires cultuelles.

Il fait partie de ces prêtres pour qui la disponibilité et l'obéissance font partie des vertus sacerdotales. C'est pourquoi lorsqu'en octobre 1978, son évêque lui demande de se consacrer uniquement aux activités paroissiales, il obtempère. Il passe de la paroisse de St Christophe à celle de Ducos. Il y reste dix années. Puis on le voit pendant six ans responsable de trois paroisses : Rivière-Pilote, Josseaud, Le Vauclin. Mais le Sud ne lui suffit pas. On le retrouve avec Pierre Alex Zonzon dans le Nord atlantique : à Basse-Pointe, Macouba, Grand Rivière pendant six ans. Enfin, il est nommé dans le Nord Caraïbe au Carbet, Morne-Vert, pendant six années. On se demande où il a pris cette énergie, sans doute dans sa foi et son esprit d'obéissance, mais aussi dans sa spiritualité de « pradosien ». Puisqu'au contact de Raphaël Miron, il s'est intéressé au Prado comme d'ailleurs Germain Beaubrun, Pierre Alex Zonzon et d'autres prêtres guadeloupéens. Dans les années 80, il est parti à Marie-Galante faire sa formation dans cette fraternité fondée par un certain Père Chevrier.

Le travail manuel, il s'y connaît. Et donc il n'a eu aucune peine à participer à plusieurs « Camp travail ». Il m'a rappelé qu'il était à celui de Bellefontaine que j'ai dirigé en 1971. Il se souvient d'en avoir organisé un avec le soutien de l'ancien maire de Rivière-Pilote de l'époque.

J'ai toujours remarqué que certains curés tenaient à marquer leur passage par des constructions et restaurations d'église, de clocher, de presbytère (Rivière-Salée avec l'abbé Destang), des constructions de chapelles, de salles paroissiales. Ex. : Le père Soubi au Lamentin – mais plus tard le père Miron (la salle St Laurent et la chapelle du Morne Pitault), Jean de Coulanges (salle paroissiale) entre autres. Le père Bidou à St Christophe (avec « l'opération bouteilles vides » pour faire les vitraux de l'église). Mais surtout le père Gauthier (Église de Bellevue), les pères Robiart, Julien pour Bellefontaine comme dit plus haut.

Barbe Gédio fait partie de ceux-là : il me disait : « Partout où je suis passé il y a eu soit une Église à restaurer, un clocher, une salle paroissiale à refaire. J'étais présent à toutes les étapes des travaux. Et parfois l'inauguration me passait sous le nez, comme l'Église de Morne-Vert ». Au cours de nos échanges. Je me suis aperçu que Barbe et moi, nous nous étions très peu rencontrés et que je le connaissais très peu. C'est pourquoi j'ai tenu à réparer cela. Barbe souffre aujourd'hui de ne pas avoir toute sa vue, pour s'adonner à sa passion de la photo.

Ceux qui ont choisi une orientation professionnelle hors du clergé et se sont mariés

Jean Galap

Ce nom résonne aux oreilles des Martiniquais de la ville qui ont connu son père Alexandre de Ravine Vilaine, lui qui a nourri bon nombre de Foyalais pendant des décennies, grand boulanger pâtissier et défenseur de la profession qu'il était devant l'Éternel.

Jean est l'un de ses deux fils. J'ai fait sa connaissance en août 1967. J'avais entendu parler de lui par les copains du Grand Séminaire de La Croix-Valmer. Et l'abbé Miron l'avait choisi comme moi pour que nous fassions équipe au Lamentin.

Sa sérénité, son calme m'ont toujours fasciné, surtout lors des réunions d'équipe où je passais mon temps à des confrontations vives avec notre chef d'équipe. Jean, pipe à la bouche, prenait les choses avec une distance qui m'étonnait. Mais il ne fallait pas le faire sortir de ses gonds. Car il maniait notre langue créole aussi bien que le français pour vous faire entendre raison !

Nous étions complices pour des initiatives et les réformes que j'ai citées : suppression des plaques en émail portant le nom des familles riches sur les bancs de l'église et des discriminations dans le domaine du culte (les classes).

Comme je l'ai développé plus haut, c'est à lui, avec Victor Permal, que nous devons les fameux « Camps travail » qui ont marqué tant de nos jeunes et les ont aidés à devenir des hommes et des femmes responsables.

Au bout de deux années, en 1969, Jean quitte Le Lamentin. J'ai beaucoup regretté mon copain avec qui je collaborais avec plaisir. Il avait vu depuis longtemps qu'il ne pouvait plus continuer dans le ministère paroissial. Lui aussi, avant d'autres, avait compris qu'il fallait une formation qualifiante, une compétence précise. Il part avec l'autorisation de son évêque et devient le psychologue clinicien que bon nombre d'Antillo-Guyanais ont connu à Paris. Dans le cadre du CREDA (Centre de recherches, d'études des dysfonctions d'adaptation), il mène des recherches en sciences sociales sur l'adaptation des migrants. Parallèlement, en tant que membres du CEDAGRE (Centre d'études, d'entraide des Antillais, Guyanais, Réunionnais), il s'occupait de l'intégration de ces populations dans la société française. À ce titre, il a assuré avec d'autres collègues des entretiens psychologiques. Il a dirigé des centaines de mémoires d'étudiants AGRE qui ont pu alors passer leurs diplômes. Peu d'Antillais connaissent ses multiples publications dans différentes revues spécialisées. Mais je crois que sa discrétion y est pour quelque chose.

Jean est le premier prêtre martiniquais psychologue que je connaisse. Il a passé le meilleur de son temps à Paris avec son épouse Line Lirus qui malheureusement nous a quittés trop tôt. Il travaillait non seulement pour la Martinique mais pour toute la diaspora antillo-guyanaise, et celle aussi réunionnaise.

Jean a fait partie du comité de rédaction de la revue *Migrations Santé* dont il a coordonné un numéro spécial en 2003, intitulé « Guadeloupéens, Martiniquais, Antillais de France ». Outre l'éditorial, il y a signé deux contributions « Stratégies identitaires des Antilles en milieu interculturel » et « Nos églises et la question politique » (Archives diocésaines).

Michel Dispagne que j'ai connu comme élève au Séminaire-Collège. Il était alors pensionnaire au Foyer des séminaristes. Je sais qu'il a été au Grand Séminaire d'Issy comme Emmanuel Jos et Claude Anglio. Revenu en Martinique, il semble qu'il ait exercé aux Terres Sainville. À son départ du ministère, il a fait de brillantes études de lettres, avec une spécialité concernant la langue créole. Il est devenu maître de conférences puis professeur des Universités en Guyane. Actuellement en retraite, il continue à diriger des thèses. Il est professeur émérite. Je n'ai malheureusement pas eu le bonheur de le rencontrer depuis le jour où, à la Procure du Clergé à Paris où je travaillais, il me confia son désir de poursuivre des études poussées. Je lui avais alors suggéré de préparer aussi un métier « pou si an ka ». Je ne le connaissais pas et j'étais à mille lieux de penser qu'il deviendrait le brillant universitaire et chercheur qu'il est.

Antoine Desgrottes : un de nos coachs, dirions-nous aujourd'hui. Dans les années 1960-70, Il était pour nous un grand frère, un ami, mais surtout ce théologien qui nous aidait à approfondir des sujets que nous avions effleurés dans nos séminaires respectifs, à faire ce que l'on appelle des analyses de pratiques « pastorales », mais pas seulement. J'ai beaucoup appris de lui dans le domaine des relations entre foi et politique. Je me souviendrai d'une de ses phrases qui m'est restée : « il faut apprendre à découvrir l'importance de l'histoire en tout » : il faisait allusion à notre histoire comme à celle de l'Église. Et cela n'est pas tombé dans l'oreille d'un sourd ! Je le remercie de m'avoir ouvert les yeux ! Le clergé de l'époque, en commençant par l'archevêque, lui doit de précieuses contributions. Entre autres : lors des événements de Chalvet mais auparavant, lors de la candidature de Georges Zaïre aux élections à Fort-de-France. C'était un homme courageux qui n'a pas eu peur de s'engager dans le projet agricole de Petit Préville aux côtés de Victor Permal, malgré ses ennuis de santé et le qu'en-dira-t-on.

Antoine Marraud des Grottes, selon son appellation familiale, a appartenu jusqu'en 1965 à la congrégation du Saint-Esprit dans laquelle il reçut sa formation philosophique et théologique. C'est donc comme spiritain qu'il a travaillé dans un premier temps dans le diocèse de Martinique.

Je souhaite rapporter ici une anecdote qui éclaire sa personnalité. Au début du mois d'avril 1962, il avait adressé une lettre de deux pages à Mgr Marcel Lefebvre, spiritain et ancien archevêque de Dakar, qui venait d'être nommé évêque de Tulle, en France, en janvier 1962. Dans cette lettre, Antoine Desgrottes s'insurgeait contre le fait que lui, Marcel Lefebvre, dans une correspondance datée du 4 mars 1962 et parue dans *L'Homme nouveau* du 18 mars, apportait son soutien et sa caution à Jean Ousset, le directeur de la Cité catholique, un mouvement d'extrême droite. Antoine Desgrottes soulignait « l'intransigeance et le fanatisme intellectuel et doctrinal » de cette organisation. Une lettre d'une grande lucidité sur le positionnement intellectuel de Marcel Lefebvre.

Le 28 avril suivant, il envoya copie de cette lettre au père Francis Griffin, encore pour deux mois supérieur général des spiritains, l'alertant sur le danger que représentait cette prise de position de Marcel Lefebvre et sur les retombées qu'elle risquait d'entraîner touchant la réputation et l'estime de la congrégation du Saint-Esprit en France et dans le monde[1]. Cela n'empêchera

1. Référence : *Archives générales spiritaines*, Dossiers personnels, Boîte CH6. Je remercie vivement le père Paul Coulon, archiviste général des spiritains, de m'avoir communiqué copie de ces documents.

pas que Mgr Lefebvre soit élu nouveau supérieur général de la congrégation en juillet 1962. On connaît la position conservatrice qu'il adopta durant le Concile Vatican II et comment, par la suite, il quitta les spiritains et fonda le séminaire intégriste d'Écône, en Suisse.

À la fin des années 1970, Antoine décida de quitter la Martinique. Il se maria, devint père de famille et travailla comme aide-soignant pendant des années. Rester vivre avec sa famille dans son pays eût été trop éprouvant. Déjà, en tant que fils de béké, ses positions n'étaient pas appréciées par son milieu d'origine, ni par le clergé de droite. Mais quand il quitta le ministère pour travailler au Morne-Rouge, dans l'agriculture, puis à Paris se maria, de plus à une femme « de couleur », il s'affranchissait de plusieurs tabous en même temps. Pour lui et sa famille, cela aurait sans doute été extrêmement difficile de vivre dans son pays. Pour les membres du clan, cela aurait été insupportable !

Antoine est malheureusement tombé dans l'oubli. Souffrant par ailleurs de graves troubles d'audition, il était difficile de communiquer avec lui. C'est avec tristesse que nous avons appris la nouvelle de son décès à Paris en novembre 2019. Tous ses copains gardent de lui le souvenir d'un homme cultivé, simple et courageux.

Jean Julien : de famille martiniquaise, il a vécu en France avant de venir en Martinique dans les années 64-66 enseigner la philosophie au Séminaire-Collège de Fort-de-France. Les élèves de terminal s'en souviennent car ils appréciaient sa méthode d'enseignement ; cette capacité de donner le goût de la réflexion, de la discussion, autour des questions essentielles et existentielles.

Je me souviens encore du jour où, au Séminaire-Collège, il m'annonça avec joie que sa candidature avait été retenue dans un Lycée en France. Il quitta la Martinique pour poursuivre sa carrière et fonder une famille. Il a été un membre de la commission d'Art sacré du diocèse, dont j'ai parlé plus haut. Avec le père Robiart, il a joué un rôle dans la construction de l'Église de Bellefontaine et la transformation de bien des chœurs des églises du pays. Mais malheureusement, nos liens n'ont pas été entretenus avec le temps.

Emmanuel Jos

J'ai connu Emmanuel en 1966 lorsqu'il est rentré en Martinique faire son service militaire après ses études de philosophie au Grand Séminaire d'Issy-les-Moulineaux. De 1966 à 1968, c'est au Foyer des séminaristes fondé et dirigé par Maurice Marie-Sainte qu'il encadre, avec Gabriel Valard, les jeunes séminaristes scolarisés au Séminaire-Collège. Il profite de cette période pour entamer des études de droit et passer avec succès ses deux premières années de licence.

Il repart au Grand Séminaire d'Issy-les-Moulineaux pour ses études de théologie en se posant de nombreuses questions sur les conditions d'exercice du ministère presbytéral en Martinique, tout en sachant qu'il y avait d'autres confrères qui s'interrogeaient, eux aussi, en ayant l'espoir de changements importants au sein de l'Église.

Pendant ses années de formation, il participe assidûment aux activités de la Fédération antillo-guyanaise des étudiants catholiques (FAGEC). Sportif, il pratique le football et la natation. Il passe le diplôme de surveillant de baignade, utile pour ses activités de directeur de colonies et de camps de vacances.

Ses trois années de théologie sont fortement influencées par les réformes impulsées par le Concile Vatican II et par les écrits des théologiens qui ouvraient de nouvelles perspectives d'évangélisation. Il s'intéresse notamment à la doctrine sociale de l'Église et bénéficie des enseignements des jésuites de l'Action populaire. Il se rend à plusieurs reprises dans la communauté œcuménique de Taizé. Grâce à deux condisciples de culte oriental, l'un maronite et l'autre melkite, il découvre la diversité des traditions ecclésiastiques.

Il revient au pays en juillet 1971. Il est ordonné à la Cathédrale de Fort-de-France en même temps que Barbe Gédio et Jean de Coulanges, le 2 octobre 1971. En signe de valorisation de notre culture, tous les trois firent réaliser pour eux une chasuble par le plasticien martiniquais René Corail, dit Koko.

Il est nommé à Ste Thérèse dans une équipe, qui comme on l'a vu plus haut, était composée de prêtres au travail et s'inscrivait dans des perspectives pastorales novatrices. Le projet de la professionnalisation du prêtre est aussi un projet qu'il partage. Il s'agit d'une part de faire en sorte que la subsistance du prêtre ne dépende pas du culte et d'autre part, qu'il vive aussi sa mission en lien avec les réalités sociales. Cela le conduisit à poursuivre ses études de droit à l'Institut Henri Vizioz, en vue d'obtenir la licence complète (alors en quatre ans), tout en assurant ses responsabilités paroissiales.

Ouvert aux problèmes du monde et très sensible à la question des rapports entre foi et politique, il a rédigé au Séminaire d'Issy-les-Moulineaux un mémoire sur cette question. Il a été aussi à l'origine du magnifique spectacle « Mémorial Martin Luther King » en 1972 réalisé par Louis Élie et la Chorale du François, d'abord à la Cathédrale de Fort-de-France, puis à Fonds Saint-Jacques à Sainte-Marie.

En septembre 1973, il quitte la paroisse de Sainte-Thérèse pour l'aumônerie des Lycées et le Foyer de la JEC. Il rejoint ainsi Pierre-Alex Zonzon, Gabriel Valard et Gaston Jean-Michel, tous convaincus de l'importance de l'Action catholique qui vise à accompagner les laïcs afin de vivre leur foi dans leur milieu de vie.

Il participe aux activités du MERAS (Mouvement pour l'étude, la réflexion et l'action sociale) créé par Georges Zaïre. Il fait partie de la *Commission Justice et Paix*. Il est corédacteur du bulletin ICAR (*Information Caraïbe*) avec Bruno Marin, Paul Quémeneur et Daniel Compère. En février 1974, il participe à la manifestation de protestation qui suivit les évènements de Chalvet.

Avec les jeunes de la JEC, il organise des séjours de découverte à La Dominique et à Sainte-Lucie ainsi qu'un « Camp travail » consacré à des fouilles (encadrées par les professionnels) au Château Dubuc, occasion pour les jeunes de découvrir une page de l'histoire de l'esclavage en Martinique. En 1976, il fait partie d'une délégation chargée d'apporter des pétitions au Premier ministre de la Dominique, Patrick John, afin de sauver Desmond Trotter de la peine capitale.

Après avoir pensé à prendre une « année sabbatique », il accepte néanmoins de rejoindre la paroisse de St Christophe en septembre 1976 pour faire équipe avec René Baudin qui était prêtre au travail. Sur le plan pastoral, il se démarque clairement des croyances et pratiques magico-religieuses (par exemple : les troncs sont enlevés du dessous des statues ; refus de bénir les objets dans un but de protection magique). Il met, en revanche, l'accent sur la formation biblique sous l'éclairage des travaux des exégètes (par exemple sur les genres littéraires) et sur la nécessité de faire le lien entre foi et vie.

Les changements en profondeur au sein de l'Église n'intervenant pas, comme il l'espérait, il décide de faire de nouveaux choix tant sur le plan de la vie personnelle que professionnelle, tout en restant profondément attaché à sa foi en Jésus-Christ. Il en avertit l'évêque. En juillet 1978, il part à Paris afin de préparer un troisième cycle de droit. Il obtient avec succès un diplôme d'études approfondies de droit international du développement et à un diplôme de sciences de l'information à l'Institut français de presse (IFP). Il consacre son mémoire de l'IFP au journal catholique *La Paix*, dirigé par des membres de la congrégation des pères du Saint-Esprit, paru en Martinique pour la période 1914 à 1964.

Il crée une famille et revient en Martinique. Il est recruté à la Faculté de droit et d'économie. Il soutient sa thèse de doctorat d'État sur *La Contribution du système des Nations unies au développement des Caraïbes*, à l'amphithéâtre Frantz Fanon (c'était la première thèse soutenue au sein de l'Université des Antilles et de la Guyane). Il réussit au concours de maître de conférences, puis au concours de professeur des Universités.

En tant que juriste, il a contribué, entre autres, à l'argumentaire en faveur de la reconnaissance de la traite négrière et de l'esclavage transatlantique comme crime contre l'humanité, de même qu'à la mise en place de la Collectivité territoriale de Martinique. Outre celle d'enseignant-chercheur, il a exercé diverses fonctions au sein de l'Université, notamment celles de directeur du Centre de recherches sur les pouvoirs locaux dans la Caraïbe (Unité de recherche associée au CNRS) et de doyen de la Faculté de droit et d'économie de la Martinique. Il a siégé au Conseil de la culture, de l'éducation et de l'environnement (CCEE), au sein du Conseil d'administration du Centre martiniquais d'Action culturelle (CMAC). Il a été membre cofondateur de l'Institut des droits de l'homme de la Martinique (IDHM).

Professeur honoraire, il profite de sa retraite en famille tout en poursuivant ses travaux. Par exemple : à l'occasion des 170 ans de l'abolition de l'esclavage, il a fait une conférence, dans le cadre de l'Observatoire de l'Église en Martinique, intitulée « Esclavage, réparation, développement et foi chrétienne ». Il a réalisé une série de chroniques hebdomadaires sur Radio Canal Antilles. Mises à part toutes ces contributions, je crois qu'il nous a fait un énorme cadeau avec son ouvrage *L'Église catholique aux Antilles françaises, de Christophe Colomb à nos jours*, où il nous offre de quoi nous faire notre opinion sur un sujet que peu d'auteurs martiniquais, prêtres de surcroît, ont abordé de nos jours de cette manière.

Emmanuel est un homme qui va jusqu'au bout de ses convictions, dans le respect des personnes.

Victor Permal. Depuis 1952, nous formons une belle paire d'amis et de frères. Nous nous retrouvions régulièrement chez Fafan et Guillaume ses parents à Bois Boyer, avec Paule, Paulette, Dady, Louis.

Victor a été scolarisé à l'École primaire de Chateaubœuf. Il passe une année au Lycée Schœlcher avant d'entrer au Séminaire-Collège de Fort-de-France terminer ses études secondaires. Comme tous ceux de sa génération, il part pour le Grand Séminaire de La Croix-Valmer où il rencontre des Guadeloupéens, des Mauriciens, des Réunionnais, « séminaristes des colonies » comme on le disait à l'époque. Il se découvre un grand intérêt pour la philosophie et les Écritures saintes. Il est marqué par l'un de ses professeurs haïtiens, le père Claude (un spiritain).

Puis vint le service militaire en 1961 à Balata, Desaix, Limoges, Poitiers. Une période pour lui très riche où il rencontre des gens intéressants, à l'occasion par exemple d'actions menées au quartier « Cité Bon air » de Poitiers à la demande de l'aumônier militaire qui par ailleurs le sollicita alors pour accompagner des militaires à Lourdes. C'est ainsi qu'il fit partie de l'équipe de foot du quartier.

C'est aussi à cette période qu'il développe un contact étroit avec l'abbé Zaire et la FAGEC. Revenu en Martinique, il est démobilisé en février. Et il reste donc dans le diocèse pendant les six mois qui le séparent de la rentrée de septembre. C'est à cette période (mars 1963) qu'il effectue, jusqu'au mois d'août, un stage dans la paroisse du Vauclin avec le père Jean-Michel puis à Josseaud avec l'abbé Croquet. Occasion pour lui de fréquenter le monde agricole et de découvrir des personnalités comme Nelide Francinet et la SAFER. La 2 CV que lui avait offert son père lui permettait d'assurer ses déplacements.

En septembre de cette année, il part pour le Grand Séminaire de Coutances pour trois années au cours desquelles il noue des liens intéressants qu'il gardera longtemps. L'année 1966 fut d'abord celle de l'épreuve avec la mort de son père, sans pouvoir être présent aux côtés de sa famille. Mais sept mois après, il revenait dans son pays pour y être ordonné prêtre au mois d'août 1966, en l'église de St Christophe. Son frère de cœur, Antoine Maxime, lui, ordonné diacre, était ce même jour à ses côtés.

Le voilà dans sa première paroisse, Ste Thérèse, entouré des prêtres de la Mission de France (Christian Dumont en tête) qui lui apportaient cette ouverture de la Mission sur le monde du travail, le monde des « pauvres » que voulait le Concile Vatican II. Puis, c'est au sein de l'équipe sacerdotale dite « autochtone » avec Marcel Potiéris, Michel Méranville, Louis Fonan, Frantz Dégras, Antoine Desgrottes – qu'il exercera son ministère. Cette équipe va encore subir des changements lorsque Germain Beaubrun sera nommé responsable avec comme collaborateurs Victor, Frantz Degras, Jean de Coulanges, Emmanuel Jos.

Comme cela fut dit plus haut, Victor avait en charge les quartiers Volga, Morne Pichevin, Canal Alaric, partageant avec les autres les activités cultuelles, catéchétiques ; participant au renouveau liturgique et présent au sein de diverses commissions. C'est avec Jean Galap qu'il développa les Camps travail. Très présent et actif dans la vie des quartiers, soucieux de faire émerger des problématiques de vie communautaire, il accompagne des actions comme « Zatrap » : une boutique à Volga où les familles nécessiteuses pouvaient se ravitailler à des prix défiant toutes concurrence ; ceci grâce à la collaboration de Thérèse Pérugien, secrétaire chez Alaric qui faisait partie du comité paroissial, mais aussi à la générosité de M. Celma commerçant. Pour Victor, répondre à la demande des gens du quartier pour faire partie de l'équipe de football de Morne Pichevin allait tout à fait dans le sens de sa présence « au monde ».

Victor s'intéresse aux problèmes liés au BUMIDOM et participe à un colloque organisé sur les problèmes causés par l'émigration, au grand scandale de certains. En 1971, on le retrouve à la Convention du Morne-Rouge sur l'autonomie. Ce qui fit parler la Martinique entière !

Conscient qu'il lui fallait acquérir des outils pour « mieux comprendre nos sociétés », il part en France, s'inscrit en sociologie à l'Institut catholique et à l'École pratique des hautes études à Paris. Il a l'occasion de travailler avec le père Bocquillon et le REM (Réorganisation de l'émigration martiniquaise). C'est à cette période qu'il fait la rencontre de Marie-Christine Guibert, professeur de sociologie, qui devait devenir son épouse.

1974 est une année de réinsertion dans son pays. « Après le jugement épiscopal de me suspendre, mon mode d'existence dans mon pays se renouvela ! ». Lors des événements de Chalvet, on le retrouve aussi bien dans la famille d'Ilmany au Lorrain que le jour de l'enterrement au cimetière pour prendre la parole. N'étant plus en paroisse, il fait l'acquisition d'une propriété « pour tenter de s'inscrire dans le développement de l'agriculture maraîchère, vivrière, et de l'activité de transformation du lait (yaourt) ». Antoine Desgrottes fit partie au début de ses collaborateurs fidèles avec le couple Jean-Claude et Véronique Vitalien, chargé de l'exploitation du terrain agricole, tout en partageant le gîte et le couvert et en menant une vie familiale où les enfants des deux couples se considèrent comme frères et sœurs jusqu'à ce jour : Flory, Nathanaël Permal et

Axelle, Iris, Xavier Vitalien. Une expérience de vie communautaire unique en son genre !

Pour payer la terre dont il a fait l'acquisition, Victor travaille à l'ADAFAE jusqu'en 2005 où il prend une retraite bien méritée.

Victor a développé son talent de peintre. René Corail, dit Coco, a vécu à Petit Préville pendant un certain temps, et Victor a beaucoup appris de lui tout en trouvant et en développant son propre style. Il nous a gratifié d'une série d'expositions dont la dernière, à l'Atrium, a été fort appréciée, comme du reste les textes de son épouse Marie-Christine qui l'accompagnaient.

Le cheval a toujours été la grande passion de Victor qu'il a d'ailleurs transmise à ses enfants et petits-enfants. « Petit Préville » est devenu au cours des années un lieu de rencontre pour la famille, Dady et pour Germain Beaubrun, Paule, Paulette, Louis, mais aussi pour les amis comme Eugène Mona, Anicet, ses amis du Cercle Frantz Fanon, Marie-Sainte, de Coulanges, les Maxime, les Ranguin, les Jos, Barbe et j'en passe. Quand on a fréquenté les Permal, on comprend pourquoi Victor excelle dans l'art culinaire.

Militant, Victor a participé aux luttes des mouvements à qui l'on doit la reconnaissance du 22 mai comme fête nationale, fériée et chômée ; à des actions en faveur du créole. On le retrouve aux côtés de Marcel Manville, Joby Fanon et d'autres militants pour l'organisation du Mémorial Frantz Fanon. Il a pris position sur des problèmes de société et a été du Comité de soutien aux occupations de terres. Il fait partie du groupe Georges Mauvois et assure des interventions sur le rôle de l'Église catholique dans la colonisation. Il a également donné des cours en sociologie à l'UAG. Et on lui doit également, entre autres, une contribution dans *Historial antillais*.

J'ai parlé plus haut de l'équipe de Ste Thérèse dont il faisait partie et de ses prises de position qui ont fait grand bruit dans le diocèse. Nous avons fait ensemble la formation « psychosociale » au CEDIF de 1981 à 1984. Par la suite, il s'est engagé avec Marie-Christine dans différents mouvements de justice sociale et de défense du patrimoine, prônant la souveraineté nationale de la Martinique, tout en prenant la succession de Marcel Manville à la présidence du Cercle Frantz Fanon.

Victor a toujours été un militant, se positionnant du côté de ceux qui luttent pour la reconnaissance de la souveraineté de notre Peuple. On a vu plus haut que, très vite, il a participé à des rencontres, des assemblées, des congrès, rassemblant tout ce qui dénonçait l'aliénation, la politique de domination ou d'exploitation de l'homme par l'homme, des « petits » par « les gros ». Il s'est engagé auprès des défenseurs de l'environnement, au sein d'une Association telle que l'ASSAUPAMAR » ; aux côtés des agriculteurs désireux de mettre en valeur nos produits, mais aussi en luttant pour que les terres en friches soient mises au service de ceux qui veulent travailler, produire et commercialiser nos produits. C'est pour cela que le projet de mise en valeur des terres de Petit Préville avec le couple Jean-Claude et Véronique Vitalien, jeunes agriculteurs engagés, a pris forme et continue à se développer depuis plus de quarante ans. Dès qu'il s'agit de s'engager du côté des « damnés de la Terre », de prendre position sur l'avenir de notre pays. Victor est là. Son « Maître » à penser (même si le mot n'est pas le bienvenu ici), c'est Frantz Fanon. Et c'est ce qui explique pourquoi il a pris la succession de Maître Manville à la tête du Cercle depuis des années.

Son militantisme s'exerce en même temps sur le plan littéraire : à travers ses articules dans des ouvrages tel que *Historial antillais* et ses nombreuses conférences-débats dans le cadre du mouvement de « Ti Jo Mauvois », pour mieux faire connaître notre histoire et les dégâts de la colonisation.

Victor, un de mes frères avec qui je partage la conscience d'appartenir à un peuple qui a son histoire, sa culture propre et qui doit se battre chaque jour pour ne pas disparaître au nom de la mondialisation.

NB : Je tiens à remercier tous ceux qui ont accepté d'apporter leur contribution par écrit ou par oral. Je rappelle aux lecteurs que je n'ai traité volontairement que des prêtres et des religieux.

20

Résultats de la rétrovision

À quoi cela m'a-t-il servi de faire cette randonnée, caméra en mains, sur mon parcours ? Déjà, je suis surpris de voir comment j'ai fait confiance à ma mémoire. Plus j'ai eu à la solliciter, plus les souvenirs remontaient, complétés par des témoignages d'amis, de connaissances, et plus j'ai trouvé passionnante cette démarche qui a consisté à me laisser questionner tout au long de ce périple. Et alors, j'ai accueilli tout ce qui a émergé, et que j'ai voulu explorer et exploiter à ma manière, avec l'intention d'en faire part à d'autres. Je ne voudrais pas être de ceux qui ont plein de choses à dire et qui partent dans l'autre monde, sans les partager et les transmettre aux générations futures.

Questionnements et positionnements

Notre société martiniquaise est marquée par la religion. Il suffit de voir le nombre d'églises, de chapelles, de « croix mission », de statues, de lieux de pèlerinage qui existent dans nos villes et communes. Les sons et carillons des cloches, qui servaient à nous indiquer l'heure hier, continuent à inviter les gens à se rassembler pour des célébrations religieuses. À eux seuls, ils créent dans une agglomération toute une ambiance de joie, de fête, les dimanches et jours fériés, ou de tristesse lors d'un enterrement. De la naissance jusqu'à la mort, le clergé intervient. Hier, les parents devaient faire baptiser, puis confirmer et catéchiser leurs enfants ; ceux qui ne le faisaient pas étaient considérés comme des « païens », voire condamnés à l'enfer. Les adolescents échappaient si l'on peut dire à l'influence du clergé après leur confirmation et la majorité s'écartait de la pratique religieuse jusqu'à ce qu'ils soient rattrapés plus tard. Certains pouvaient se retrouver dans des mouvements d'Action catholique. Mais d'une manière ou d'une autre, pratiquants ou pas, la majorité de la population avait affaire avec le clergé, par la suite, pour « le mariage à l'église » (sinon « leur ménage » était considéré comme « état de péché ») et, en fin de course, pour « l'extrême-onction », l'enterrement et la messe de sortie.

Je fais partie de ces générations d'enfants formés sinon « formatés » par le monde religieux. Pendant des décennies, j'ai donc tout « avalé » sans remettre en question tout ce que l'on m'apprenait : certains principes, certaines croyances, certaines habitudes. Je crois que cette expérience est celle de toute personne qui naît et grandit dans une « religion ». Mais, à un moment donné, comme bien d'autres, je me suis autorisé à m'interroger sur le sens de tout ce que j'avais reçu, vu, entendu, appris et fait, puis transmis singulièrement par le canal religieux. J'ai dû reconnaître, dans tout ce que l'on m'avait appris, ce qui devenait indigeste. Et la période de l'assimilation m'a permis (et me permet encore) de garder de mon éducation ce qui est en mesure de me nourrir aujourd'hui. Pour cela, il fallait accepter de déconstruire ici ; là, d'interpréter autrement ce qui hier me paraissait évident pour l'avoir appris par les canaux officiels. Il m'a fallu chercher à me nourrir de ce « petit reste » ; de ce qui constitue la « substantifique moelle » de ma démarche spirituelle. Et voilà que cet essentiel tourne autour du « commandement unique » dont parle le Jésus des évangiles, à savoir : avant de prétendre aimer Dieu et le prêcher, apprendre à m'aimer moi-même et à aimer mes semblables, sans nous couper de notre environnement social, naturel, astral.

Tout au long des années, je prenais conscience de ce paradoxe ou contradiction, que l'on rencontre dans toutes les « institutions religieuses », à savoir prôner d'un côté des valeurs indispensables à nos sociétés et chercher de l'autre à obtenir si possible des pouvoirs publics les moyens de leur politique. Ce qui fait qu'entre les doctrines enseignées aux « fidèles », les valeurs prônées par oral et par écrit, et les pratiques imposées, il y a une série de contradictions qui vont à l'encontre du message fondamental qu'elles prétendent porter au monde. C'est toute la question de l'être et du paraître, qui vaut aussi bien pour les personnes morales que pour les personnes physiques.

J'ai de plus en plus de mal à accepter l'écart qui existe entre la pratique et la foi, quand celle-ci semble se réduire à des dévotions, à des pratiques entretenues par le clergé, où l'on fait de Dieu un Être tout-puissant protecteur, que d'aucuns cherchent à s'approprier, à mettre de leur côté, pour réaliser avec succès leurs projets, parfois les plus sombres. Et cela à coups de prières, de pèlerinages, de dévotions et, pour les croyants pratiquants, grâce aux sacrements et aux sacramentaux.

Dans cette même ligne, au sein du clergé auquel j'ai appartenu, j'ai pris conscience de ces contradictions entre ce que nous prônions et montrions de nous dans les relations entre nous, lors de touchantes célébrations cultuelles, et les relations que nous entretenions dans notre quotidien et qui souvent n'avaient rien « d'évangélique » (ce qui, entre nous, n'est absolument pas propre aux catholiques). Je nourrissais moi-même des préjugés liés à des questions d'âge, d'idéologies, parfois de couleur de peau, de situations socio-économiques, de fonctions, à des formes de sectarismes, sinon de racisme larvé. Et pourtant dans les grandes cérémonies officielles, tout ce petit monde clérical semble tellement uni autour d'un même autel, par exemple le Jeudi saint !

Faisant partie de l'institution cléricale, j'étais, moi aussi, embarqué dans des dérives telles que : passer à côté de certaines personnes, de certains de leurs engagements, de leurs initiatives qui étaient pourtant inspirées d'une immense générosité, d'un très grand dévouement « au service d'une population en difficulté ».

Et, pour des raisons idéologiques ou autres, je filtrais ce que je voyais, entendais, lisais, en reniant, en éliminant des faits et en masquant des aspects positifs de réalités bien concrètes, qui pourtant semblaient évidentes. J'étais donc de ceux qui entretenaient et reproduisaient ce que je dénonçais par ailleurs : à savoir l'incohérence, les contradictions entre ce que l'on annonce et ce que l'on vit. Et là, le « Verbe » ne se fait pas « chair » ! ...

Heureusement qu'avec le temps et la maturité, j'ai eu la chance de m'ouvrir aux sciences humaines qui, à l'époque (dans les années 1970), étaient mal vues par la hiérarchie catholique et une grande partie du clergé. Cette méfiance n'était pas propre au clergé catholique. En effet, les sciences humaines nous donnent des outils pour analyser, mieux connaître et comprendre les humains que nous sommes et notre monde ; pour nous questionner et chercher à donner du sens à notre vie, à nos engagements. Ce qui nous amène à bousculer certaines certitudes, à questionner certains choix de vie, certaines manière de voir nos institutions, singulièrement religieuses ; à analyser ce qui se passe singulièrement dans nos institutions ; à situer les événements dans une histoire, individuelle et collective, singulièrement la nôtre ; à avoir le courage de repérer, de comprendre et de dénoncer telles incohérences, telles contradictions, telles absurdités, tels scandales, telles compromissions.

Cela est vrai aussi, lorsque ces outils servent à analyser ce qui se passe au sein d'une Institution comme l'Église catholique, de son clergé (éminence, excellence, monseigneur, etc.), de son organisation pyramidale, de son langage triomphaliste (ex. : certains cantiques), de certaines représentations tendancieuses (ex. : statues St Michel, le Grand Retour, fresques), de certaines de ses fêtes (Fête-Dieu dans la ville ou au collège), des établissements (tel que le Séminaire-Collège), de certaines pratiques même au sein de mouvements d'Action catholique (le salut au drapeau) ; lors d'événements sociaux (Chalvet) ou de la nomination d'un évêque martiniquais, etc. C'est grâce aux formations en psycho-sociologie, avec le CEDIF (dans les années 80), puis à ma formation en Gestalt-thérapie (dans les années 90), que j'ai pu réaliser cette « rétrovision ».

Comme je l'ai montré plus haut, j'ai pu remettre en question certains de mes préjugés à l'endroit de membres du clergé martiniquais et non martiniquais que j'ai eu l'occasion de fréquenter de près ou de loin, et qui ont été à un moment donné des pionniers dans le domaine social : dirigeant des centres tels que la Tracée, créant des crèches (Triclot, Morlan), des foyers pour des jeunes (Arostéguy, Angot, Zaïre), pour des adolescents en difficulté sociale et scolaire (Foyers de Jeunes filles, de jeunes travailleurs, Centre St Justin, COPES).

C'est aussi pour moi une occasion de souligner la portée de certaines initiatives telles que « les Camps travail » (Galap, Permal, Ranguin) ; d'actes courageux de membres du clergé dont je faisais partie, comme le fait de lutter contre des discriminations dans l'Église (suppression des plaques sur des bancs d'église, des « classes » pour les sacrements ou les enterrements en fonction de la situation matrimoniale des personnes ; la suppression des troncs sous les statues ; l'affaire du « petit Jésus noir au Lamentin » ; des innovations dans le domaine des chants liturgiques (messe tam-tam, les psaumes, Maxime et Élie) ; un catéchisme adapté à notre environnement (Beaubrun) ; des prises de position pour le changement du *statu quo* (Victor Permal, février 1974) ; en Guadeloupe la grève de la faim du père Chérubin Céleste ; l'engagement d'un prêtre dans un conseil municipal (Zaïre) ; le rôle de commissions qui se sont penchées sur l'avenir de notre pays et le rôle de l'Église, la question foi et politique (Desgrottes-Jos).

À ce propos, il faut souligner que notre archevêque Marie-Sainte était non seulement soucieux de son presbyterium, mais aussi de s'entourer de laïcs responsables dans différents secteurs (ex. : enseignants, médecins, avocats, représentants du monde rural, ouvrier...) et des prêtres conscients qui ont cherché à jouer un rôle d'éclaireurs de la hiérarchie. À propos des laïcs, j'ai volontairement évité de les citer. Car il faudrait consacrer tout un ouvrage sur le rôle d'éclaireurs qu'ont joué toutes ces femmes, ces hommes chrétiens, engagés dans le monde par leur famille, leur métier, leurs responsabilités au sein d'associations diverses, de partis politiques, de syndicats dans une collaboration avec des prêtres de l'époque tels que G. Zaïre, A. Desgrottes, E. Jos, l'équipe de Ste Thérèse, Julien Daniel. Ils ont produit des articles, des réflexions qu'il faudrait reprendre et qui clarifiaient le rôle de l'Église catholique dans notre monde martiniquais.

J'ai pris le temps de m'arrêter pour comprendre et analyser certaines réalités vécues à des périodes différentes, en les situant dans leur contexte et dans notre histoire. C'est ainsi que je me suis rendu compte que, depuis notre enfance, nous avons été habitués à apprendre, à parler, à faire la promotion de l'histoire biblique du peuple hébreu, en sautant à pieds joints sur la nôtre propre, si dramatique. Enfin, j'ai fait un parallèle tout au long de ce voyage avec des pays européens comme la France qui sont venus coloniser une région habitée par des peuples qui avaient leur histoire et leur culture ; en prétendant lui apporter civilisation, moralisation, et avec une Église (quelle qu'elle fût) qui, croix ou Bible en mains, prétendait convertir une population, considérée au départ comme « païenne », « dans le péché », « perdue et hors du salut » et qu'elle cherchait à « ramener à Dieu ». Comment ne pas parler de colonisation religieuse ?

On a d'un côté des pays (la France, la Hollande, la Grande-Bretagne...), un continent (Europe...) et une Église (catholique ou protestante) qui viennent apporter et imposer à une population leurs manières de vivre, de croire, de voir la vie ici-bas et dans l'autre monde, considérées comme la référence absolue. Et de l'autre, une « population » qui finit par croire qu'effectivement pour exister, il faut adopter dans le fond et dans la forme ce qui leur est apporté et imposé comme des modèles en matière de conception de la vie et du monde, de modes de vie, de pratiques culturelles et cultuelles, dans le domaine de la morale, des valeurs, etc. Comme si ces populations, dans les conditions que nous connaissons, étaient considérées comme n'ayant rien de beau et de valable à apporter au monde ». Il leur fallait, pour se « sauver », se « dépouiller » de ce qu'elles étaient ou pensaient être, de ce qu'elles savaient et savaient faire, de leurs croyances, pour être « civilisées, moralisées, converties ».

Dans le domaine religieux, les choses sont encore plus profondes. Car au départ « tout est écrit ». La parole du pasteur ou du prêtre est considérée comme Parole divine ! Il faut adopter des doctrines élaborées dans des formes définitives et valables « pour toutes les nations ». Chez nous, cela prend une dimension particulière. Et pour les chrétiens, c'est vers le Proche-Orient qu'il faut se tourner pour recevoir la « Bonne Nouvelle » !

Ce que j'écris ici peut paraître choquant pour bon nombre de chrétiens. Mais puisque je me les pose depuis quelques décennies, comme bien d'autres avant et après moi, elles méritent d'être abordées librement dans un pays comme le nôtre où il y a tant de sujets tabous, surtout dans le domaine religieux, et où l'on peut encore librement parler et écrire sans être envoyé au bûcher. Du moins pour l'instant ! En tout cas, je pense sincèrement qu'il est bon pour nous d'y réfléchir.

Enfin, que de questionnements autour du lien entre le pouvoir, la politique, l'argent et les églises ! Poser des questions est une chose, mais trouver des solutions concrètes, en tenant compte de la réalité telle qu'elle est, devient une autre affaire. Mais tant que nous vivons dans un pays où existe la liberté d'expression, j'en profite pour m'exprimer librement. Que mes lecteurs sachent en tout cas que ce que j'ai écrit demeure mon point de vue qui reste nécessairement partiel et partial ! Vous pouvez suivre mon regard. Mais sachez que je n'ai nullement l'intention de considérer que ma vision des choses et des personnes est la seule et bonne manière. Car même si j'aborde les choses par le canal du religieux, du clergé et de l'Église catholique, que je connais le mieux pour l'avoir fréquentée de l'intérieur, ce n'est que mon point de vue, que ma rétrovision. Par ailleurs, je fais la différence entre les positions officielles d'une Institution qui tient à soigner son image et à défendre ses intérêts, quitte à se trouver en contradiction avec ses propres principes dans la société où elle évolue, et des individualités qui savent prendre position quand il le faut, en se démarquant, tout en restant dans cette institution. C'est leur droit !

Je termine en soulignant un point qui me tient à cœur. Quand on regarde le clergé martiniquais durant la période concernée (années 1970-80), la majorité des prêtres sont restés dans le ministère presbytéral toute leur vie : certains comme on l'a vu en faisant des choix courageux, parfois révolutionnaires, pour mieux servir leur Peuple et l'Église ; la plupart se sont contentés de tâches traditionnelles (catéchiser, sacramentaliser) liées à leur fonction ; d'autres encore ont su allier ces tâches à des activités très porteuses auprès des enfants, des jeunes, des adultes actifs, des seniors, jouant le rôle d'animateurs, de rassembleurs, de conscientiseurs, en tissant des liens entre les membres d'une communauté, et en aidant les fidèles à faire le lien entre leur vie et leur foi ; d'autres encore se sont limités à faire fonctionner le système.

Et puis il y a eu tous ceux qui ont fait le choix de quitter le clergé, le ministère presbytéral, pour s'engager dans une formation qualifiante dans le domaine du droit, de la psychologie, de la sociologie, de la psychothérapie, du social ou de l'éducatif ou d'autres métiers. En constatant les nombreuses contributions de tous ordres qu'ils ont apportées à nos pays et au monde, je me dis que ce serait un véritable gâchis si leurs « talents » restaient « cachés » (voir la parabole des talents).

20

Sur le terrain de l'emploi

De la sécurité de l'emploi à l'insécurité

Lorsqu'au départ on bénéficie dans sa vie d'un logement (par exemple un presbytère), d'une nourriture assurée, d'un personnel de maison, d'une voiture de service ; lorsque l'on a sur un plateau un métier valorisant comme celui du prêtre pour lequel le chômage n'existe pas, on sait ce qu'il faut faire : prêcher, célébrer, sacramentaliser, catéchiser, accompagner les personnes malades et dans le deuil. On est un homme du sacré, mis à part, engagé à vivre comme célibataire ; capable de parler de tout du haut de la chaire, sans être sur le terrain dans les combats du quotidien.

Au cours d'un cycle de dix années, j'y ai cru et me suis livré corps et âme au service de l'Église. Mais à un moment donné, comme je l'ai déjà exprimé, je me suis senti hors-jeu sinon pas très crédible ; surtout au sein d'une institution (comme toute l'Église) qui prétend posséder la vérité. Et cela ne me convenait plus. J'étais de moins en moins convaincu que ma vie plaisait davantage à Dieu parce que je sacrifiais toute la dimension affective et sexuelle de ma personne, pour son service ; que mon célibat était de ce fait un état supérieur au mariage : c'est du moins ce que l'on m'avait fait comprendre tout au long des années du Séminaire ; que vivre du culte allait de soi sans avoir à se poser de questions ; qu'obéir à l'autorité, singulièrement la hiérarchie catholique, c'était obéir à Dieu qu'elle représentait et que cela signifiait s'y soumettre au nom de la fidélité à la volonté de Dieu.

Tout cela, je le considérais comme des valeurs, que j'avais avalées, acceptées et vécues pendant toute mon éducation jusqu'à ce que, progressivement et sur le terrain, je remette en question ce que l'on m'avait appris jusque-là. C'était alors à moi d'accepter d'être honnête et cohérent, et de prendre position. Et les représentants de l'institution cléricale ne pouvaient évidemment pas m'aider dans ma remise en question. C'était à moi de prendre mes risques ; comme celui de sortir d'un état qui m'offrait une certaine sécurité, pour m'engager dans une voie d'insécurité sur tous les plans : affectif, social, professionnel avec dans ma tête ce tristement célèbre principe « hors de l'Église point de salut » ! Car, en réalité, l'institution comme le clergé s'identifiaient à l'Église ; s'éloigner du clergé équivalait d'emblée à se mettre en marge du salut, donc de la vérité et de la vie tout court.

En 1975, j'entame alors une traversée intitulée « la fournaise », deux années de tâtonnement, de doutes, d'angoisses face à l'avenir. Il fallait faire face à de nouveaux choix. C'est alors la période où j'ai dû chercher une nouvelle orientation professionnelle, une vraie qualification. Dans le même temps, se posait à moi la question de rompre définitivement avec le statut du célibat ecclésiastique. Et tout s'emballe. Je m'engage à vivre en couple jusqu'à me marier sans vraiment y être préparé. Je ne verrai cela qu'après coup. Et pourtant, les discours, les prédications sur la vie de couple, sur l'amour, étaient choses aisées tant qu'il s'agissait d'en parler aux autres. S'engager à choisir et à être choisi pour développer une relation amoureuse ; apprendre à se connaître mutuellement ; décider de se marier et d'avoir des enfants en très peu d'années ; c'était tout autre chose ! Nous avons eu ensemble deux enfants : Marc-Emmanuel et Didier 1977 et 1978. Marie-Flore travaillait et préparait en même temps son diplôme d'expertise comptable. Moi, après un job chez l'éditeur Fernand Nathan pour entrer dans le monde du travail, j'ai eu la chance de trouver un emploi dans une librairie bien connue sur la place parisienne et dans le monde catholique, « la Procure du clergé ». J'ai pris des cours à Vincennes et obtenu quelques unités de valeurs. Mais, très vite, il n'était pas question, pour moi, de rester vivre en France. Je passai un concours d'entrée dans une école d'assistants de service social au Boulevard de Charonne à Paris. Après trois années d'études, j'ai obtenu mon diplôme en 1979. Nous commencions à peine à faire l'apprentissage de notre vie et de notre métier de parents à Ivry puis à Antony, lorsque d'un commun accord les jeunes parents que nous étions fîmes le choix de revenir dans notre pays en août 1979.

En revenant chez nous, nous savions ce qui nous attendait : en plus du « qu'en-dira-t-on » qui ne nous faisait pas peur, nous sommes restés en quelque sorte « sans domicile fixe » pendant un certain temps. Nous avions la chance, Marie-Flore et moi, d'avoir un emploi : elle, comme expert-comptable dans un cabinet avec des horaires contraignants ; moi, à l'ADAPEI, association de parents d'enfants porteurs de handicaps mentaux. Nous avons eu la chance d'être accueillis par des parents et amis sincères. Ainsi après avoir vécu quelques jours chez mon frère à Dillon puis chez Fafane, la maman de Victor, à Châteaubœuf, grâce à nos amis Antoine et Yvette nous avons trouvé un appartement à Tervilles dans la commune de Schœlcher. Nous étions entourés de voisins qui avaient des enfants de la même tranche d'âge que les nôtres. Tout en travaillant, il fallait faire face aux exigences de la garde des enfants, contraints pendant quelque temps de faire le va-et-vient entre Le Lamentin où nous déposions tous les jours les enfants chez les beaux-parents pour les récupérer le soir. Nous découvrions peu à peu nos responsabilités de jeunes parents avec les tâches quotidiennes, sans aide au départ. Deux mois après, nous avons confié les enfants à « la Volière » sur la route de Didier. Nous étions heureux de leur faire découvrir leurs familles, leur pays, nos mers, nos rivières, nos mornes, nos fonds, nos fruits et légumes, nos saveurs, nos senteurs, notre langue, notre culture. Deux ans après notre retour, la famille s'est agrandie, avec la naissance de notre fille Marie-Laure. C'est alors que nous avons dû faire appel à Mirette pour la prise en charge de la maison et des enfants en notre absence. Notre fille sera, elle, accueillie à un autre jardin d'enfants du quartier Didier, « Les Lutins ». Je ne me sentais plus en marge de la société mais tout simplement dans la réalité quotidienne, sans prétendre savoir ou savoir faire mieux que quiconque ! Il y avait tant à faire encore et, pour commencer, découvrir en ce qui me concernait, un nouveau métier.

Poste fait sur mesure ?

« Nous avons besoin d'un assistant social, car les parents sont perdus, et nous ne savons comment les aider », m'avait dit M. Pélage, le président du Conseil d'administration de l'ADAPEI Martinique, qui avait accepté ma candidature, alors que la DDASS de l'époque et le service d'AEMO n'avaient pas daigné répondre à ma demande d'embauche. C'est tout ce qu'il me fallait. Car, pour moi, il ne s'agissait pas de venir m'installer dans une administration, dans un service où les tâches sont déterminées à l'avance. Il m'était demandé de créer un service de toute pièce en partant des besoins des familles ayant à leur charge un ou des enfants porteurs de handicaps. Le domaine de l'enfance inadaptée, les problèmes et besoins de ces parents, les professionnels de ce milieu, tout cela m'était complètement inconnu. Mais je ne m'attendais pas à être embauché dans une association sans avoir au moins un bureau, un téléphone, au moins un temps partiel de secrétariat. Rien de tout cela. Je me retrouvai « toléré » dans les bureaux du siège de l'association à cité Bon-Air à Fort-de-France, maison de l'UDF (Union départementale des associations familiales). Me voilà, là aussi, avec ce statut de « sans-domicile fixe ». Par ailleurs, les collègues de l'association ne me regardaient pas d'un œil accueillant : « que vient-il faire celui-là ? » Grâce à mon responsable administratif, un de mes anciens élèves du Séminaire-Collège, je me suis adapté à cette situation inconfortable. J'ai bénéficié peu à peu des services du secrétariat du siège qui m'accueillaient tant bien que mal en me permettant d'utiliser les locaux réduits de l'association, le téléphone quand il était disponible (il n'y avait pas de portable !). Je me suis ajusté comme j'ai pu. J'ai accepté par exemple d'utiliser du matériel usagé ou hors d'usage : je pense à ce vieux classeur roulant et rouillé que je traînais dans la grande salle de l'UDAF lorsqu'elle était libre et avec la permission du président. C'était à moi de relever ce nouveau défi. Dans ces conditions de travail, il fallait trouver les moyens de rencontrer des parents, même si je n'y étais pas encouragé par les collègues des institutions du Morne-Rouge et du François, qui considéraient que j'aurais dû être « leur » assistant social. J'allais découvrir que ma situation était plus qu'inconfortable, tiraillé entre les attentes du politique (à savoir le conseil d'administration) et celles du technique (les personnels des établissements). Ces derniers, fortement syndicalisés, me suspectant d'être du bord, sinon complice, de l'employeur.

Quoi qu'il en soit, j'ai très vite été interpellé par des parents en quête d'information administrative. Ils étaient orientés vers moi par des administrateurs parents ou amis. Cependant, il me fallait moi-même commencer par connaître le milieu de l'enfance inadaptée, les organismes existant chez nous, les lois spécifiques à ce milieu, comme la loi de 1975, les organismes tels que la CDES, la COTOREP ; les services concernés la CGSS, La CAF, les CCAS, les différents services sociaux de chez nous. Je fis donc la tournée de ces organismes pour faire connaître mon nouveau service et constituer ma liste d'adresses de personnes ressources auxquelles j'aurais désormais à faire appel. Grâce à ces contacts personnalisés, je me suis retrouvé parmi les membres fondateurs de notre nouvelle association martiniquaise des assistants et assistantes de services sociaux (l'AMAASS), pour laquelle j'ai coordonné le projet de son premier annuaire avec les références des collègues du public et du privé de la Martinique. Une manière de mettre en place mon réseau tout en faisant connaître l'ADAPEI et le service que j'étais en train de monter de toutes pièces. Il fallut du temps pour disposer d'un bureau au siège pour accueillir des parents dans des conditions à peu près convenables : écouter leurs besoins, cerner leurs problèmes, les aider à connaître leurs droits, les mettre en contact avec les services, les organismes existants et les personnes-ressources de leur commune.

Cependant, cette permanence sociale ne me semblait pas suffisante. J'ai vite compris la nécessité d'aller dans les communes et dans les quartiers à la rencontre des familles, pour mieux découvrir les situations incroyables qu'elles vivaient, cerner leurs besoins, faciliter leurs rapports avec les services, les organismes existants, les personnes ressources de leur commune. Pour cela, il me fallait m'adapter à la disponibilité de ses parents qui n'étaient libres que les mercredis après-midi et les week-ends. Une action qui de centrifuge devenait centripète.

Ce fut une chance, pour les jeunes parents que nous étions, de tomber sur cette jeune femme qui logeait avec nous dans notre famille et prenait en charge les enfants, surtout lorsque nous étions absents une bonne partie des week-ends.

Les rencontres avec les parents m'ont donc appris mon métier. Je découvrais les conditions réelles dans lesquelles ils vivaient avec, à leur charge, un ou plusieurs enfants dont un ou deux, parfois trois, étaient porteurs de handicaps. C'est grâce à ces réunions de quartier dans différentes communes, du Nord en particulier, permettant aux parents d'échanger sur leurs situations souvent très difficiles, sur les contraintes qu'ils affrontaient seuls sans être entendus par la société, que je prenais conscience de la direction dans laquelle il fallait travailler.

De même, il me fallait obligatoirement sensibiliser tous les acteurs susceptibles d'apporter à ces familles une aide non seulement financière, mais psychologique, un soutien sur le plan de la santé, du logement, des conditions sanitaires, etc. Les premiers acteurs concernés étaient les maires, la CGSS, la CAF entre autres qu'il fallait parfois accompagner. Peu à peu je me suis rendu compte que le travail d'information et de sensibilisation d'action familiale que je mettais en place intéressait tous les parents d'enfants porteurs de handicap, qu'ils soient de l'ADAPEI ou pas. C'est alors que j'ai dû interpeller les médias pour obtenir des tranches horaires mensuelles, consacrées à l'information sur les handicaps, l'enfance inadaptée, les lois existantes, les organismes et les droits, les avantages sociaux destinés aux personnes concernées et à leurs familles.

J'étais persuadé que les parents ayant des enfants porteurs de handicaps étaient les mieux placés pour parler sur les ondes de leur vécu, de leurs situations, de leurs difficultés et donc sensibiliser la population aux problèmes qu'ils rencontraient. C'est ainsi par exemple que nous avions notre tranche horaire sur RCI (Radio Caraïbes International) avec docteur Caraïbes et des animateurs que je n'oublierai jamais : Philip, Rodrigue *et cetera.*

Au bout de quatre années de travail, l'assemblée générale de l'association qui regroupait à mon arrivée à peine une cinquantaine de membres vit le nombre de parents adhérents atteindre près de 200 membres en cinq ans. J'avais compris ce que l'on attendait de moi : à savoir apporter ma contribution pour impulser un véritable mouvement d'action familiale au sein de cette association, en collaboration étroite avec les parents, les amis, le personnel du siège et son directeur administratif.

En 1984, a été créée la Commission d'action familiale intitulée la COMAF qui avait son petit journal intitulé *Un pas de plus* et même un chant « Manmay annou ban nou lanmen » (Donnons-nous la main pour faire ce qu'il y a à faire ensemble) ! La Commission était formée de parents pivots, représentant les différentes communes : Le Lamentin, Fort-de-France, Le Robert, Sainte-Marie, Le Marigot, Le Lorrain, Le Morne-Rouge, Le François, Trinité. Les réunions régulières permettaient d'organiser les différentes actions de l'année dont les fameuses Journées d'amitié dans certaines communes (singulièrement Lamentin, le Robert, le Marigot, le François) ; des rencontres de parents sur des thèmes dans les quartiers, parfois avec les politiques. Ce travail fut finalement reconnu et apprécié par tout le monde, y compris par le personnel des établissements au départ plutôt réticent. Certains collègues non seulement nous encourageaient mais participaient activement à la mise en place de certaines de nos actions : le personnel du Siège, celui du SESSAD (Service d'éducation spéciale et de soins à domicile), et peu à peu des établissements : IME (Institut médico-éducatif), Centre d'aide par le travail devenu aujourd'hui ESAT (Établissement et service d'aide par le travail).

C'est grâce à ce travail que j'ai eu l'idée de faire paraître un ouvrage intitulé *Des... espoirs. Ces enfants qui nous interpellent*. Ce livre regroupait des informations sur l'ADAPEI, mais surtout des témoignages de parents qui passaient en permanence de l'espoir au désespoir ; des réflexions, des poèmes, des illustrations de parents et de quelques enfants et amis de l'association. La COMAF comportait non seulement des parents mais des amis qui donnaient de leur temps, de leurs savoirs et savoir-faire ; elle nous mettait en relation avec des organismes, des entreprises comme l'EDF, des clubs qui apportaient leur contribution à plusieurs niveaux aux actions menées par l'ADAPEI. Il n'est pas inutile de nommer quelques pivots comme Pierrette, André, Gabrielle du Lamentin ; Flore du Morne-Rouge ; Marie-Jeanne du Lorrain ; Simone du Marigot ; Marie-Thérèse, Edward du Robert ; Hélène Iris de Fort-de-France, Myrta et Bérard du François ; des amis tels que André, Frantz pour ne citer que ces deux-là. Il ne faut surtout pas oublier les collègues du siège : Frantz et Linda, Louison, Romaine, Richard et notre équipe du Service Social et de Suite dont je vais parler plus loin.

Cette dynamique familiale s'est développée avec le président Pélage, cofondateur de l'ADAPEI, à qui on doit les institutions (IME, CAT, MAS), jusqu'à sa retraite ; son successeur, le docteur Jocelyn Kéclard, est lui aussi et à sa manière un homme visionnaire et auteur de projets à qui l'on doit entre autres Ti Baum, Pelletier, le Service de Suite. Ces deux présidents ont soutenu et encouragé l'action familiale.

Des ateliers hors normes

C'est pour répondre aux cris de détresse des parents, lors d'une assemblée générale, fin des années quatre-vingt, au sujet de leurs enfants qui ne pouvaient être accueillis dans des institutions médico-sociales faute de place ou pour des raisons d'âge et qui donc restaient à domicile sur leurs bras, que nous avons pris le risque de mettre en place ce que nous avons appelé des « Ateliers occupationnels ». Une réponse « sauvage » mais innovante. Nous n'avions ni les moyens, ni la caution des administrations officielles pour ce faire. En ce qui concerne l'encadrement de ces jeunes, nous avons, avec l'aval de notre directeur administratif, utiliser les différents dispositifs de l'ADI (Agence départementale d'insertion) à savoir : TUC, CIA, CEC, Emplois Jeunes que le siège pouvait recruter et mettre à la disposition du Service social pour encadrer ces adolescents.

Martine a été la première animatrice de l'atelier à Trinité. Nous avons pu mettre en place six ateliers, dans six communes différentes : Trinité, le Lamentin, Morne-Rouge, Sainte-Marie, Schœlcher, Vert-Pré. Pendant plus de dix années, nous avons pu offrir des activités à la dizaine de jeunes qu'accueillait chaque atelier, grâce au dynamisme et à la participation des parents, mais aussi à l'imagination et à l'abnégation des animatrices et animateurs qui n'étaient pas formés pour ce travail. Ils venaient avec leur BAFA pour la plupart. Ces ateliers n'auraient pu se développer si l'ADAPEI n'avait pas mis à notre disposition Christiane, une éducatrice spécialisée et jusque-là cheffe de service à l'IME du Morne-Rouge. Elle s'est chargée avec moi de l'organisation et de la gestion de ces ateliers, comme de l'encadrement des animateurs. De même, le président de l'époque a voulu enrichir notre équipe d'une autre éducatrice spécialisée, venant également de l'IME du Morne-Rouge, Laure, qui se chargeait de la suite à donner en termes de prise en charge des jeunes qui quittaient les Institutions de l'ADAPEI. Nous avons pu obtenir un poste de secrétaire à plein temps, en la personne de Ghislaine.

Nous étions donc devenus un Service Social et de Suite, dont j'avais la responsabilité avec comme objectifs : accueillir, écouter, soutenir, accompagner les parents de l'Association ; trouver des solutions aux problèmes qu'ils rencontraient, comme ces ateliers occupationnels. Tout cela, en mutualisant les efforts des parents, des amis, des salariés de l'ADAPEI, des services sociaux, des clubs services. C'est d'ailleurs grâce à un club service que nous avons pu avoir un petit car pour ces ateliers.

Les parents cotisaient, donnaient de leur temps pour encadrer les jeunes, cherchaient des moyens de transport pour le déplacement de leurs enfants. L'idée d'André, un ami de l'Association, fut de lancer l'« Opération 50 000 pâtés salés » : une manière de sensibiliser le public à l'action de l'Association et d'intéresser les professionnels pâtissiers à nos actions. Ils offraient un certain nombre de pâtés que nous vendions pour soutenir nos actions. Je n'ai eu aucun mal à me transformer certains jours en livreur de pâtés. En peu de temps, ces ateliers occupationnels faisaient partie des offres dans le domaine médico-social. Je fus surpris de voir comment, de partout, on en reconnaissait l'utilité, à tel point que sur des documents officiels d'orientation de la CDES et de la COTOREP on lisait : « orientation Ateliers occupationnels Adapei ». Mais quand il s'est agi de leur donner une personnalité juridique et de les financer, malgré les dossiers faits et transmis en bonnes et dues formes à la DDASS, nous n'avons jamais eu gain de cause. Aujourd'hui, une association, bien connue en France et venue s'installer en Martinique, obtient reconnaissance et financement pour faire ce que nous proposions. Une fois de plus, ce que nous inventions et produisions n'était pas reconnu par nos propres responsables. Une fois de plus, la vérité venait d'ailleurs. Pour l'instant, je ne connais qu'un atelier, installé aux Terres Sainville. J'y ai retrouvé des jeunes que nous avions alors dans nos ateliers d'hier. Tant mieux pour eux et pour leurs parents.

Après vingt-quatre années à l'ADAPEI, j'ai tiré ma révérence, heureux d'avoir pu répondre à la demande que m'avait faite à l'époque son conseil d'administration. Heureux d'avoir fait paraître les deux ouvrages : *Des... espoirs* et *S'il n'avait pas cru* sur le président Pélage et ses vingt ans de présidence ; d'avoir contribué à constituer la liste des enfants qui ont été accueillis au SESSAD (Service d'éducation spéciale et de soins à domicile) et celle des adultes relevant de la MAS (Maison d'accueil spécialisée de Rivière-Salée) ; grâce à cette collaboration étroite avec la CDES et la COTOREP, avec mes collègues du Service Social et de Suite (Christiane, Laure, Ghislaine) et mes autres collègues Jean et Catherine qui furent les premiers responsables à prendre la direction du SESSAD, mis en place par l'ADAPEI.

Je me souviens du jour où j'ai décidé de prendre ma retraite. Je m'étais appliqué à mettre sur papier différentes activités possibles, propres à éviter au nouveau retraité que j'allais être de s'ennuyer. À vrai dire, cette retraite, je l'avais dans la tête depuis bien longtemps. Depuis les années 80, j'avais en effet suivi une formation de deux années en psychosociologie mise en place par le CEDIF (Centre d'études, de documentation, d'information familiale et de formation) grâce à laquelle j'avais acquis des outils nécessaires pour faire face au travail qui m'attendait à l'ADAPEI. À savoir : travailler dans le domaine de la relation et de l'animation des groupes. Pour cela les stages suivis, portant sur la connaissance de soi, la communication dans un groupe, l'écoute active, l'entretien, la conduite de réunion tombaient à point. Et lorsque dix ans plus tard, cet organisme m'a proposé en 1991 une formation en psychothérapie assurée par l'École parisienne de Gestalt, je n'ai pas hésité à m'y inscrire pour continuer ce travail sur soi, en groupe. J'avais ainsi de nouveaux outils pour poursuivre le travail commencé à l'ADAPEI mais aussi pour me préparer à devenir psychothérapeute. D'autant plus que j'ai continué à me former en participant à des stages internationaux en France axés sur le couple, la sexualité et la psychopathologie. Ainsi, le jour où je remis la clé de mon bureau d'assistant de service social à l'ADAPEI, j'ai ouvert à quelques kilomètres de là, sur la Route de Châteaubœuf, un espace de psychothérapie.

De 1979 à 2003, j'avais relevé bien des défis avec des collègues du siège, les parents et les amis de l'ADAPEI ; je m'étais enrichi humainement, socialement, spirituellement grâce aux rencontres avec ces parents qui m'ont donné de si belles leçons de courage, de persévérance, de ténacité dans leur manière de prendre en charge leurs enfants, porteurs parfois de plusieurs handicaps. Je ne peux oublier l'expression des parents qui parlaient du bonheur de leurs enfants de se préparer chaque jour pour se rendre dans ces ateliers ; de leur bonheur de préparer et de participer aux fêtes de Noël, du Carnaval, aux anniversaires ; de voir leurs enfants transformés par cette prise en charge « sauvage » sur le plan administratif mais qui offraient aux jeunes des activités où il se sentaient utiles, valorisés, reconnus quelque part par la société.

L'une des satisfactions de cette expérience professionnelle, c'est d'avoir pu créer avec mes collègues du Siège, du Service Social et de Suite, de mes collègues des établissements et des membres du Conseil d'Administration, une véritable dynamique familiale, avec les Journées d'amitié, autour des ateliers occupationnels qui ont fait leurs preuves pendant près de deux décennies. J'ai vu, à travers mes collaborateurs du Siège et des animatrices et animateurs des ateliers (avec leurs salaires de misère) une immense générosité. Ils ne manageaient pas leur temps pour faire réussir le projet commun de répondre aux besoins des jeunes, des parents. Je suis heureux d'avoir pu avec mes collègues permettre à nos jeunes, chargés de l'encadrement dans les ateliers, de profiter de leur passage à l'ADAPEI pour se former et se qualifier en suivant des formations. Il y aurait tant à dire. Et si tout cela n'est pas de l'amour, alors je n'y ai rien compris !

Pour terminer, je n'oublierai jamais Robert, porteur de plusieurs handicaps, qui en entendant seulement ma voix lorsque j'entrais dans le salon de ses parents ne pouvait dire un seul mot, mais en se tordant dans tous les sens sur son lit m'offrait cet immense sourire et ce regard de tendresse qui disait tout et résonne encore en moi aujourd'hui, et me remplit de bonheur.

Psychothérapeute

Si à l'ADAPEI je n'ai pas eu à prendre en charge individuellement les animateurs de personnes adultes et jeunes, je n'ai jamais douté que j'étais fait pour ce travail basé sur les relations, sur l'accueil, l'écoute active, l'accompagnement de personnes ou de couples qui traversent des moments difficiles.

Mais comment prétendre aider les autres, sans se former à « l'art » de s'écouter soi-même, d'être attentif à ses propres besoins, à ses émotions, à ses propres désirs, à ses pensées, à ses rêves, à son (et ses) histoire(s). Comment développer une communication basée sur l'écoute mutuelle, l'accueil et le respect des différences censées être source de richesse, si on ne l'apprend pas ? Comment aborder les deuils de tout genre auxquels nous avons à faire face dans la vie, lors d'une rupture sentimentale, une catastrophe, un échec, un décès, si on ne prend pas le temps nécessaire pour s'y former ? Comment puiser en soi de quoi faire face à l'imprévu, à l'inconnu, aux nombreux défis de la vie ? Comment tirer parti de ce que l'on a reçu tout en triant le capital acquis et en acceptant parfois de déconstruire, pour construire différemment ? Comment chercher et donner du sens à ce que l'on fait et accepter que certaines activités, certains choix perdent de leur sens à un moment donné et deviennent obsolètes ? Comment vérifier les valeurs sur lesquelles reposent nos choix, nos projets ? Comment prendre le temps qu'il faut, tant pour s'engager dans une relation que pour se séparer, envisager un divorce, créer une nouvelle relation ? Autant de questions que j'ai eu à aborder, à approfondir et à creuser au cours des trois années de formation à la psychothérapie (la Gestalt).

Je puis dire aujourd'hui que cette formation, qui nous amenait à mieux nous connaître et nous encourageait à nous impliquer personnellement et en groupe, m'a permis de traverser les différents deuils que j'ai eu à affronter au cours des différents cycles de mon existence, qui n'a pas été un long fleuve tranquille. Deuils de personnes chères à mon cœur ; deuils de projets en cours ; accepter de rebondir, en faisant de nouveaux choix, de nouveaux projets, en prenant des risques.

Tout cela fait partie de l'inévitable résilience que chacun est amené à connaître et à cultiver à un moment ou à un autre de son existence. Après une séparation, un divorce, faire en sorte que les parents et les enfants sortent grandis de cette épreuve familiale, est un défi que nous, Marie-Flore et moi avons eu à relever. Sans prétendre y avoir réussi parfaitement, l'amour, le respect et l'estime mutuelle nous ont aidés à le faire.

C'est aussi un défi que de faire confiance à Jeanne avec qui je me suis mariée en 1996, et avec qui je développe depuis une histoire d'amour, est un nouveau défi. Accepter que la famille s'élargisse ; qu'à mes trois enfants Marc-Emmanuel, Didier et Marie Laure viennent se joindre mes deux belles-filles Sally et Yona ; tout cela m'a appris la nécessité pour nous les humains de faire des ajustements en permanence dans notre existence qui réserve tant de surprises. Ce que j'ai vécu et continue à vivre me permet de mieux comprendre les personnes que je reçois régulièrement encore aujourd'hui dans le cadre de mon activité de psychothérapeute que j'exerce depuis plus de vingt ans. Jusqu'à quand ? Je ne sais.

Je suis simplement heureux de pouvoir encore être utile en mettant au service de mes compatriotes mes compétences. J'ai la chance de faire ce métier en compagnie de Jeanne, mon épouse, également formée à la pratique de la thérapie gestaltiste, en recevant ponctuellement des couples. Même si elle préfère transmettre ses connaissances et ses savoir-faire à des personnes qui choisissent des métiers d'éducation et d'accompagnement à l'IFMES (Institut de formation des métiers éducatifs et sociaux). Je suis heureux également de voir dans les mêmes locaux ma fille qui, en plus de ses multiples activités, a choisi elle aussi de s'engager dans la psychothérapie avec des outils différents. Enfin, c'est aussi une chance de recevoir nos clients dans la maison familiale de mon épouse dont mon autre fils a fait l'acquisition, pour installer son cabinet de kinésithérapie.

Avec Jeanne, j'ai appris à m'ouvrir davantage encore sur le monde. C'est ainsi que j'ai eu le bonheur de passer de la polarité froide de la Laponie à celle chaude et désertique de l'Afrique de l'Ouest. J'ai ainsi eu la chance de découvrir le Sénégal, puis la Côte d'Ivoire, en tissant des liens profonds avec des parents et amis à qui j'ai eu le plaisir de faire découvrir mon pays, la Martinique.

Et la vie continue... avec ses surprises...

Bibliographie

AGENEAU Robert, *De Spiritus à Karthala. Mémoires d'un éditeur de l'ombre*, Karthala, 2023, 308 p.

Annuaire de l'Église catholique, Tome 1, 1979-1980.

BILÉ Serge, *Et si Dieu n'aimait pas les Noirs ?*, Pascal Galodé, 2009, 110 p.

CÉSAIRE Aimé, *Cahier d'un retour au pays natal*, Présence Africaine.

CHAULEAU Liliane, *La voix des esclaves. Foi et société aux Antilles (XVIIe-XIXe siècle)*, L'Harmattan, 2012, 168 p.

DELISLE Philippe, *Histoire religieuse des Antilles et de la Guyane françaises de Christophe Colomb*, Karthala, 2000, 384 p.

DREWERMANN Eugen, *L'amour et la réconciliation, Psychanalyse et théologie morale*, tome 2, Cerf, 1996, 186 p.

DUQUESNE Jacques, *Jésus*, Desclée de Brouwer, 1998, 236 p.

Église en Martinique, n° 7, juillet et octobre 1973, n° 8.

FANON Frantz, *Peau noire, masques blancs*, Le Seuil, 1952.

——— *Les damnés de la terre*, Maspero, 1961.

FRANÇOIS-HAUGRIN Annick, Équipe cap-170, *Histoire de l'antiesclavagisme catholique en Martinique*, Association diocésaine de la Martinique, 2020.

JOS Emmanuel, *L'Église catholique aux Antilles françaises de Christophe Colomb à nos jours*, L'Harmattan, 2019, 347 p.

La période révolutionnaire aux Antilles, Actes du Colloque international pluridisciplinaire, nov. 1986, GRELCA.

Laudato si : encyclique du pape François.

Le code noir, Paillart, 1980.

LUCRÈCE André, *Frantz Fanon et les Antilles*, Le teneur, 2011, 168 p.

MAXIME Antoine, *Des... espoirs. Ces enfants qui nous interpellent*, Désormeaux (épuisé), 1995.

—— *Et s'il n'avait pas cru : croire et oser. 24 ans de présidence d'Hippolyte Pélage*, Désormeaux (épuisé), 1996.

MORI Bruno, *Pour un christianisme sans religion*, Karthala, 2021, 296 p.

—— *Vers l'effondrement. Crise des dogmes, des sacrements et du sacerdoce*, Karthala, 2023, 276 p.

MORIN Edgar, *Mes philosophes*, Germina, 2011, 192 p.

PERMAL Victor, *Historial antillais*, tome 2, *Pour lire le code noir*, Pointe-à-Pitre, 1981-1982.

RICŒUR Paul, *Finitude et culpabilité*, Aubier-Montaigne, 1960.

ROLAND Jean-Baptiste-Édouard, *Césaire, ce rebelle bien-aimé*, K. éditions, 2018.

SPONG John Shelby, *Jésus pour le XXIe siècle*, Karthala, 2015, 336 p.

—— *La résurrection, mythe ou réalité ?*, Karthala, 2016, 324 p.

—— *Pour un christianisme d'avenir*, Karthala, 2019, 272 p.

—— *Être honnête avec Dieu*, Karthala, 2020, 184 p.

TRICLOT Michel (père), *Page d'histoire locale... mais la page est tournée*.

URSULET Léo, *Histoire sociale de la catastrophe de 1902 en Martinique*, Éditions Orphie, 2019, 440 p.

ZAÏRE Georges et DESGROTTES Antoine, « Prêtre et conseiller municipal », Réflexions, 1971.

Archives personnelles : Antoine Maxime :

« Survivance du ménage », 1975.

L'Église catholique aux prises avec la créolité, 1976.

À propos du statut des DOM : des prêtres s'expriment.

Liste des sigles

ACE :	Action catholique des enfants
ACO :	Action catholique ouvrière
ADAFAE :	Association départementale aide, famille, action éducative
ADAPEI :	Association départementale des amis et parents d'enfants inadaptés
ADI :	Agence départementale d'insertion
AEMO :	Action éducative en milieu ouvert
AGEFMA :	Association de gestion de l'environnement de la formation en Martinique
AGEG :	Association générale des étudiants guadeloupéens
AGEM :	Association générale des étudiants martiniquais
AMAASS :	Association martiniquaise des assistants et assistantes de services sociaux
ASSAUPAMAR :	Association pour la Sauvegarde du Patrimoine martiniquais
BAFA :	Brevet d'aptitude aux fonctions d'animateur
BUMIDOM :	Bureau pour le développement des migrations dans les départements d'outre-mer
CADEC :	Christian Action for Development in the Eastern Caribbean
CAF :	Caisse d'allocations familiales
CCAS :	Centre communal d'action sociale
CCEE :	Conseil de la culture, de l'éducation et de l'environnement
CDES :	Commission départementale d'éducation spéciale
CEC :	Contrat d'emploi consolidé

CEDAGRE :	Centre d'études, d'entraide des Antillais, Guyanais, Réunionnais
CEDIF :	Centre d'études, de documentation, d'information et de formation
CGSS :	Caisse générale de sécurité sociale
CGTM :	Confédération générale du travail de la Martinique
CIA :	Contrat d'insertion par l'activité
CM2 :	Cours moyen 2e année
CMAC :	Centre martiniquais d'action culturelle
CNRS :	Centre national de la recherche scientifique
COMAF :	Commission d'action familiale
COPES	Centre d'orientation, de promotion éducative et sociale
COTOREP :	Commission technique d'orientation et de reclassement professionnel
CREDA :	Centre de recherche et d'étude des dysfonctions de l'adaptation
CRS :	Compagnies républicaines de sécurité
CT :	Camp travail
DDASS :	Direction départementale des Affaires sanitaires et sociales
DMVL :	*De la Martinique aux vents du large*
ECS :	Établissement à caractère social
EDF :	Électricité de France
EHPAD :	Établissement d'hébergement pour personnes âgées dépendantes
ESAT :	Établissement et service d'aide par le travail
FAGEC :	Fédération antillo-guyanaise des étudiants chrétiens
GAP :	Groupe d'action patriotique
GRS :	Groupe Révolution Socialiste
IDHM :	Institut des droits de l'homme de la Martinique
IFD :	Institut français de presse
IFMES :	Institut de formation des métiers éducatifs et sociaux
IFP :	Institut français de presse

IME :	Institut médico-éducatif
JAC :	Jeunesse agricole catholique
JEC :	Jeunesse étudiante chrétienne
JOC :	Jeunesse ouvrière chrétienne
MAS :	Maison d'accueil spécialisée
MERAS :	Mouvement pour l'étude, la réflexion et l'action sociale
MJC :	Maison des Jeunes et de la Culture
MRJC :	Mouvement rural de la jeunesse chrétienne
OJAM :	Organisation de la jeunesse anticolonialiste martiniquaise
OPCALIA :	Organisme paritaire collecteur agréé
PC :	Parti communiste
PPM :	Parti progressiste martiniquais
RCI :	Radio Caraïbes International
REM :	Réorganisation de l'émigration antillaise
RIMA :	Régiment d'infanterie de marine
RLDM :	Radio Lévé Doubout Matinik
SAFER :	Société d'aménagement foncier et d'établissement rural
SESSAD :	Service d'éducation spéciale et de soins à domicile
SMA :	Service militaire adapté
TUC :	Travaux d'utilité collective
UAG :	Université des Antilles et de la Guyane
UDAF :	Union départementale des associations familiales
URSS :	Union des républiques socialistes soviétiques
UTAM :	Union des travailleurs agricoles de Martinique
VAT :	Volontaires à l'aide technique

Table des matières

Collection *Sens et Conscience*
Le christianisme dans la modernité
Éditions Karthala

« Sens et Conscience » est une collection créée en 2015 par Robert Dumont (†) et dirigée par Robert Ageneau.

John Shelby Spong

- *Jésus pour le XXIe siècle*, 1re éd. 2013, 2e éd. revue 2015.
- *Né d'une femme. Conception et naissance de Jésus dans les évangiles*, 2015.
- *La Résurrection, mythe ou réalité ?*, 2016.
- *Sauver la Bible du fondamentalisme*, 2016.
- *Pour un christianisme d'avenir, ni les credo anciens ni la Réforme, ne peuvent susciter une foi vivante. Pourquoi ?*, 2019.
- *Être honnête avec Dieu. Lettres à ceux qui cherchent*, 2020.
- *Le quatrième évangile. Récits d'un mystique juif chrétien*, 2021.
- *Libérer les évangiles. Une lecture midrashique de l'évènement Jésus*, 2021.

Jacques Musset

- *Repenser Dieu dans un monde sécularisé*, 2015.
- *Sommes-nous sortis de la crise du modernisme ?*, 2016.
- *Jésus pour les non-religieux*, septembre 2023.

Jacques Giri

- *Les nouvelles hypothèses sur les origines du christianisme. Enquête sur les recherches récentes*, 1re éd. 2007, 5e éd. mise à jour, 2015.
- *L'homme dans l'Univers : les questions que nous posent les découvertes de l'astrophysique*, 2017.

Louis-Pierre Sardella

- *Regards sur la crise moderniste en France. Une Église intangible dans un monde en mouvement*, 2018.

Antonino Franco

- *M.-D. Chenu : homme d'écoute, théologien de l'événement*, 2019.

Jean-François Petit (dir.)

- *La crise moderniste revisitée*, 2019.

Robert Ageneau, Serge Couderc, Robert Dumont, et Jacques Musset (éd.)
- *Manifeste pour un christianisme d'avenir*, 2020.

Serge Couderc (éd.)
- *Marcel Légaut, éveilleur de l'essentiel*, 2020.

Pierre Lebonnois
- *Ma longue métamorphose.*
  De l'état clérical à la condition laïque, 2021.

Bruno Mori
- *Pour un christianisme sans religion.*
  Retrouver la « Voie » de Jésus de Nazareth, 2021.
- *Vers l'effondrement.*
  Crise des dogmes, des sacrements et du sacerdoce dans l'Église catholique, 2023.

Philippe Liesse
- *Simplifier Dieu.*
  Mémoires d'un diacre non aligné, 2021.

Paul Fleuret
- *Mon exode de laïc chrétien.*
  Entre rupture et invention, 2022.

Bernard Quelquejeu et Jacques Musset (éd.)
- *La foi et ses raisons...*
  Des chrétiens s'expliquent, 2022.

Eugen Drewermann
- *Le secret de Jésus expliqué aux jeunes*, 2022.

Bertrand Jégouzo
- *Évangélisation ou domination ?*, 2022.

Antoine Maxime
- *Mon itinéraire dans l'Église de Martinique.*
  Rétrovision (1939-1996), 2023.

Composition, mise en page :
Écriture Paco Service
27, rue des Estuaires - 35140 Saint-Hilaire-des-Landes

www.ingramcontent.com/pod-product-compliance
Lightning Source LLC
LaVergne TN
LVHW010428230826
846092LV00009BA/1084

9782384090471